科技大数据理论与技术丛书

科技大数据价值链构建与解决方案

刘业政　李华雄　蔡晓妍 等　著

科学出版社

北 京

内 容 简 介

　　本书针对科技大数据资产价值低估、现有科技数据产品的数据增值性挖掘差的现象,为解决多模态科技大数据的价值发现与评估问题,构建能够充分体现数据价值的科技大数据价值评估体系。主要内容包括科技大数据聚合、融合、交易、服务的多元化价值链构建技术,全周期连续统的价值链建模;科技大数据价值评估指标体系及价值评估方法;科技大数据全过程交易的核心增值节点识别和增值路径挖掘技术,科技大数据的增值路径优化设计;科技大数据的交易机制与营利模式、定价策略与价值分摊技术,科技大数据交易与服务的协同优化及典型解决方案,科技大数据价值评估系统建设等。

　　本书可供数据分析与应用、数据流通与交易、数字经济与数字化创新、图书情报档案等领域的研究人员、管理人员和工程技术人员阅读、参考,对于相关专业的研究生和高年级本科生也是一部有价值的参考书。

图书在版编目(CIP)数据

　　科技大数据价值链构建与解决方案 / 刘业政等著. —北京:科学出版社,
2022.6
　　(科技大数据理论与技术丛书)
　　ISBN 978-7-03-070654-6

　　I. ①科… II. ①刘… III. ①科学技术－数据处理－研究 IV. ①G203

　　中国版本图书馆 CIP 数据核字(2021)第 231998 号

责任编辑:马　跃　李　嘉/责任校对:贾娜娜
责任印制:张　伟/封面设计:无极书装

科 学 出 版 社 出版
北京东黄城根北街 16 号
邮政编码:100717
http://www.sciencep.com
北京中科印刷有限公司 印刷
科学出版社发行　各地新华书店经销
*
2022 年 6 月第 一 版　开本:720×1000　1/16
2022 年 6 月第一次印刷　印张:16 1/4
字数:327 000
定价:168.00 元
(如有印装质量问题,我社负责调换)

编写组成员

刘业政　合肥工业大学

李华雄　南京大学

蔡晓妍　西北工业大学

王兴刚　华中科技大学

王京萌　文化和旅游部信息中心

姜元春　合肥工业大学

钱　洋　合肥工业大学

前　言

科技大数据是一类能够反映人类科技活动状态和过程的信息资源。它可以支持人类洞察新思想、发现新规律、发明新技术、开发新产品。2020 年 3 月，中共中央、国务院正式发布《关于构建更加完善的要素市场化配置体制机制的意见》。该意见将数据作为一个要素与土地、劳动力、资本、技术并列，指出要"提升社会数据资源价值""加强数据资源整合和安全保护"，并强调"引导培育大数据交易市场"。由于数据价值是数据交易流通的基础，因此数据价值评估成为数据要素市场化配置的重要环节。"科技大数据"作为"大数据"集合中的高价值密度组分，其价值正逐步得到重视。与其他类型的大数据类似，科技大数据的价值评估问题是目前学术界和工业界关注的难题。

本书是在国家重点研发计划项目"科技大数据理论与技术研究"（2018YFB1402600）支持下，围绕科技大数据价值链构建与解决方案开展系统研究后所形成的成果总结。全书针对科技大数据资产价值低估、现有科技数据产品的数据增值性挖掘差的现象，重点研究了科技大数据多元化价值链的构建与刻画、第三方认证与价值评估优化技术、科技大数据全过程交易的增值性挖掘方法、科技大数据服务协同与典型解决方案、科技大数据价值评估系统开发中的关键技术等，系统性地提出了多模态科技大数据的价值链构建与量质评估优化方法，为科技服务提供了数据价值评估准则。全书共分为 10 章：第 1 章是绪论，介绍了科技大数据价值链构建与价值评估面临的挑战，以及全书的结构安排；第 2 章从知识图谱构建的视角对科技大数据进行分类，提出了科技大数据资源网络和参与主体网络的构建方法，以及参与者网络和资源网络的融合方法；第 3 章提出了科技大数据的多元价值，基于价值链理论及大数据价值链理论构建了科技大数据价值链，以及全过程价值链模型；第 4 章围绕科技大数据价值评估指标体系的构建，介绍了科技大数据在价值链全过程的价值影响因子分析和价值影响因子的度量方法、指标选择与指标权重确定方法；第 5 章围绕科技大数据价值评估方法，提出了基于机器学习的科技大数据价值评估方法，以及科技大数据评估中的第三方认证机制；第 6 章围绕科技大数据价值链的价值增值，提出了面向全过程交易的核心增值节点识别方法；第 7 章介绍了科技大数据网络增值路径规划的相关研究工作，提出了两种基于图神经网络方法的科技大数据核心增值路径规划模型，并阐述了两种模型的具体实现过程；第 8 章介绍了科技大数据的交易机制与营利模式，提出了基于前景理论、累积前景理论、三支决策理论的科技大数据定价策略与价值分摊技术，以及基于多智能体博弈的科技大数据交易方法；第 9 章介绍了科技大数据的数据分析和交易多方管理的服务协同，以及价值链与服务模式的协同优化机制，给出了一些面向科技大数据协同服务的典型方案；第 10 章从软件工程的角度，介绍了科技大数据价值评估系统的需求分析、系统设计、开发相关技术、系统界面设计。

本著作由合肥工业大学、华中科技大学、西北工业大学、南京大学、文化和旅游部信息中心等单位作者联合完成，刘业政负责全书的规划与提纲制定工作。各章撰写分工如下：第 1、3、4 章由合肥工业大学刘业政、姜元春撰写；第 2、5 章由华中科技大学王兴刚撰写；第 6、7 章由西北工业大学蔡晓妍撰写；第 8、9 章由南京大学李华雄撰写；第 10 章由文化和旅游部信息中心王京萌、合肥工业大学钱洋撰写。

在成稿之际，作者首先感谢全体课题组的教师和研究生四年来的辛勤付出；全书在分析、综述相关研究问题时引用了大量的国内外研究成果，在针对某些问题的求解时借鉴了许多优秀的国内外研究成果，谨向有关作者诚挚致谢！感谢过程优化与智能决策教育部重点实验室（合肥工业大学）、大数据流通与交易技术国家工程实验室为项目完成所提供的研究支持，特别感谢科学技术部对本项研究工作的资助。在著作出版过程中，科学出版社及本书责任编辑马跃、李嘉等给予了极大的帮助，在此一并致谢。

科技大数据价值链构建、价值评估与解决方案充满着挑战，其研究工作涉及多领域知识，加上作者水平有限，书中难免存在不足之处，恳请读者批评指正。

作　者

2022 年 5 月

目　　录

第1章 绪　　论

2020 年 3 月，中共中央、国务院正式发布《关于构建更加完善的要素市场化配置体制机制的意见》。该意见将数据作为一个要素与土地、劳动力、资本、技术并列，指出要"提升社会数据资源的价值""加强数据资源整合和安全保护"，并强调"引导培育大数据交易市场"。由于数据价值是数据交易流通的基础，因此数据价值评估成为数据要素市场化配置的重要环节。"科技大数据"作为"大数据"集合中的高价值密度组分，其价值正逐步得到重视。与其他类型的大数据类似，科技大数据的价值评估问题是目前学术界和工业界关注的难题。本章将对科技大数据的价值及其特征进行定义，介绍科技大数据价值链的相关知识，并介绍本书研究内容的章节结构。

1.1　科技大数据的价值

1.1.1　科技大数据价值的定义

科技大数据本质上是一类能够反映人类科技活动状态和过程的信息资源，可以支持人类洞察新思想、发现新规律、发明新技术、开发新产品。不同于一般意义上的网络及行业大数据，科技大数据包括科技活动过程数据、科技活动环境数据以及互联网科技资讯与服务数据等。科技活动过程数据包括为了科技创新而借助各类技术设备手段采集的科研实验数据，例如，航空航天机构采集的天体数据和科学家采集的人体基因数据，以及通过对科研实验数据进行处理分析后而产生的论文论著、研究报告、专利软著、科技奖励、标准规范、政策建议等科技成果数据；科技活动环境数据是指支撑人类科技活动有效进行的相关仪器设备、科研项目、科技人才、高等院校、研究机构、科技服务、科技政策等资源数据；互联网科技资讯与服务数据则包含了一切与科技创新活动有关的网络科技大数据，如百度百科、百度文库、百度学术、知乎、中国知网以及各类科技社区等。

作为一种重要的信息资源，科技大数据的价值在科技创新、社会经济运行和国家安全等活动中得到了越来越多的重视（王晶金等，2018）。例如，美国在《2030年保持优势的技术与创新》以及 2017 年版《国家安全战略》中提出，科技情报成为美国国防科技战略重点，是避免技术突袭的有效路径。基于不同的视角，科技大数据的价值可以被划分为不同的类型。例如，从价值内涵的视角，大数据的价值可以分为功能性价值和形象性价值。基于功能性价值，科技大数据可以帮助机构组织进行决策、提升效率。基于形象性价值，科技大数据可以帮助机构组织产生更好的体验、更高的满意度以及更好的组织形象。从价值领域的视角来看，科技大数据的价值可以分为科学价值、经济价值和社会价值。科技大数据是科技领域产生和应用的数据，因此，其价值首先是在辅助科学研究和促进科技创新中得到体现的，具有科学价值。科技大数据应用于国民经济发展和企业管理创新，成为社会和企业的重要资产形式，在提升国民经济发展质量、提高企业经营收益等方面发挥着关键作用，体现出经济价值。科技大数据广泛应用于科技政策、医疗卫生、就业工作、社会保障等社会治理的各个领域，在提升社会治理水平中发挥着重要作用，体现出社会价值。总的来说，科技大数据的价值在于知识、技术和应用的创新，这是科技大数据价值最核心的部分。

1.1.2 科技大数据价值的特征

与其他类型的大数据类似，科技大数据的价值具有多元性、稀疏性、增值性等特征。

（1）多元性。科技大数据价值的多元性特征主要是指同一科技大数据本体往往具有多种潜在价值。例如，同一科技大数据可以在企业的不同决策中发挥不一样的决策支持作用。又如，科技大数据不仅可以帮助企业提升生产效率，具有功能性价值，也可以提升企业科技形象，具有形象性价值。受使用者价值标准与追求的影响，科技大数据价值的多元性特征往往会体现得更加明显。

（2）稀疏性。虽然科技大数据是大数据集合中的高价值密度组分，但是科技大数据的价值依然具有稀疏性特征。科技大数据价值稀疏性产生的原因一方面是有价值的数据被大量无价值的数据掩盖；另一方面是对具体使用者而言，真正有价值的数据往往隐藏在其他科技大数据之中，需要借助相关技术进行跟踪和识别。

（3）增值性。科技大数据的价值并非固定不变。在数据创造、生产、交易和使用的过程中，科技大数据蕴含的价值会得到不断发掘。科技大数据价值的增值性特征也会在数据的价值传递中得到体现。例如，如果科技论文中某些知识引发新知识的产生，新知识的价值自然离不开该论文的价值传递作用。科技大数据的价值传递及其产生的价值增值路径，是科技大数据价值增值性特征的重要体现。

（4）互补性。科技大数据的价值不仅取决于数据本身的价值，还取决于使用者已有的数据基础。与已有数据在数据量、样本特征及时间和空间维度上形成互补的科技大数据，对使用者而言通常会具有更大的价值。

（5）标准不确定性。不同类型的科技数据往往具有不同的价值标准。例如，论文、专利和科技情报的价值标准互不相同。受科技大数据价值多元性特征的影响，同一类数据的价值标准也不统一，例如，科技论文的价值标准有引用量、引文网络中心性、下载量、期刊等级以及专家评审结论等。标准不确定性使得无法设计一套通用的评估指标体系对不同类型科技大数据的价值进行评估。

（6）情景相关性。科技大数据与传统商品价值的同一性存在显著差异，科技大数据对于不同主体来说其价值是不同的。因此，需要结合相关主体的价值目标和使用情境对科技大数据的价值进行评估。

1.2　科技大数据价值链

1.2.1　科技大数据价值主体与价值链

在科技大数据价值创造和传递过程中，蕴含着科技大数据的价值链。已有大部分研究都是针对大数据价值链，指出大数据价值链是从数据获取、数据分析、数据监管、数据存储到数据使用的全过程（Curry，2016；Guenther et al.，2017）。也有学者提出数据价值网络的概念，通过对于数据产品的数据发现、数据监管、数据集成、数据分布和数据使用等操作，发掘数据中蕴含的价值（Attard et al.，2017）。本书作者基于科技大数据价值增值过程中的参与者角色，提出了一个"价值创造、价值整合、价值传递、价值实现"的科技大数据价值链模型（刘业政和姜元春，2021）。

（1）价值创造。科技大数据的价值创造是指科技大数据的生成与采集，使得科技大数据从无到有。每天世界上都会生成海量数据，但很多数据并没有被采集。通过一些活动生成数据并同时采集下来，就是价值创造的过程，活动过程中的参与者就是科技大数据的生产者。科学实验数据的采集、科技论文和专利的撰写、科技项目的立项、科技政策的制定等都是科技数据的价值创造过程。科技大数据价值创造过程的参与者包括科研机构、科技工作者等科技大数据生产者。

（2）价值整合。科技大数据生产者产生的数据可能是碎片化的，其价值不能得到充分体现，需要通过某一个机构或组织将其整合在一起，汇聚成一个可相互支持、相互验证的数据资源库，价值整合就是科技大数据汇聚的过程，使得科技大数据从"溪流"变成"海洋"。价值整合任务包括科技大数据的汇聚处理、分析挖掘等活动，科技大数据价值整合过程的参与者包括各类数字出版商等科技大数据整合开发者。

（3）价值传递。价值传递是价值整合与价值实现间的桥梁，没有价值传递，聚合的数据价值就无法得到充分应用,甚至会变成一堆占用大量资源的数字垃圾。价值传递就是科技大数据的流通过程,其任务包括科技大数据的交易、推广和服务等活动,科技大数据价值传递过程的参与者包括各类科技大数据平台以及支撑科技大数据平台运行的各类服务商等科技大数据交易促进者。

(4)价值实现。科技大数据的价值通过科技大数据的消费使用环节而得以实现。在科技大数据价值链模型中,价值创造、价值整合和价值传递是成本投入的过程,最终在价值实现环节实现成本投入的变现。从管理的角度看,科技大数据价值链能够维持稳定与发展,必然要求最终实现的价值能够抵消前几个环节所投入的成本,因此如何评估每个环节的价值增值以及如何决策变现的价格并能够在价值链上公平分摊成为科技大数据价值实现的关键技术。

如图 1.1 所示,从科技大数据价值链模型可以看出,在科技大数据的价值创造、价值整合、价值传递和价值实现过程中,涉及科技大数据的生产者、整合开发者、交易促进者和使用者等不同类型的价值主体。在科技大数据价值创造到价值实现的过程中,价值评估是一切活动的基础。基于价值评估,科技大数据在不同主体之间交易流通,服务于不同价值主体,实现多元的价值目标。

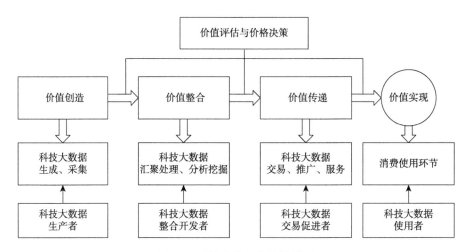

图 1.1　科技大数据价值链模型

在科技大数据价值创造到价值实现的过程中,参与主体包括科技大数据的生产者、整合开发者、交易促进者和使用者。这些主体包括教师、科技工作者、企业员工等个人,以及这些个人所在的高校、科研院所、科创企业等组织。

(1)科技大数据生产者主要承担科技大数据的生成、采集等任务,价值主体包括各类高校科研院所、高新技术和科创企业以及科技工作者等。

(2)科技大数据整合开发者主要承担科技大数据汇聚处理、分析挖掘等任务,价值主体包括科技期刊、出版社等。

（3）科技大数据交易促进者主要承担科技大数据的交易、推广和服务等任务，价值主体包括以中国知网、万方等为代表的线上学术平台以及各类线下数据交易中心等。

（4）科技大数据使用者主要利用科技大数据开展科学研究、制定公共政策、开展运营管理等，价值主体包括各类高校科研院所、政府相关部门和企业等。

通过上述分析可以看出，科技大数据的价值主体包括不同类型的个人和组织。科技大数据在这些个人和组织之间流动，完成科技大数据价值的创造、整合、传递和实现过程。由于价值主体类型多样，不同主体往往具有差异化的价值目标，且科技大数据存在规模庞大、异质多样、专业化程度高等特点，我们很难直接获得科技大数据内部的关联关系以及参与主体的关系。因此，科技大数据价值链构建需要首先理清科技大数据价值主体的关联关系网络，这是科技大数据价值分析基础，也是科技大数据价值链构建的难题。

1.2.2　科技大数据价值评估与交易服务

由于科技大数据价值具有多元性的特点，其价值评价的方法没有统一的标准，其中一类方法是通过相关指标确定科技大数据价值。针对不同的价值目标，设计价值评估的指标体系，在此基础上，构建科技大数据价值评估的方法，是目前科技大数据价值评估研究的主要方向。在科技大数据价值链的不同阶段有着不同的评价指标。

（1）价值创造阶段的评估。在科技大数据的价值创造阶段，可以从科技大数据生产者、科技大数据数量和科技大数据质量三个维度对科技大数据价值进行评价。具体来说，在科技大数据生产者维度，可以从组织信用、个人信用、物理信用三个方面进行评价。创造和产生数据的组织越可信，科技大数据的价值可能越高；创造和产生数据的个人信用越高，如某个领域的权威学者的代表性成果，其价值往往越高；有些科技大数据的产生要借助很多设备，这些设备的可信度会影响其产生的数据的可信度。在科技大数据数量维度，可以从样本规模、属性数量、多样性三个方面进行评价。科技大数据的样本规模、属性数量毫无疑问是科技大数据价值的影响因素。在科技大数据质量维度，可以从新颖性、流行性、前沿性、有用性、易用性等方面进行评价。新颖性是指科技大数据在主题上相较于现有数据的独特性、颠覆性；流行性是指科技大数据的使用范围，使用范围越广，价值越高；易用性是指数据能否便捷地被使用。

（2）价值整合阶段的评估。在科技大数据价值整合阶段，可以从整合开发者、整合质量、时间属性和空间属性四个维度对科技大数据价值进行评价。具体来说，在整合开发者维度，可以从组织信用、物理信用等方面进行评价。在整合质量维度，可以从粒度、完整性等方面进行评价。在时间属性维度，可以从时间跨度、时效性、实时性等方面进行评价。在空间属性维度，可以从区域、领域、行业等方面进行评价。

（3）价值传递阶段的评估。在科技大数据价值传递阶段，可以从交易促进者的维度对科技大数据价值进行评价。具体来说，可以从垄断性、版权范围、收费模式、组织信用、物理信用等方面进行评价。

（4）价值实现阶段的评估。在科技大数据价值实现阶段，主要从使用者的维度对科技大数据的价值进行评价。具体可以从科技大数据与使用者的领域匹配性、科技大数据与使用者已有数据的互补性、科技大数据使用者的偏好和目的性等方面进行评价。

基于科技大数据的价值指标体系，科技大数据的价值可以利用不同方法进行评估。目前主流的科技大数据价值评估方法包括专家评价方法和机器学习方法。

（1）专家评价方法。专家评价方法主要针对特定或少量的科技大数据，在价值指标体系的基础上，通过专家打分的方式进行价值评价。常用的专家评价方法如层次分析法、网络层次分析法（analytic network process，ANP）等。专家评价方法可以融合专家经验和知识对数据价值进行评估，但在评估大规模复杂科技大数据的价值时往往存在困难。

（2）机器学习方法。机器学习方法近年来在科技大数据价值评估中得到了深入研究（钱力等，2019）。以支持向量机（support vector machine，SVM）、主题模型、深度学习等为代表的机器学习方法在科技大数据价值评估中得到了广泛应用。机器学习方法一方面可以挖掘反映科技大数据价值的隐特征，扩展科技大数据的显性价值指标体系；另一方面可以将价值评价问题转换为分类问题，机器学习方法可以对大规模复杂科技大数据的价值进行有效评估。缺乏足够且有效的价值标签数据是基于机器学习方法的科技大数据价值评估面临的主要挑战。

对科技大数据而言，数据价值实现的关键在于交易、流通和应用。在科技大数据价值评估的基础上，设计有效的交易流通机制和协同服务方案是科技大数据价值链构建的重要内容。

（1）科技大数据交易流通机制设计。在科技大数据的交易流通机制设计中，科技大数据产品的界定、科技大数据产品的定价机制和营利模式等问题是目前研究的重要内容。由于科技大数据价值主体及其价值目标的复杂性，在科技大数据交易流通中需要设计有效的价值分摊机制，构建考虑多方博弈的交易方法，以实现科技大数据价值链上各主体收益的最大化。

（2）科技大数据协同服务方案。在科技大数据的协同服务方案设计中，需要有效的科技大数据价值主体多方管理的服务协同方法，以解决科技大数据价值创造到价值实现中的多方协作问题，从而构建包含组织体系、服务功能体系与支撑体系在内的满足各方需求的科技大数据解决方案。

1.3　本书结构安排

本书围绕科技大数据多元化价值链模型、价值评估机制、价值增值性挖掘方法、服务协同策略以及价值评估系统等研究内容，系统阐述科技大数据价值链构建与解决方案中的基础理论、关键方法与技术。全书章节结构与逻辑关系如图 1.2所示。

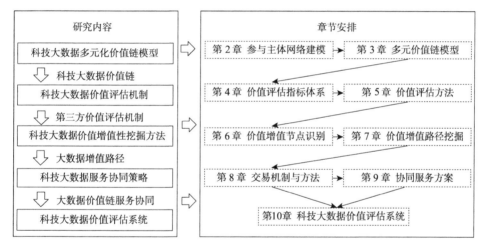

图 1.2　全书章节结构与逻辑关系

（1）科技大数据多元化价值链模型，包括第 2 章参与主体网络建模和第 3 章多元价值链模型。

（2）科技大数据价值评估机制，包括第 4 章价值评估指标体系和第 5 章价值评估方法。

（3）科技大数据价值增值性挖掘方法，包括第 6 章价值增值节点识别和第 7章价值增值路径挖掘。

（4）科技大数据服务协同策略，包括第 8 章交易机制与方法和第 9 章协同服务方案。

（5）科技大数据价值评估系统，包括第 10 章科技大数据价值评估系统。

参 考 文 献

刘业政，姜元春. 2021. 科技大数据价值链与价值评估方法. 中国人工智能学会通讯，11（4）：21-24.

钱力，谢靖，常志军，等. 2019. 基于科技大数据的智能知识服务体系研究设计. 数据分析与知识发现，3（1）：4-14.

王晶金，李盛林，梁亚坤. 2018. 新政策下科技成果转移转化问题与对策研究. 科技进步与对策，35（14）：102-107.

Attard J, Orlandi F, Auer S. 2017. Data value networks: enabling a new data ecosystem. Omaha: IEEE/WIC/ACM International Conference on Web Intelligence.

Curry E. 2016. The Big Data Value Chain: Definitions, Concepts, and Theoretical Approaches. Berlin: Springer International Publishing .

Guenther W A, Mehrizi M，Huysman M, et al. 2017. Debating big data: a literature review on realizing value from big data. The Journal of Strategic Information Systems, 26: 191-209.

第2章 科技大数据参与主体网络建模方法

随着信息技术在科技领域的广泛应用，科技大数据受到人们越来越多的重视。科技大数据具有数据体量大、数据类型繁多、时效性强等特点，这给科研信息情报的获取、研究和有效利用带来了极大的挑战。随着大数据技术、深度学习、知识图谱等科学技术的进一步发展，如何让科研工作者从海量的科技数据中快速且准确地发现有价值的科技资源信息，实现科技大数据的价值变现，形成科技大数据的良性生态，日渐成为学术界和产业界重点关注的课题。

在科技大数据生成的过程中，其参与主体的不同，以及科技大数据存在的规模大、异质多元、专业程度高等特点（Han，2012），使我们很难直接通过分析来确定科技大数据内部的关联关系，以及科技大数据与参与主体两者之间的关系。为此，我们提出了通过建立科技大数据参与主体网络的方式来辅助理解和分析以上关系，为科技大数据的价值链构建、价值增值路径挖掘、数据交易过程中的定价策略和价值分摊奠定基础。由于知识图谱能够清晰地描述实体以及实体之间的关系，通过对知识图谱的挖掘，科研人员能够很好地完成科技知识分析洞察、科技领域智能搜索、科技成果价值评估等任务，所以我们可以借助知识图谱相关技术，来完成科技大数据参与主体的网络建模过程。

本章的安排如下：2.1 节简要介绍了通用知识图谱和领域知识图谱相关内容，并给出领域知识图谱的构建框架和知识存储表示方法；2.2 节从知识图谱构建的视角对科技大数据进行分类；2.3 节主要介绍科技大数据资源网络建模方法；2.4 节重点介绍科技大数据参与主体网络建模方法；2.5 节介绍了科技大数据资源网络和参与主体网络的融合方法；2.6 节对科技大数据参与主体网络建模方法进行了展望；2.7 节为本章小结。

2.1 知识图谱技术概述

2.1.1 通用知识图谱和领域知识图谱

知识图谱由谷歌于 2012 年正式提出（Singhal，2012），其本质是一种基于实体关系构建的语义网络，帮助人们从关系角度分析并解决问题。根据知识的覆盖面，可将知识图谱分为通用知识图谱（general-purpose knowledge graph，GKG）和领域知识图谱（domain-specific knowledge graph，DKG）（杨玉基等，2018）。实际上，科技大数据参与主体网络的构建可以转化为科技大数据知识图谱的构建。

科技大数据知识图谱是一种面向科学技术的领域知识图谱。相比于通用知识图谱，领域知识图谱所涵盖的知识范围较小，但对该领域数据的精确度、专业程度以及实时性有着更高的要求，并能够将知识图谱应用于相应的场景来解决实际问题。例如，医疗领域的知识图谱可帮助医生完成智能诊断，学术领域的知识图谱能够帮助科技工作者完成智能检索等。这些例子表明构建领域知识图谱不仅需要区分大量细粒度知识，还需要对这些知识进行深度推理。以上更高的要求给领域知识图谱的构建增加了难度。

目前，科技数据知识图谱已经被广泛应用，如大型科技信息出版与服务商——施普林格·自然集团的科研图谱 SciGraph、知名信息技术企业——微软公司的微软学术图谱 MAG（Microsoft academic graph）（Wang et al.，2020）以及世界一流科研机构——清华大学发布的科技情报服务平台 AMiner（Tang et al.，2008）。这些场景的应用反映了科技大数据知识图谱在一定程度上能够挖掘科研机构存储的海量异构数据的内在联系，为学科分析、科技评估、智能检索等提供了实现基础，更好地满足了科技管理部门、科技工作者和各类企业对数据和知识的需求。

2.1.2　领域知识图谱的构建框架

领域知识图谱有自顶向下、自底向上和混合方式三种构建思路（周园春等，2020）。自顶向下是基于预先定义好的知识图谱的数据模型，填充具体数据，最后形成完整的知识图谱。自底向上正好相反，通过将收集到的数据（一般用三元组表示）进行归纳、提炼，进而得到数据模型以及数据间的关系，从而形成完整的知识图谱。混合方式是以上两种构建方法的结合。为了提高构建效率和质量，一般做法是：首先研究所需构建的知识图谱领域下的各种实体之间的关系；其次根据这一关系划分出不同的子图，并分别对各子图进行网络框架建设；最后通过知识融合的方式，将各子图网络融合成一个大网络，从而完成整个知识图谱的构建。其过程如图 2.1 所示。

图 2.1 表明，构建领域知识图谱，需要对领域内的数据进行实体知识抽取和关系知识抽取，其关键在于如何表示与存储这些知识及其逻辑关系。目前主流的方法为传统符号化方法，其优点在于能够相对简单地对知识图谱进行扩展和删改。

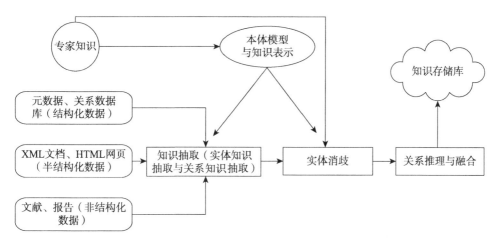

图 2.1　领域知识图谱构造技术框架

XML 即 extensible markup language，可扩展标记语言；HTML 即 hyper text markup language，超文本标记语言

1. 资源描述框架

资源描述框架（resource description framework，RDF）是一种数据模型（W3C RDF Working Group，2014a），为实体之间的关系以及资源的表示与描述提供了统一的标准。具体来说，RDF 将知识表示为"SPO 三元组"，即< subject（主语），predicate（谓语），object（宾语）>。RDF 的基本模型是有向标记图（directed labeled graph），图中的每一条边对应一个三元组，表示一个知识的简单陈述。例如，"华为是一家高科技公司"对应的三元组就是<华为，属于，高科技公司>，如图 2.2 所示。

图 2.2　RDF 表示图例

2. 资源描述框架模式

虽然 RDF 十分简单明了，但它的表述能力有限，即无法表述具体世界中更加抽象的关系。比如，无法区分"类"与"对象"，无法定义与表述"类"的关系与属性。资源描述框架模式（resource description framework schema，RDFS）（W3C RDF Working Group，2014b）能够比较好地解决这一问题。

RDFS 是最基础的模式语言，其主要用于定义术语集、类集合和属性集合。RDFS 主要包括的元语有：Class、subClassOf、type、Property、subPropertyOf、Domain、Range。这些简单的表达构件可以构建最基本的类层次体系和属性体系。一般将元语描述分为两层：数据层和模式层。数据层是对模式层的具体表述，如某一科技人员的名称、邮箱、电话、工作单位等信息；模式层是定义的一些词汇，如类别与属性、人、科技人员等。图 2.3 为论文 "*Deep residual learning for image recognition*" 的 RDFS 表示图，其作者为 Kaiming He、Xiangyu Zhang、Shaoqing Ren、Jian Sun。

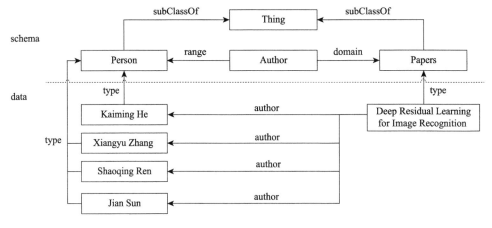

图 2.3　RDFS 表示图例

schema 即模式；data 即数据；type 即类型；subClassOf 即子类；Person 即人物；
range 即范围；Thing 即事物；Author 即作者；domain 即领域；Papers 即论文

3. 网络本体语言

网络本体语言（web ontology language，OWL）（Zhang et al.，2015）是在 RDFS 的基础之上，扩展了类和属性约束的表示能力，使其可以构建更为复杂而完备的本体。这些扩展的本体表达能力包括复杂类表达、属性约束、基数约束、属性特征等。

以上都是基于符号的知识图谱表示方法，除此之外，还有基于向量的知识图谱表示学习模型，由于其在科技大数据知识图谱这一任务中使用较少，我们这里不加以介绍。由于 OWL 和 RDFS 能够更好地表达复杂关系，所以在科技大数据知识图谱构建中，更多地使用 OWL 或 RDFS 来表示和存储知识。

2.2　科技大数据的分类及关系分析

2.2.1　科技大数据的分类

基于在科技创新过程中的主体和客体，将科技大数据分为两类。一类是从科技立项到科技成果产出过程中产生的科技大数据资源，包括科研项目、科研装置、实验数据以及论文论著、专利著作权、科技报告、科技档案、科技获奖、产品资料、标准规范等科技成果；另一类是在科技创新过程中，与科技大数据资源生成和传播相关的参与者的数据，包括资助者（科研项目）、科研机构、科研人员和传播者（或出版物）。

2.2.2　科技大数据的关系分析

由于科技大数据与其参与者之间的关系明显，所以我们可以通过自顶向下的思路，先完成对科技大数据参与主体网络中"上层建筑"的构建，即构建科技大数据知识图谱的概念层，同步完成科技大数据参与主体与科技数据之间的关系分析；基于构建好的概念层，通过知识提取的方式，准确且快速地构建知识图谱的数据层。

在对概念层的构建中，我们可以使用一种基于本体模型的构建方法，科技大数据知识图谱本体模型如图 2.4 所示。本体模型既表示了科研人员之间的合作关系、科技成果引用与被引用的关系以及科研项目和科技成果间的资助关系，又在构建科技大数据网络模型时对科技实体进行属性的扩充，如科研人员的姓名、年龄、性别、职称等属性信息（周园春等，2020）。

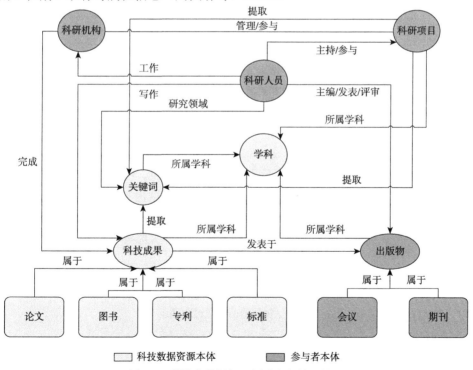

图 2.4　科技大数据知识图谱本体模型构建

2.3　科技大数据资源网络建模方法

2.2 节给出了如何表示和存储科技大数据资源网络,本节将重点介绍如何针对不同的科技数据资源进行知识抽取和知识推断,从而构建基于知识图谱的科技大数据资源网络。其中,知识抽取是根据本体模型并按照某种规则,提取科技大数据中的实体信息以及关联关系;知识推断是基于所抽取的实体信息及其关联关系,推断和发现新知识。

2.3.1　科技大数据的知识抽取

科技大数据有着不同的来源。不同来源的数据往往具有不同类型的结构,可划分为结构化数据、半结构化数据以及非结构化数据。结构不同,知识抽取的方法也不同。结构化数据具有较好的组织特性,知识抽取较为容易,通常使用规则匹配的方式进行抽取;半结构化和非结构化数据往往由异构数据混合组成,知识抽取困难、复杂,需要通过机器学习等方法进行抽取。

1. 结构化数据的知识抽取

结构化数据主要通过关系型数据库进行表示和存储。因为各项之间的关系和名称已经表达明确,所以只需要将其转化为 RDF 或者其他形式的知识库内容即可。最常见的就是按照某种规则匹配机制,将数据库中已有的属性和需要构建的属性一一对应存储。

2. 半结构化数据的知识抽取

半结构化科技数据主要存在于网页、科研数据主页、PDF 文档内。它们具有一定结构,但是需要进一步整理和归纳。半结构化数据内容繁多,没有固定的文档格式,通常采用包装器的方式抽取知识(Huang et al.,2000)。图 2.5 为针对网页半结构化数据的包装器的生成过程。该方法是一种有监督学习方法。

图 2.5　包装器的生成过程图示

图 2.5 的各个环节中,网页清洗的任务是规范网页数据,如为没有结束标签符的数据添加标签符。网页标注的任务是标注出网页上需要抽取的部分数据及其

属性。包装器空间生成的任务是对标注数据的标注规则进行归纳，要求这种规则能够覆盖更多的标注项，使得包装器具有一定的泛化能力，并通过准确率和召回率等指标来选择最优的包装器。

基于包装器的方法需要大量人工标注的数据集，并且针对不同的数据格式需要不同的包装器。为了减少人力标注，可采取一些弱监督或无监督的方法来抽取知识。例如，可先将半结构化数据聚类，得到一种正则文法规则；通过正则文法规则，生成半结构化数据所包含的数据格式，最后进行知识抽取（孙涛，2010）。这种方法需要输入相似的半结构化数据，并且由于源数据可能存在噪声，抽取效果可能无法达到预期。

3. 非结构化数据的知识抽取

对于非结构化数据的知识抽取，首先需要识别并提取非结构化数据中所需要抽取的命名实体，然后抽取出不同实体之间的关系。早期常用基于规则和统计模型的方法。这类方法首先由领域专家根据抽取任务的要求设计出一些包含词汇、句法和语义特征的手工规则，然后在文本分析的过程中寻找与这些模式相匹配的实例，从而推导出实体之间的语义关系（Fukumoto et al.，1998）。它的优点是准确率高，不足是需要大量的领域专家，并且可移植性差。目前主要的方法有三类：第一类是根据两个实体之间相关联的特定谓词来判断它们之间的关系；第二类是充分利用语义关系局部性的特点，识别名词短语中修饰词和中心词可能的关系；第三类是基于机器学习的方法来判断。由于该方法的知识抽取难点和研究更多在于实体之间的关系抽取，所以本节主要讨论非结构化数据的关系抽取。该方法从监督信号的角度可分为有监督关系抽取、无监督关系抽取以及弱监督关系抽取。

（1）有监督关系抽取。有监督关系抽取往往把关系抽取问题看作一个多分类问题，在提取出特征向量后使用有监督的分类器进行关系抽取。常见的方法有基于特征向量的方法、基于核函数的方法和基于神经网络的方法。基于特征向量的方法需要将实例转化为分类器能够识别的特征向量，然后进行分类，其重点在于研究词汇、语法之间明显的、具有可区分性的特征（Zhao and Grishman，2005）。基于核函数的方法不需要构造固有的特征向量，在计算关系距离时可用核函数的方式，从而达到在高维特征空间中隐式计算对象距离、十分灵活地表达实体之间关系的目的，如 SVM、表决感知器。基于神经网络的方法主要使用卷积神经网络（convolutional neural network，CNN）、长短时记忆网络（long short-term memory，LSTM）、混合神经网络（hybrid neural network，HNN）等神经网络模型得到非结构化数据的向量表示，之后使用 softmax 分类器进行分类。近年来，图神经网络（graph neural network，GNN）方法开始应用于知识图谱的构建和知识抽取中，并且表现较好。图神经网络方法主要是基于句子的依赖树，使用图卷积网络（graph convolutional network，GCN）对句子之间的关系进行编码，从而预测关系类别（Guo et al.，2019）。图神经网络方法主要应用于通用知识图谱中，在领域知识图谱中的应用较少。

（2）无监督关系抽取。无监督关系抽取的核心思想是基于一种分布假设：如果两种词语用法相似并且出现在相同上下文，则可以认为这两种词语意思相近；如果两个实体对象出现在相似的语境，则可以认为这两个实体对象具有相同的语义关系。因此，无监督关系抽取方法需要将拟抽取的实体上下文作为表示语义关系的特征，然后对实体进行聚类。由于无监督关系抽取方法使用相似的规则和模板进行聚类，不能很好地获知语义信息，很难规范化，难以构建知识库，因此这些问题需要通过现有知识库的关系进行对齐，或者通过人工赋予每一聚类关系集群的语义信息，从而更好获取实体之间内在的语义关系。

（3）弱监督关系抽取。弱监督关系抽取使用现有知识库中的数据，自动回标实体所在文本的训练样本，获得大量的弱监督数据。由于不需要人工标注，所以该方法适合大规模的非结构化数据的知识抽取。实体自动回标方法主要有基于概率图模型方法、CNN 方法等。弱监督关系抽取需要大规模已有知识图谱，并且实体自动回标方法都基于一种假设：如果两个实体在知识库中存在某种关系，那么根据两个实体共现的一个句子，就能够推理出这种关系。但实际上，两个实体出现在同一个句子中并不能表示它们一定具有某种语义关系，也有可能仅仅只是属于某一个话题。不满足假设的数据就成为噪声数据。

2.3.2　科技大数据的知识推断

通过上述知识提取的方法，得到了初步的基于知识图谱的资源网络。但是由于构建知识图谱的数据的不完备或者知识抽取算法的局限性，所构建的知识图谱可能存在属性缺失、关系缺失、关系错误等问题。可通过知识推断的方式发现缺失的属性、关系，纠正关系错误。科技大数据的知识推断方法可分为基于符号学与逻辑推理的方法、基于实体关系学习的方法以及模式归纳方法。

1. 基于符号学与逻辑推理的方法

基于符号学和逻辑推理的方法一般是将推理规则应用到知识图谱上，通过触发规则来推导出实体关系。其中推理规则可以是知识表示中已有的规则，如类与子类、类与对象的关系；也可以是通过人工设定或者学习方式得到的规则，如根据两条陈述"科大讯飞是一所人工智能公司""人工智能公司是高科技公司的子类"，获得 < 科大讯飞，属于，高科技公司 > 这样的关系。随着数据的增长，基于符号学与逻辑推理的方法的推理效率会出现下降，可使用描述逻辑和 RDFS 并行推理的方式提高推理效率。

2. 基于实体关系学习的方法

基于实体关系学习的方法是通过统计学习方法或者神经网络等机器学习方法来学习知识图谱中的实体关系，可分为表示学习方法和基于图特征的方法。

表示学习方法主要将实体与关系统一映射到低维连续向量空间，从而进一步发现潜在语义特征。例如，使用循环神经网络（recurrent neural network，RNN）模型进行关系推理时，主要思路是学习路径对应语义表示特征，则路径上任意两个实体关系都使用路径上的语义表示（Bordes et al.，2013）。表示学习方法的优点是方法灵活、推理效率高；缺点是解释性低，在复杂的推理问题中精度不够。

基于图特征的方法通过对现有知识图谱的挖掘，得到图特征，据此预测实体之间存在的不同类型的边关系。代表性的方法有归纳逻辑程序设计（inductive logic programming，ILP）（Quinlan，1990）方法、路径排序算法（path ranking algorithm，PRA）（Lao and Cohen，2010）等。例如，PRA 将实体之间的联通路径作为特征，通过一种目标关系的分类器判断这些实体是否为所需要的目标关系。基于图特征的方法的优点是推理机制明确、泛化能力好；缺点是图特征挖掘效率低，在建设大型知识图谱时效率不高。

由于图神经网络在推理能力上表现良好，近年来也出现了基于图神经网络的知识推理，如同时使用全局信息传播和局部信息传播的 DPMPN（动态剪枝信息传播网络，dynamically pruned message passing network）（Xu et al.，2020），融合马尔可夫逻辑网络（Markov logic network）与图神经网络的 ExpressGNN（Zhang et al.，2020）方法等。

3. 模式归纳方法

模式归纳方法主要利用知识图谱的模式层信息或者大量的本体信息所确立的约束关系进行学习。常见的有基于关联规则挖掘的模式归纳方法和基于机器学习的模式归纳方法。基于关联规则挖掘的模式归纳方法首先将知识图谱信息通过关联规则的方法挖掘并找出规则，其次将这些关联规则转化为本体中的公理以指导模式归纳学习。基于机器学习的模式归纳方法主要通过机器学习方法实现知识图谱的模型表示，通过建模、推理得到新的公理以指导模式归纳学习。

2.4　科技大数据参与主体网络建模方法概述

基于知识图谱的科技大数据参与主体网络构建过程与科技大数据资源网络构建过程类似。但是参与者主体往往有许多同名但指代不同的实体，例如，论文作者同名，实际不是同一个作者；也有不同名但指代相同的实体，例如，同一作者在不同语言的期刊上发表论文，其署名存在很大差异，但实际上是同一个人。这些问题的存在会导致知识图谱上实体标记错误或者实体间的关系错误，进而会导致之后检索错误、推理错误。

为此，我们提出了一种基于聚类或分类策略的歧义消除方法。首先将可能存在歧义的实体作为一个集合，然后根据每个实体的特征（除实体名称外）计算实体间的相似度，并将实体聚类成不同的簇或者进行分类，同一簇或者同一类别代表一个实体（Zhuang et al.，2016）。例如，针对学术论文的歧义消除问题，我们可以首先通过期刊的唯一标识符（ISSN）和作者姓名进行预去重，然后基于文章发表的年份、标题、关键词等确定是否属于同一篇文章；基于通信地址、机构类型等判断是否属于同一机构；基于合作论文、发表论文关键词等确定作者是否为同一人。这些方法都可以用于表示学习的方法，将不同实体表示成不同的特征向量。通过构造不同特征向量相似度计算方法，计算不同向量之间的相似度从而生成最终的聚类或者分类结果。此外，概率模型、社会化网络分析方法也常用于歧义消除。

2.5　科技大数据网络融合方法

在分别完成了科技大数据资源网络和参与主体网络的构建之后，需要对二者进行融合。由于两种网络（或知识图谱）之间可能存在同一个实体或者概念的信息，我们需要对这些相同部分进行整合或者消除歧义，从而得到最终的科技大数据知识图谱。

根据知识图谱融合对象的不同，我们将其分为本体对齐和匹配、实体对齐和匹配。本体对齐和匹配主要是对知识图谱中模式层的属性和概念进行操作，实体对齐和匹配则是对不同实体进行操作。知识图谱融合过程如图 2.6 所示。

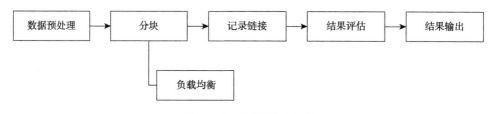

图 2.6　知识图谱融合过程

在知识图谱融合过程中，数据预处理是将两个知识图谱中有关语法和数据的不同表示方式进行统一、规范。例如，通信地址的表示遵从统一的标准，机构或人名统一使用全称而不使用缩写等。分块主要是将拟融合的知识图谱中具有潜在匹配可能性的本体或实体记录作为候选项集（知识块），并通过 Hash 函数或者邻近分类等方法，不断缩小候选项集，既要去除知识块中不需要的链接或者实体，又要保证融合对象的覆盖率，同时还要考虑负载均衡，即保证每个知识块的实体数量基本相当，从而保证分块对齐和匹配在精度与速度上的性能提升，实现知识图谱的分块融合。记录链接是指通过计算实体之间的相似程度确定是否关联两个实体。相似度由属性相似度和实体相似度共同决定。属性相似度可以通过编辑距离、集合相似度计算和基于向量的相似度计算等方式获得。编辑距离是通过不同的编辑操作计算两个属性的相似程度，常见的有 Levenshtein distance（莱文斯坦距离）、Wagner and Fisher distance（即字符编辑距离）；集合相似度计算将字符串理解成集合，通过集合的相似度进行判断，常见的有 Dice 系数、Jaccard 系数；基于向量的相似度计算是借助词频-逆文本频率（term frequency-inverse document frequency，TF-IDF）（Wu et al.，2008）、Word2Vec（Wu et al.，2019）等方法，将比较对象映射到某个向量空间，然后计算两个向量的相似性，常见的方法有欧氏距离、闵氏距离、余弦相似性、皮尔逊相关系数等。对于实体相似度，可使用类似消除歧义的一些方式进行处理。

结果评估是对融合结果的有效性进行测评，评估的指标有准确率、召回率、F 值以及算法运行时间。F 值是综合考虑准确率和召回率的指标，一般可以取 $F1$ 值，其计算方式如式（2.1）所示：

$$F1 = \frac{2PR}{P+R} \tag{2.1}$$

其中，P 表示准确率；R 表示召回率；$F1$ 表示准确率和召回率的调和平均数。通过以上指标，我们可以选择一个适合的模型来完成知识融合。

2.6　科技大数据参与主体网络建模方法的展望

我们将科技大数据参与主体网络建模转化为科技大数据知识图谱的建模，实现了基于知识图谱的科技大数据参与主体网络建模。但由于科技大数据本身具有数据来源广、数据类型多、数据体量大以及数据增长快等特点，针对科技大数据参与主体网络的构建技术，还面临着许多挑战。本节将从以下两个方面展望未来的技术发展。

2.6.1　大数据技术和科技大数据知识图谱技术的融合

由于科技大数据知识图谱构建所依据的数据源呈现海量、异构等特点，如何更好地获取、清洗数据，以及存储和管理海量、异构的数据，为科技大数据知识图谱构建提供优质的数据源，成为研究的关键。科学技术发展使得学科边界日益模糊，不同学科之间相互交叉日益普遍，本体与实体的属性和关系更加复杂，如何基于科技大数据构建科技大数据知识图谱，也成为研究的重点。把具有大规模分布式计算能力的大数据技术与知识图谱构建技术相融合，将为解决上述问题提供新的发展空间。

2.6.2　机器学习和深度学习方法在科技大数据知识图谱技术中的应用

知识图谱本身作为一种复杂网络，从之前使用统计学习的方法来挖掘信息，构建领域知识图谱，逐渐发展到使用深度学习和图神经网络的方法，构建科技数据知识图谱，这表明机器学习和深度学习方法在科技大数据知识图谱建设中具有重要作用。然而科技大数据知识图谱作为一种领域知识图谱，使用通用知识图谱的构建方法不能充分利用领域知识图谱的特点。此外，在知识图谱构建任务中，最困难的、很难标准化的任务是对于文本数据的信息提取，这需要自然语言处理方法的发展。因此，针对科技大数据知识图谱构建的特点，研究开发特定的机器学习或者深度学习算法，准确高效地提取科技大数据中的实体、属性及其关系，具有广阔的发展空间。

2.7　本　章　小　结

本章概括介绍了科技大数据参与主体网络的建模方法。结合最新研究，将科技大数据参与主体网络建模的问题转化为构建基于科技大数据知识图谱的问题。基于此，本章提出了科技大数据知识图谱本体模型和构建科技大数据资源网络的主要流程。对于不同流程概述了不同的方法和主要思想。在构建科技大数据资源网络的主要流程中，难点问题在于知识抽取、知识推断两个步骤。特别是针对无结构化的数据知识抽取和基于实体关系的知识推断。对此，本章介绍了不同监督信号下的知识提取算法和基于传统机器学习与深度学习的知识推断方法。最后，本章针对大数据和科技大数据知识图谱融合与深度学习等方法在科技大数据知识图谱中的应用提出了展望。在基于大规模分布式大数据技术、深度学习技术和图神经网络技术的知识图谱构建方面，未来需要更多相关从业者的研究和贡献，这样才能有助于在海量的科技数据中驱动科技未知探索、赋予数据智能，从而更好地解决科技大数据参与主体网络构建的问题。

参　考　文　献

孙涛. 2010. 面向半结构化数据的数据模型和数据挖掘方法研究. 长春: 吉林大学.

杨玉基, 许斌, 胡家威, 等. 2018. 一种准确而高效的领域知识图谱构建方法. 软件学报, 29（10）: 2931-2947.

周园春, 王卫军, 乔子越, 等. 2020. 科技大数据知识图谱构建方法及应用研究综述. 中国科学: 信息科学, 50（7）: 957-987.

Bordes A, Usunier N, Garcia-Duran A, et al. 2013. Translating embeddings for modeling multi-relational data. Neural Information Processing Systems, 2: 2787-2795.

Fukumoto J, Masui F, Shimohata M, et al. 1998. Oki eletricity industry: description of the Oki system as used for MUC-7. Fairfax: The 7th Message Understanding Conference.

Guo Z J, Zhang Y, Lu W. 2019. Attention guided graph convolutional networks for relation extraction. Florence: The 57th Annual Meeting of the Association for Computational Linguistics.

Han J W. 2012. Mining heterogeneous information networks: the next frontier. New York: The 18th ACM SIGKDD International Conference on Knowledge Discovery and Data Mining.

Huang Y Q, Qi G Z, Zhang F Y. 2000. Extracting semi-structured information from the web. Journal of Software, 11: 73-78.

Lao N, Cohen W W. 2010. Relational retrieval using a combination of path-constrained random walks. Machine Learning, 8(1): 53-67.

Quinlan J R. 1990. Learning logical definitions from relations. Machine Learning, 5(3): 239-266.

Singhal A. 2012. Introducing the knowledge graph: things, not strings. https://www.blog.google/products/search/introducing-knowledge-graph-things-not/[2012-05-16].

Tang J, Zhang J, Yao L M, et al. 2008. Arnetminer: extraction and mining of academic social networks. Las Vegas: The 14th ACM SIGKDD International Conference on Knowledge Discovery and Data Mining.

Wang K S, Shen Z H, Huang C Y, et al. 2020. Microsoft academic graph: when experts are not enough. Quantitative Science Studies, 1(1): 396-413.

Wu H C, Luk R W P, Wong K F, et al. 2008. Interpreting TF-IDF term weights as making relevance decisions. ACM Transactions on Information Systems, 26(3): 1-37.

Wu L, Liang X H, Song H Y. 2019. Empirical study of coevolution analysis based on technological keyword. Journal of Modern Information, 39: 137-142.

W3C RDF Working Group. 2014a. Resource description framework resource description framework (RDF). https://www.w3.org/2001/sw/wiki/RDF[2014-02-15].

W3C RDF Working Group. 2014b. Resource description framework resource description framework (RDF) schema (RDFS）. https://www.w3.org/2001/sw/wiki/RDFS [2014-02-25].

Xu X R, Feng W, Jiang Y S, et al. 2020. Dynamically pruned message passing networks for large-scale knowledge graph reasoning. International Conference on Learning Representations 2020.

Yadav V, Bethard S. 2018. A survey on recent advances in named entity recognition from deep learning models. Stroudsburg: The 27th International Conference on Computational Linguistics.

Zhang C R, Zhao T, Li W D. 2015. Ontology languages and Geospatial Semantic Web//Zhang C R,

Zhao T, Li W D . Geospatial Semantic Web. Cham: Springer: 57-88.

Zhang Y, Chen X, Yang Y, et al. 2020. Efficient probabilistic logic reasoning with graph neural networks. https://www.arxiv.org/abs/2001.11850 [2021-03-09].

Zhao S B, Grishman R. 2005. Extracting relations with integrated information using Kernel methods. Stroudsburg: The 43rd Annual Meeting of the Association for Computational Linguistics.

Zhuang Y, Li G L, Feng J H. 2016. A survey on entity alignment of knowledge base. Journal of Computer Research and Development, 53(1): 165-192.

第3章　科技大数据多元价值链

　　科技大数据是当今知识经济的产物，是人的智力、思想、技术和创造力的集中体现。科技大数据作为数字经济的基础性战略资源，在国家科技创新能力、核心竞争力提升以及产学研协同创新发展过程中，发挥着极其重要的战略保障和基础性支撑作用，对科学理论发展和社会生产生活也有着极为重要的影响。所以阐明科技大数据的多元价值及科技大数据价值链中的价值创造过程和价值实现过程是极为重要且有意义的。目前对数据价值链以及科技大数据的相关研究较多，但尚缺乏对科技大数据价值增值及实现过程的研究。本章详细阐明了以创新为价值核心的科技大数据的多元价值，总结了大数据价值链理论研究，并以此为基础，构建了科技大数据价值链，阐明了科技大数据全过程价值链模型中的参与者以及所需要的基础工具和技术架构等。

　　本章的安排如下：3.1 节总结了科技大数据的相关研究，提出了科技大数据的多元价值；3.2 节基于价值链理论及大数据价值链理论，构建了科技大数据价值链；3.3 节从科技大数据价值链的价值生产及实现的各环节出发，构建了科技大数据的全过程价值链模型，分析了科技大数据全过程价值链模型的参与者、基础工具及技术架构；3.4 节为本章小结。

3.1　科技大数据的多元价值分析

3.1.1　科技大数据的内涵及其特征

1. 科技大数据的内涵

　　什么是科技大数据？Greenberg（2016）列举了学术界对数据各种不同的认识和理解，在各科学领域，学者生产、使用并解释数据，但往往不知道所用数据的真正含义。

　　对于科学大数据的定义，有学者认为，在科学研究数据与日俱增的今天，与科学相关的大数据称为科学大数据，具有不可重复性、高度不确定性、高维性及计算分析高度复杂性的内部特征，以及在数据内容、数据体量、数据获取、数据分析等方面的外部特征（郭华东等，2014）；诸云强等（2015）提出，与科学相关，反映和表征着复杂的自然和社会科学现象与关系的大数据称为科学大数据；孙建军和李阳（2017）认为，科学大数据有狭义与广义之分：狭义的科学大数据是指科学实验、科学设计等科学研究领域产生的一系列原始性、基础性数据，其本质上是以数据论（强调数据体量、类型与传播）为代表的科学大数据集合；广义的科学大数据存在于科研活动与科学研究的整个生命周期之中，包括科研启动、科研合作、科研结果与成果利用过程中涉及的科研人员数据、科研资料数据、科研技术数据与科研环境数据等。从广义视角来看，科学大数据的概念范畴可分为两个结构维度：一是知识维度，即科学知识大数据，包含各科学领域已形成的基本数据、资料、文献等承载知识内容的数据；二是活动维度，即科学活动大数据，包括科学活动中的实体（如人员、机构、项目等）及其关系（如合作、引证、共现、社交等）数据。黎建辉等（2017）从数据采集的特点方面提出科学大数据主要是指通过"机器"自动化快速采集、规模化存储与分析处理、具有较高维度和复杂关联的数据及其衍生产品。其产生速度快，数据量与复杂度高，存在着不确定性和噪声。对这些数据进行存储、分析和应用需要新技术与更强的基础设施环境支持。黄鼎成和郭增艳（2002）认为科技数据是指人类社会科技活动所产生的基本科学技术数据、资料以及按照不同需求而加工的数据产品和相关信息。

佟泽华等（2020）阐述了科研大数据与科学大数据的关系。一方面，科研大数据与科学大数据存在着密切的关联，"科学大数据"意指在认识自然、社会、思维等的客观规律过程中产生的大量科学数据累积而成的数据集，相较于科研大数据涉及的范围更为广泛，因而，科研大数据可以看作科学大数据的子集和拓展。另一方面，科研大数据又与科学大数据存在一定的差异，前者侧重于"研"，即科学研究的过程，其表述很好地体现了概念的"过程本质"；而后者侧重于"科学"本身，体现的是概念的"知识本质"。

曾文（2018）认为科技大数据存在于科研活动与科学研究的整个生命周期（研究过程）之中，是与科学研究相关的大数据。它首先包括科技文献大数据（科技论文、著作、专利、软著和科技报告等），由大型仪器设备、科学装置和计算模拟等产生的海量原始数据，以及科技活动大数据。科技活动大数据又分为科技实体数据和知识关系数据，其中科技实体数据包括科技项目、学术会议、科技团队、科技组织、科技人才、科技机构、科技奖项、科技主题等；知识关系数据是科技实体合作、引证、共现、社交等活动数据，包括语义关系及计量关系等。

钱力等（2019）认为科技大数据不同于传统论文数据，也不同于一般意义上的网络及行业大数据，数据内容包括科技成果数据、科技活动数据以及互联网自媒体科技资讯数据。

郭伟杰（2021）认为不同于互联网上爆发式增长的新闻、社交等信息，科技大数据有其独特的一面。科技大数据主要以论文、专利、基金和学者信息等具有学术风格的资源为主体构成,其数量庞大但数据的冗余信息少,具有专业性强但不同领域间差异性大的特点。

科技大数据的来源广泛,结构复杂,形式多样。从数据的结构方面来看,科技大数据既有结构化数据(如研发投入数据),又有半结构化数据和非结构化数据。从数据的载体格式来划分,科技大数据可分为数值型数据、文本型数据(比如论文、专利等)、图形图像数据、音频数据与视频数据(包括科技宣传片、学术会议视频)等。从数据详略程度上看,科技大数据既包括传统的题目目录数据,也包括全文内容数据。

基于以上分析,我们认为科技大数据本质上是一类能够反映人类科技活动状态和过程的信息资源,其可以支持人类洞察新思想、发现新规律、发明新技术、开发新产品,可被分为科技活动过程数据、科技活动环境数据以及互联网科技资讯与服务数据等。科技活动过程数据包括为了科技创新而借助各类技术设备手段采集的科研实验数据,例如,国家航空航天中心采集的天体数据和科学家采集的人体基因数据,可以助力人们进行科学研究,探索未知的空间、未知的生命,以及通过对科研实验数据进行处理分析后而产生的论文论著、研究报告、专利软著、科技奖励、标准规范、政策建议等科技成果及其关系数据。科技活动环境数据是指支撑人类科技活动有效进行的相关仪器设备、科研项目、科技人才、高等院校、研究机构、科技服务、科技政策等资源及其关系数据。互联网科技资讯与服务数据则包含了一切与科技创新活动有关的网络科技大数据,例如,百度百科、百度文库、百度学术、知乎、中国知网以及各类科技社区、个人学术网站、微博、科研论坛等的数据。

2. 科技大数据的特征

首先,与大数据一样,科技大数据也具有"4V1O"的特征,具体如下。

(1)数据规模(volume)。采集、存储和计算的科技大数据规模巨大,科研机构采集的科学实验数据、科技成果出版商发布的成果数据、科技服务平台的交易流通数据、互联网每天产生的科技资讯等都是海量数据。PB级别的科技大数据将是常态,给科技大数据的挖掘、计算带来了挑战。

(2)数据类型(variety)。科技大数据来源和类型多样,几乎涵盖了结构化的表格数据、半结构化的科技文献数据、非结构化的科技音视频数据等各种类型数据格式,来源不同的数据的编码方式、数据格式、应用特征等往往都存在差异,给科技大数据的开发利用带来了挑战。

(3)数据价值(value)。相较于互联网大数据与行业大数据存在价值稀疏的特点,科技大数据的价值往往存在着巨大差异且具有很多独特性(参见3.1.2节)。因此科技大数据的价值评估以及如何结合业务逻辑并通过强大的机器算法挖掘数据价值，是科技大数据时代亟须解决的问题。

（4）数据时效（velocity）。随着互联网的发展，数据的变化、处理都很快，时效性要求也更高，但相较于传统互联网和行业大数据，科技大数据的时效性要求差距很大。某些科技资讯数据要求时效性极高，但一些科技文献数据、实验数据则往往具有长时延效应，这是科技大数据独有的特征。

（5）数据在线（on-line）。数据在线指数据必须随时能调用和计算。这是包括科技大数据在内的各类大数据区别于传统数据的重要特征。

除"4V1O"的特征之外，科技大数据还具有多层次逐级演化、全生命周期及混态多线处理和高技术支撑等特征。

（1）多层次逐级演化特征。由大型仪器设备、大科学装置和计算模拟等产生的海量原始数据，经过校对、刻度、特征提取等处理形成具有科学意义的实例对象数据，并与相关的数据关联融合，形成知识网络（黎建辉等，2017）。

（2）全生命周期特征。科技大数据具有明显的涉及"采集与实时分析—存储与处理—发布与共享—再分析与重用—归档与长期保存"全过程的全生命周期特征，主要针对科学实验装置、仪器设备、观测台站等采集的数据，实现数据的实时筛选、处理和分析，通过采用持久的存储设备，实现海量历史数据的长期保存。

（3）混态多线处理特征。一条流水线通常会涉及数据采集、存储、分析等不同环节。因此，除了需要提供数据分析的支持，还需要考虑数据的采集等管理功能的支持。同时，根据任务的不同特征，会组合用到不同时效性要求的计算框架，这也需要多个流水线并行执行。因此，需要考虑 CPU/GPU[①]、内存、存储等资源的共享和分配问题。

（4）高技术支撑特征。科技大数据具有配置昂贵且复杂的实验设施（设备）协同支撑的特征，如同步辐射光源、全超导托卡马克核聚变实验装置、500 m 口径球面射电望远镜等国家重大科技基础设施，这对于推动中国科技大数据的积累和发展起到了无可替代的支撑作用。

3.1.2 科技大数据的多元价值及其特征

人们对大数据的价值已经开展了较为广泛的研究。大数据蕴藏着巨大的科学研究价值、公共管理与服务价值、商业价值以及支持科学决策的价值（陈国青等，2018；徐宗本等，2014）；大数据已经被看作战略性基础资源，以及组织获得竞争优势的关键因素，其价值在于其管理决策有用性，通过对大数据的价值开发，可

---

① CPU 即 central processing unit，中央处理器；GPU 即 graphics processing unit，图形处理器。

以为各种实际应用提供其他资源难以替代的决策支持作用（杨善林和周开乐，2015），以至于对于现在企业的每一个功能都不得不概述如何使用它来改善运营（Cappelli，2017）；刘业政等（2020）从数据间的协同、计算间的协同、分析间的协同和人机间的协同等四个方面构建了获取大数据价值的 4C 模型。

在科技大数据价值方面，李阳等（2017）认为科技大数据不仅是科学研究的结果，且日益成为科学研究的重要基础，是支持科研活动与科技创新的关键；杨友清和陈雅（2014）认为科学数据集科学价值和使用价值于一体，并对科技创新的发展产生了深远的意义；诸云强等（2015）认为科学数据具有科学价值、经济价值和社会价值，并且具有易于传播和共享等特点，科技大数据呈现典型的"迭代优化"特征，而这种演化的最终意义是通过高度的创造性释放其价值，在开放共享的前提下，科技大数据的价值可以得到充分利用和价值增值；佟泽华等（2020）认为科技大数据对不同的使用者的价值是不同的，它可以满足个体的科研需求，促进企业的技术创新，支撑政府的管理决策，并在国家科技层面保证国家科技工程进行和完成；美国在《2030 年保持优势的技术与创新》以及 2017 年版《国家安全战略》中提出，科技情报成为美国国防科技战略重点，是避免技术突袭的有效路径；美国国家情报大学科技情报学院院长布莱恩·福尔摩斯认为，美国在战略环境中优先考虑科技情报作为一个重要手段与保障能力。另外，科技成果作为科学研究与技术开发所产生的具有实用价值的成果，其转化在国家创新体系建设中具有重要战略意义（王晶金等，2018）。

我们站在用户的视角并借鉴营销学的品牌价值理论分析科技大数据的价值。我们将科技大数据的主要使用者分为科研院所、高等院校、科技企业和政府机构，工作于上述机构的个体和群体，以及其他科技爱好者等。基于品牌价值理论，我们将科技大数据的价值分为使用价值和象征价值。使用价值是指科技大数据满足用户功能效用的程度，用户使用科技大数据的功能效用主要表现在洞察新思想、发现新规律、发明新技术等方面；象征价值是指科技大数据满足用户的心理效用的程度，用户使用科技大数据的心理效用主要表现在地位等的提升。具体分析结果如表 3.1 所示，从表中可以看出，科技大数据作为一类特殊的信息资源，其价值主要在于创新，包含知识、产品、服务、政策创新等。

表 3.1　科技大数据价值分析

价值类型	科研院所	高等院校	科技企业	政府机构
使用价值	洞察新思想、发现新规律、发明新技术	洞察新思想、发现新规律、发明新技术、培养创新人才	发明新技术、开发新产品、创新新模式、制定新政策	制定新政策
象征价值	科学研究和社会服务的实力和地位	科学研究、人才培养、社会服务的实力和地位	市场的竞争地位	国家的战略形象

科技大数据具有的巨大价值不仅在科技领域受到关注，而且在互联网、商业

智能、咨询与服务，以及医疗服务、农业、金融业、通信等行业显现，并产生了巨大的社会价值和产业空间，在商业智能、公共服务、政府决策、市场营销、生产管理（Ban and Rudin，2018；孙新波等，2019）、产品研发（肖静华等，2018；Xu and Dukes，2019）、金融服务（Wei et al.，2015）、人力资源管理（Cappelli，2017）等方面都得到了具体的应用。

3.2　价值链理论与科技大数据价值链

3.2.1　价值链理论

价值链理论是分析价值创造活动的重要理论，由美国著名战略家、哈佛大学商学院的波特教授于 1985 年提出（Porter，1985）。他认为价值链分析的基础是价值，而不是成本。企业的经营活动都可以在一条价值链中表示。企业的首要任务是进行价值创造，价值和价值活动构成了价值链的分析基础。

波特的价值链理论主要以单个企业及其内部各种活动为研究对象，将创造价值的活动分为两大类，即基本性价值活动和辅助性价值活动。基本性价值活动是与企业价值创造直接相关的各种活动；辅助性价值活动是指对企业基本性价值活动的支撑，包括提供技术、人力资源、基础设施、原料采购等。基本性价值活动和辅助性价值活动是一个有机统一的整体，两者相互关联、互为支持，共同围绕价值创造发挥着各自的功能，具体如图 3.1 所示。

图 3.1　波特的价值链理论

波特的价值链理论强调了个体对竞争逐利性的追求而忽视了群体间的协同合作，且更多的是考虑企业内部的活动行为，而如今，价值链的范围已不仅仅局限于此，而是可以将企业作为价值链过程中的一个环节来考虑，从更广泛的视角来考虑整个价值系统的价值活动，且随着知识、信息的发展以及各种新兴产业领域的兴起，价值链理论也得到了进一步的丰富与发展。

3.2.2　大数据价值链理论

在企业价值链的基础上，Miller 和 Mork（2013）提出了数据价值链的概念，认为数据价值链是从数据获取到决策支持整个数据管理活动及支撑辅助的各种利益相关者及相关技术构成的框架，用于检查如何将不同的数据以组织的方式组合在一起，并创造有价值的信息，能够为企业级别的决策提供有效信息。它包括数据发现（收集和注释、准备、组织）、数据集成（整合）、数据开发（分析、可视化、决策）三大块，如图 3.2 所示。

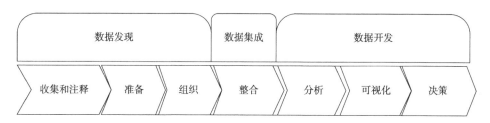

图 3.2　数据价值链的提出

Gustafson 和 Fink（2013）提出了大数据价值链的概念，并认为每条大数据价值链都由四个基本阶段组成，具体如图 3.3 所示。

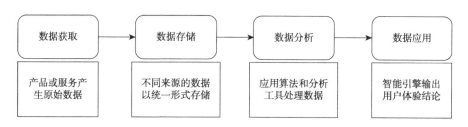

图 3.3　大数据价值链的提出

（1）数据获取阶段。数据生成过程中，数据流产生于各种来源，如传感器、用户输入等，对于某些数据必须从源头收集；而无论哪个行业的大数据分析和应用，都无法离开以人为中心所产生的各种用户行为数据、用户业务活动和交易记录、用户社交数据等，这些相关的核心数据结合用于数据采集的可感知设备构成完整的大数据池。

（2）数据存储阶段。整合原始数据和其他来源的数据，进行分类并存储在某种数据仓库中。数据的聚合、分类和存储，分布式文件系统、编程模型，以及可扩展的高性能数据库是大数据价值链第二、第三阶段涉及的核心技术。

（3）数据分析阶段。大数据分析平台一般称为智能引擎，即提供分析和算法操作的数据应用程序，通过智能引擎来处理汇总后的数据并加以应用。智能引擎作为高级应用程序，能够通过图形分析、数学建模或某些形式的仿真产生辅助决策的真正智能。

（4）数据应用阶段。数据分析的输出转变为实际的价值、见解或建议。在大数据价值链的最后阶段，可以采取许多形式形成直接的用户体验，如警告、通知或可视化；也可与某智能系统通信，如触发金融交易或调整交通信号以反映实际的交通流量等。

张传杰（2016）认为在大数据背景下，大数据价值链是由大数据思维、基于大数据的核心价值活动和具有大数据外延性的辅助性价值活动构成，如图 3.4 所示。其中，大数据价值链的核心价值活动是基于数据直接创造价值的基本活动，它涉及数据收集、数据存储、数据处理、数据分析和数据应用五个方面。这些基本环节既相对独立又紧密联系，企业可以运用大数据在某一个环节或多个环节上实现差异化竞争优势和多元化的营利模式。辅助性价值活动是对数据价值挖掘的支撑活动，它涉及大数据基础设施、大数据技术与工具开发、大数据人才、大数据商业模式开发等方面。对于大数据价值链，在不同的核心价值活动上，将会产生不同价值来源的运作模式。价值链参与者甚至可以同时在多个环节上实现价值创造活动，并取得竞争优势。

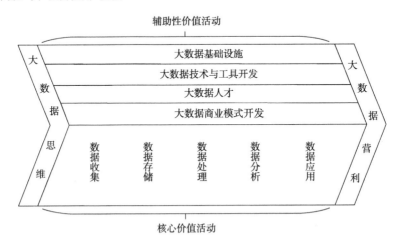

图3.4　基于波特价值链模型的大数据价值链构成

赵栋祥等（2017）将数据获取、数据处理和数据交易作为一个整体，并借助数据集市来缓解数据资源的供需矛盾，其核心活动都是围绕数据交易展开，如图

3.5 所示。数据供给方、数据需求方和数据集市是数据交易服务的主要参与方，数据集市是连接数据供给方和数据需求方的桥梁和纽带，数据供给方和数据需求方在一定条件下可以转换。其中，数据交易是必不可少的活动和功能，数据获取和数据处理则因数据集市的类型而有所差异。调查发现，数据集市可以分为两类：第一类只进行数据交易活动；第二类除了数据交易之外，还承担一定的数据获取和数据处理职能。

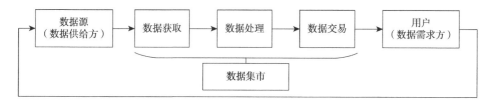

图 3.5　数据集市的提出

Chen 等（2014）将大数据价值链过程分为大数据的生成与获取、大数据存储、大数据分析、大数据的应用等几个阶段。张影等（2018）提出将大数据价值链划分为数据采集、获取、存储、组织、整合、挖掘、分析、决策八大数据基本管理活动，以及软硬件基础设施、大数据技术开发、人力资源管理等辅助支持性活动，进一步地刻画了大数据价值增值的过程，也充分考虑了外在辅助性活动对大数据价值增值的影响，丰富和发展了大数据价值链理论，具体如图 3.6 所示。

图 3.6　大数据价值链模型的发展

3.2.3　科技大数据价值链

孙建军和李阳（2017）认为科技大数据的价值链是一个从科技大数据生成、获取、整合、分析、挖掘到转化为价值的过程，它是以科技大数据资源为基础、以科学大数据管理为保障、以科学大数据挖掘为核心、以科技大数据服务为标准的数据价值创造过程。

构建科技大数据价值链就是将科技大数据资源生产、交易和服务等纳入统一架构，形成价值创造的动态过程。从科技大数据的生成过程来看，存在一个价值链，包括数据的获取到传递、分析和存储过程，这也是科技大数据的增值过程。增值的含义就是这些活动都是相关参与者投入成本的过程，而整个数据价值的变现在最后的数据使用环节，是价值释放的过程，能够抵消甚至超过前面过程所产生的成本。为此，我们基于市场营销理论，可以将科技大数据价值链划分为价值创造、价值整合、价值传递和价值实现四个连续的环节，参见图 1.1。

科技大数据价值链中各环节相互依赖，构成一个连续的价值链过程，各环节的作用及价值增值情况如表 3.2 所示。

表 3.2　科技大数据价值链各环节的价值增值情况

价值链环节	价值增值情况
价值创造	价值创造是生产者在已有的科技成果基础上通过一系列活动来得出自身具有创新意义的科学技术或思想方法并将成果规范表达出来的过程，是价值从无到有的过程。价值创造的核心涉及复杂的精神生产过程，是高投入的过程，也是具有高附加值的原因
价值整合	价值整合是对原创的创新思想及成果进行审核、筛选并修改调整的过程，其中不仅是科技大数据半成品单向流动的过程，还涉及对半成品的反馈，这也涉及复杂的精神生产过程、交流沟通过程、对科学研究成果进行价值筛选及规范管理，这使得科技大数据的价值水平整体增强，科技大数据加工整合者自身身份也可以为最终的科技大数据产品带来增值效果
价值传递	价值传递是科技大数据成品的传播推广，涉及科技大数据交易平台及渠道，是价值传递过程，是价值实现的关键环节。如何更容易被更多的消费者发现、如何推荐于更合适的消费者、如何使得消费者更倾向于消费、产品的被购买情况是衡量价值大小及实现与否的直接指标
价值实现	消费者对科技大数据产品的理解与使用与消费者特征密切相关，具有高度的不确定性、高附加值及次生效应，是价值实现的最终表现

3.2.4　科技大数据价值链模型特征及实现关键

1. 科技大数据价值链模型特征

科技大数据是以科学技术、思想理论为核心内容的数据，具有价值非消耗性、高附加值性、盈利不确定性和消费者需求决定性等特征。

1）价值非消耗性

科技大数据的价值以科学技术、思想理论为基础，其价值链提供的是以科技创新价值为主的产品和服务，科技大数据的消费方式更多地表现为学习借鉴、归纳总结，人们在使用过程中所消耗的是科学技术、思想理论的物质载体，而科技大数据本身并不会被消耗，反而可能会在人们使用创造中变得更加丰富。

2）高附加值性

从产业视角考虑，科技大数据相关产业属于知识密集型产业，人的创造力是数据价值来源的核心，科技大数据产品或服务的内容价值与数据载体的价值相比是较大的，且科技大数据与其他产品相比，异质性较强，不易被取代，应用领域和行业往往为高新技术行业。

3）盈利不确定性

科技大数据价值的最终生成存在较大的不确定性，且其投入成本、创新含量及应用前景也难以准确评估，因此其使用价值以及盈利水平都是较为不确定的。

4）消费者需求决定性

科技大数据的使用有着一定的门槛和壁垒，其价值实现程度取决于消费者拥有什么样的基础及偏好，这使得消费者对科技大数据的生产加工具有反馈和调节作用。

2. 科技大数据价值实现的关键

科技大数据的价值实现是一项综合的系统管理过程，科技大数据的价值实现过程需要多个环节的相互配合、相互影响。

1）消费者需求的分析是科技大数据价值实现的基础

科技大数据的价值高却不易挖掘，使得拥有不同需求的使用者所需要的价值相差较大，除此之外，科技大数据的价值也取决于使用者本身有什么基础，不同基础的使用者能够释放的价值也不同。

2）科技大数据的创新性是其价值实现的核心

如果说，消费者需求的分析是科技大数据价值实现的基础，那么，创新就是科技大数据的价值核心，换言之，科技大数据的创新性是其价值的根源，为使用者提供信息支撑和决策支持是其价值核心。

3）传播渠道是科技大数据价值实现的关键

传播渠道是连接科技大数据与消费者之间的桥梁，价值的实现同时也是维持价值链运行的原因，科技大数据的传播渠道将决定科技大数据产品和市场消费者有机结合的效果，直接影响科技大数据价值实现的成效，以及市场规模大小。没有这一过程，就无法完成价值交换，科技大数据的价值实现也就无从谈起。

3.3　科技大数据全过程价值链模型

3.3.1　科技大数据的全过程价值链模型及活动

1. 科技大数据的全过程价值链模型

我们进一步将市场营销理论和波特的价值链模型相融合，构建了科技大数据全过程价值链模型，由科技大数据核心价值活动和科技大数据辅助性价值活动构成，如图 3.7 所示。对于科技大数据的全过程价值链，在不同的核心价值活动上会产生不同的价值来源。科技大数据价值活动的参与者可以同时在多个环节上实现价值创造增值活动，并取得竞争优势。

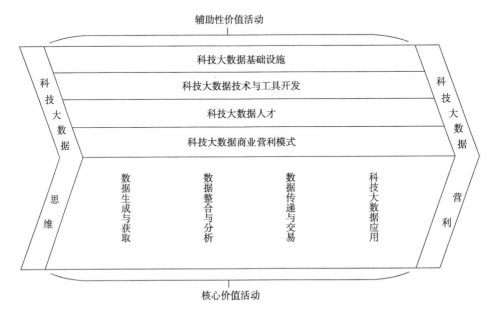

图 3.7   科技大数据全过程价值链模型

2. 科技大数据价值链的核心价值活动

科技大数据价值链的核心价值活动是直接创造科技大数据价值的基本活动，它涉及数据生成与获取、数据整合与分析、数据传递与交易以及科技大数据应用等四个基本环节，分别对应于科技大数据的价值创造、价值整合、价值传递和价值实现。

（1）数据生成与获取。随着计算机信息技术的进步，同时为了满足用户快速、方便地获取信息的需求，信息技术普遍应用于支持各类科技活动的开展，从科技活动的立项到科技活动的实施，再到科技成果的产出和科技成果的转化，科技活动的全过程信息化产生大量的科技数据，并被收集、存储，成为科技大数据整理、分析、挖掘、应用的基础和前提。

（2）数据整合与分析。基于大数据价值发现的 4C 模型（刘业政等，2020），从数据到价值需要集成使用多源、碎片化科技数据，基于创新目标，对来自不同数据源的数据进行协同挖掘、分析，对数据进行关联和聚合，发挥数据间的互补性作用，并与人类智能相连接，以获得对事物的整体性和全景式的认识，展现科技大数据的价值。

（3）数据传递与交易。科技大数据的传递与交易是将科技大数据与产业相链接，科技大数据的传播渠道决定科技大数据产品和用户有机结合的效果，直接影响科技大数据价值实现的成效，以及市场规模大小。数据产品是数据交易的标的物，基于产品的形态，我们将数据产品分为初级数据产品、中间数据产品和最终数据产品，如图 3.8 所示。根据数据产品的服务方式，我们将科技大数据传递与交易模式分为交易撮合模式和综合服务模式。交易撮合模式为数据供需双方提供交易撮合，本身不存储和分析数据，负责提供交易服务、监管交易过程，该模式业务简单明确，平台担任交易撮合者的身份，运营成本较低，灵活性较强，但对平台的交易规则设定、交易过程制定以及交易中的各种问题解决能力有很高的要求；综合服务模式则是集数据采集、数据存储、交易撮合、分析挖掘、数据产品开发、数据服务、数据解决方案为一体的综合服务，该模式产品丰富，价值链完整，安全性高，能更大程度地带动经济社会创新发展，但成本相对较高，管理相对较复杂，对专业人员能力要求较高。

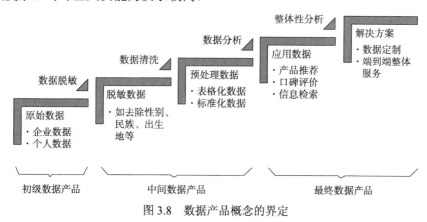

图 3.8　数据产品概念的界定

（4）科技大数据应用。科技大数据应用是指用户方把大数据技术基础设施、大数据技术和大数据人才等多个要素集中起来，将那些通过数据收集、处理、分析、挖掘而提炼出的有价值的信息或者通过数据分析而开发的数据化产品与服务等运用到组织的实际运营中。数据应用是数据价值的直接表现形式。数据应用的价值在于提升和优化个体、群体与组织的创新能力，支持个体、群体和组织实现洞察新思想、发现新规律、发明新技术、开发新产品、创新新模式、制定新政策等目标。

3. 科技大数据辅助性价值活动

科技大数据辅助性价值活动虽未直接创造价值，但它是数据价值挖掘活动的支撑，构建了数据价值实现的环境，数据价值的挖掘离不开辅助性活动的支撑。它涉及科技大数据基础设施、科技大数据技术与工具开发、科技大数据人才、科技大数据商业营利模式开发等方面。

（1）科技大数据基础设施。科技大数据基础设施是支持科技大数据的硬件设施，以及支撑科技大数据的实时收集、存储、处理和其他一系列相关活动的基础架构体系。它是科技大数据价值链上价值挖掘活动的前提保障，主要包括硬件基础设施提供商、网络基础设施提供商、电信运营商、BAT（百度、阿里巴巴、腾讯）等互联网企业。

（2）科技大数据技术与工具开发。科技大数据技术与工具开发是发展的另一必备条件。除了大数据人才之外，获取数据需要相应的大数据技术与工具；数据存储需要依托云计算；数据分析与挖掘等则要借助 Hadoop、Spark 等非传统的处理技术等；此中需要涉及科技大数据软件系统提供者，主要包括大数据软件提供商、科技大数据计算机软件提供商、科技大数据挖掘软件提供商等。

（3）科技大数据人才。科技大数据人才是指熟悉某一类科技大数据，并熟悉大数据开发技术或具备分析数据、挖掘数据价值的能力的专业人才，或能够运用分析结果进行数据分析的人员。无论是实现数据与数据运用的有机融合，还是确保科技大数据应用的成功推进，都离不开人才这一主体。

（4）科技大数据商业营利模式。大数据从产生、兴起再到普及，催生了以数据资产为核心的商业模式。开发科技大数据商业模式，不仅是核心价值活动的必然结果，更是科技大数据价值链的价值所在。基于科技大数据的价值，我们将科技大数据的营利模式分为销售收入、会员费收入、交易费收入、数据金融佣金收入以及数据增值服务费收入等，见表 3.3。

表 3.3　科技大数据（平台）营利模式

营利模式	模式特点
销售收入	销售具有知识产权的科技数据
会员费收入	科技大数据供需双方按期缴纳费用
交易费收入	从供应商交易所得中获取一定比例的分成
数据金融佣金收入	金融服务佣金或者数据期货交易的交易佣金
数据增值服务费收入	开发各种精准服务，提供数据解决方案，收取服务费

3.3.2　科技大数据价值链模型参与者、处理流程和技术架构

1. 参与者

科技大数据价值链的参与者包括科技大数据生产者、科技大数据整合开发者、科技大数据交易促进者以及科技大数据使用者，具体如下。

1）科技大数据生产者

科技大数据生产者是科技大数据的最初提供者，也是科技大数据价值的创造者，其根据市场的需求，提供可供交易的数据产品和服务。数据生产者包括各类能够产生和收集各种数据的运营主体。

2）科技大数据整合开发者

科技大数据整合者是获取、汇集和存储科技大数据生产者产生或收集的数据的技术支持者；科技大数据开发者是使数据变得可用的技术支持者，科技大数据开发者借助各类人工智能技术对数据进行挖掘分析，为科技大数据使用者提供各类精准服务，需要有一定的数据分析能力。

3）科技大数据交易促进者

科技大数据交易促进者是为促进数据交易而提供营销推广、代运营、店铺管理、支付服务等业务的服务商，也包括各类数据交易的平台和渠道。

4）科技大数据使用者

科技大数据使用者是科技大数据的需求方，主要包括科研院所、高等院校、科技企业和政府机构以及个人等。

2. 处理流程

科技大数据的处理流程可以定义为在适当工具的辅助下，对异构数据源进行抽取和集成，结果按照一定的标准统一存储，利用合适的数据分析技术对存储的数据进行分析，从中提取有益的科技情报或知识，并利用恰当的方式将结果展示给终端用户。科技大数据处理的基本流程如图 3.9 所示。

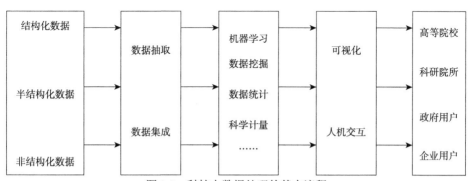

图 3.9 科技大数据处理的基本流程

1）数据的抽取和集成

因为科技大数据处理的数据来源类型广泛，所以首先需要对数据进行抽取和集成，从中找出数据的关系和实体，经过关联、聚合等操作，再按统一的格式对数据进行存储。

2）数据分析

数据分析是科技大数据处理流程的核心步骤，通过抽取和集成环节，从异构的数据源中获得用于大数据处理的原始数据，用户根据需求对数据进行分析处理。从技术角度看，通常采用的数据分析技术主要有数据统计、数据挖掘、机器学习、科学计量等。

3）数据解释

用户最关心的是数据处理的结果及以何种方式在终端上显示结果，因此采用什么方式展示处理结果非常重要。就目前来看，可视化和人机交互是数据解释的主要技术。使用可视化技术可以将处理结果通过图形方式直观地呈现给用户。人机交互技术可以引导用户对数据进行逐步分析，参与并理解数据分析结果。

3. 技术架构

科技大数据应用需要新的工具和技术来存储、管理和实现价值。新的工具、流程和方法支撑起了新的技术架构，计算机技术是支撑科技大数据应用的基础，其技术架构必须能够以经济的方式存储比以往数量更大、类型更多的数据。此外，还必须适应数据变化的速度，即解决海量数据难以在当今的网络连接条件下快速"移动"的问题，即大数据的基础技术架构必须具有分布计算能力，以便能在接近用户的位置进行数据分析，减少跨越网络所引起的延迟。基于上述考虑，一般可以构建出适合科技大数据研究和开发的四层堆栈式技术架构。

1）基础层

第一层作为整个科技大数据技术架构基础的最底层，也叫基础层。要实现大数据规模级的应用，需要一个高度自动化的、可横向扩展的存储和计算平台。这个基础设施需要从以前的存储"孤岛"发展为具有共享能力的高容量存储池。容量性能和吞吐量必须可以线性扩展。云模型鼓励访问数据并通过提供弹性资源池来应对大规模的数据问题，解决如何存储大量数据及如何积聚所需的计算资源来操作数据的问题。在云中，数据跨多个节点调配和分布，使数据更接近需要它的用户，从而缩短响应时间，提高效率。

2）管理层

科技大数据需要支持多源数据的深层次分析，因而在技术架构中需要一个管理平台，即管理层。它对结构化和非结构化数据进行一体化管理，具备实时传送、查询、计算功能。管理层既包括数据的存储和管理，也涉及数据的计算。并行化和分布式是大数据管理平台必须考虑的问题。

3）分析层

科技大数据的应用需要大数据分析。分析层提供基于统计学的数据挖掘和机器学习方法，用于分析和解释数据集，帮助用户获得深入的数据价值分析结果。可扩展性强、使用灵活的大数据分析平台更可成为科技工作者的重要辅助工具。

4）应用层

不断涌现的大数据应用对大数据技术提出更多的新要求，大数据技术也因此在不断地发展中日趋成熟。科技大数据的价值体现在帮助用户进行决策和为终端用户提供预测服务。不同的需求驱动的科技大数据应用不同。

4. 相关技术

科技大数据需要特殊的技术，以有效地处理在允许时间范围内的大量数据。适用于科技大数据的技术包括大规模并行处理数据库、数据挖掘系统、分布式文件系统、分布式数据库、云计算平台、互联网和可扩展的存储系统等。科技大数据技术主要包括以下几个方面。

1）数据采集技术

将分布的、异构数据源中的数据，如关系数据、非关系数据文件等抽取到临时中间层进行清洗、转换、集成后加载到数据仓库或数据集中，成为联机分析处理、数据挖掘的数据基础。获得的各种类型的结构化、半结构化（或称弱结构化）及非结构化的海量数据，是科技大数据信息分析和知识服务模型的基础。科技大数据采集技术的重点是要实现高质量的数据采集、数据全映像的大数据采集技术；实现数据解析、转换与装载的大数据整合技术，并设计数据质量评估模型，开发数据质量测试技术。

2）数据预处理技术

数据预处理技术主要完成对已接收数据的辨析、抽取、清洗等操作。①辨析：需要对已接收数据的数据源进行初步的整理和取舍，去粗取精，去伪存真，即初步辨别和分析出与研究或需求相关的数据。②抽取：因获取的数据可能具有多种结构和类型，数据抽取过程可以将复杂的数据转化为单一的或便于处理的数据形式，以达到后续快速分析处理的目的。③清洗：海量的数据并不全都是有价值的，一些数据并不是我们所关心的内容，而另一些数据则可能是完全错误的干扰项，因此需要对数据进行过滤"去噪"，从而提取出有效数据。

3）存储与管理技术

这与普通大数据存储与管理基本一致，即用存储器把采集到的数据存储起来，建立相应的数据库，并进行管理和调用。大数据存储与管理技术重点解决复杂结构化、半结构化和非结构化大数据的管理与处理，以及大数据的可存储、可表示、可处理、可靠性及有效传输等几个关键问题。需要研究开发可靠的分布式文件系统，高能效、低成本的大数据存储技术，异构数据的数据融合技术，数据组织技术，大数据建模技术，大数据索引技术，大数据移动、备份、复制等技术，大数据可视化技术和新型数据库技术。

4）数据处理技术

这主要是利用计算机技术对数据进行处理，实现数据的"可理解"。其中自然语言处理技术是通常采用的技术之一。自然语言处理是研究人与计算机交互语言问题的一门科学。处理自然语言的关键是要让计算机"理解"自然语言，一方面，它是语言信息处理的一个分支；另一方面，它是人工智能（artificial intelligence，AI）的核心研究之一。自然语言处理是数据处理的关键技术，一直是计算机科学研究的热点问题之一。在科技大数据的数据处理中，自然语言处理技术应用涉及更多的是分词技术。

5）数据分析技术

最易理解和常用的数据分析方法有统计分析和数据挖掘。统计分析是指运用统计方法及与分析对象有关的知识，定量与定性相结合进行的研究分析活动。常用的统计分析方法有假设检验、显著性检验、相关分析、t检验、方差分析、卡方分析、聚类分析、主成分分析、因子分析等。数据挖掘是从大量的、不完全的、有噪声的、模糊的、随机的实际应用数据中，提取隐含在其中的人们事先不知道但是潜在有用的信息和知识的过程。数据网络挖掘、特异群组挖掘、图挖掘等新型数据挖掘技术，网络行为分析和情感语义分析等都是面向领域的大数据挖掘技术。

6）数据展现与应用技术

此技术能够将隐藏于海量科技数据信息中的知识挖掘出来，为人类的科技活动提供依据，从而提高科学研究的效率。在我国，大数据重点应用于商业智能、政府决策、公共服务三大领域。例如，商业智能技术、政府决策技术、电信数据信息处理与挖掘技术等，其他各种行业的云计算和海量数据处理应用技术等。科技大数据的特点在于数据内容的特殊性，即学术性和技术性，其应用更侧重于科学技术的跟踪、预测和分析。

3.4 本章小结

对于科技大数据多元价值链的构建，本章首先对科技大数据的相关研究进行了总结概括，提出了科技大数据能够为数据使用者提供信息支撑和决策支持，其价值在于知识、产品和服务的创新，即创新性是科技大数据价值的根源这一观点。在大数据价值链理论的基础上，本章提出了科技大数据的全过程价值链模型，阐明了科技大数据价值生产、增值到最终实现的过程，其中科技大数据全过程价值链模型的四个环节分别对应着价值创造、价值整合、价值传递、价值实现的过程，价值创造过程由科技大数据生产者完成，形成科技大数据的内容价值；价值整合过程由科技大数据整合开发者完成，形成科技大数据的整合价值；价值传递过程由科技大数据交易促进者完成，对科技大数据价值进行传播推广；价值实现过程即科技大数据最终通过数据使用者的使用释放了科技大数据的价值。另外，本章虽然定性地描述了科技大数据价值的增长及实现过程，但并没有定量地计算和分析科技大数据在价值链各个环节中的价值高低，以及各环节对其价值增长量大小的影响，这部分研究工作将会在后续章节中展开。

参 考 文 献

陈国青，吴刚，顾远东，等.2018. 管理决策情境下大数据驱动的研究和应用挑战——范式转变与研究方向. 管理科学学报，21（7）：1-10.

郭华东，王力哲，陈方，等.2014. 科学大数据与数字地球. 科学通报，59（12）：1047-1054.

郭伟杰.2021. 多领域跨媒体科技大数据高效检索查询研究. 北京：北京邮电大学.

黄鼎成，郭增艳.2002. 科学数据共享管理研究. 北京：中国科学技术出版社.

黄志锋.2017. 基于价值链视角的创意产业发展问题研究. 北京：经济科学出版社.

黎建辉，沈志宏，孟小峰.2017. 科学大数据管理：概念、技术与系统. 计算机研究与发展，54（2）：235-247.

李阳，孙建军，裴雷.2017. 科学大数据与社会计算：情报服务的现代转型与创新发展. 图书与情报，（5）：27-32.

刘业政，孙见山，姜元春，等.2020. 大数据的价值发现：4C 模型. 管理世界，36（2）：129-138，223.

钱力，谢靖，常志军，等.2019. 基于科技大数据的智能知识服务体系研究设计. 数据分析与知识发现，3（1）：4-14.

孙建军，李阳.2017. 科学大数据：范式重塑与价值实现. 图书与情报，（5）：20-26.

孙新波，钱雨，张明超，等.2019. 大数据驱动企业供应链敏捷性的实现机理研究. 管理世界，35（9）：133-151.

佟泽华，韩春花，孙杰，等.2020. 科研大数据再生的内涵解析. 情报理论与实践，43（9）：39-46.

王晶金，李盛林，梁亚坤.2018. 新政策下科技成果转移转化问题与对策研究. 科技进步与对策，35（14）：102-107.

肖静华，吴瑶，刘意，等.2018. 消费者数据化参与的研发创新——企业与消费者协同演化视角的双案例研究. 管理世界，34（8）：154-173.

徐宗本，冯芷艳，郭迅华，等.2014. 大数据驱动的管理与决策前沿课题. 管理世界，（11）：158-163.

杨善林，周开乐. 2015. 大数据中的管理问题：基于大数据的资源观.管理科学学报，18（5）：1-8.

杨友清，陈雅. 2014. 科学大数据共享研究：基于国际科学数据服务平台. 新世纪图书馆，（3）：24-28.

曾文. 2018. 基于科技大数据的情报分析方法与技术研究. 北京：科学技术文献出版社.

张传杰. 2016. 大数据时代电商价值链重构与商业模式创新. 北京：经济科学出版社.

张影，高长元，何晓燕. 2018. 基于价值链的大数据服务生态系统演进路径研究. 情报理论与实践，41（6）：58-63.

赵栋祥，陈烨，张斌. 2017. 数据集市及其在交易中的价值. 图书情报工作，61（13）：5-12.

诸云强，朱琦，冯卓，等. 2015. 科学大数据开放共享机制研究及其对环境信息共享的启示. 中国环境管理，7（6）：38-45.

Ban G Y, Rudin C. 2018. The big data newsvendor: practical insights from machine learning. Operations Research, 67(1): 90-108.

Cappelli P. 2017. There's no such thing as big data in HR. Harvard Business Review, 2: 2-4.

Chen M, Mao S W, Zhang Y, et al. 2014. Big data analysis//Chen M, Mao S W, Zhang Y. Big Data. Cham: Springer: 51-58.

Greenberg J. 2016. Big data, little data, no data: scholarship in the networked world. Cataloging & Classification Quarterly, 54(8): 614-616.

Gustafson T, Fink D. 2013. Winning within the data value chain. Strategy & Innovation Newsletter, 11(2): 7-13.

Miller H G, Mork P. 2013. From data to decisions: a value chain for big data. IT Professional, 15(1): 57-59.

Porter M E. 1985. Competitive Advantage: Creating and Sustaining Superior Performance. New York: FreePress.

Wei Y, Yildirim P, van den Bulte C, et al. 2015. Credit scoring with social network data. Marketing Science, 35(2): 234-258.

Xu Z, Dukes A. 2019. Product line design under preference uncertainty using aggregate consumer data. Marketing Science, 38(4): 669-689.

第4章 科技大数据价值评估指标体系

2020 年 3 月，中共中央、国务院发布《关于构建更加完善的要素市场化配置体制机制的意见》，该意见将数据作为一个要素与土地、劳动力、资本、技术并列，指出要推进政府数据开放共享，提升社会数据资源价值，加强数据资源整合和安全保护，并强调引导培育大数据交易市场，为数据要素市场化配置指明了方向。该意见的出台进一步强化了数据资源及其有效流通的重要性，而数据价值评估是数据交易流通的基础和重要环节。科技大数据作为一种知识密集型大数据，对于其价值评估的需求更加紧迫，而进行科技大数据价值评估的首要任务是构建科技大数据价值评估指标体系。目前科技大数据价值评估指标体系研究较少，未形成一个统一的标准，因此建立一个统一的科技大数据价值评估指标体系成为一个重要的研究课题。

由于科技大数据价值增值涉及科技大数据价值链全过程，因此可以从价值链视角来构建科技大数据价值评估指标体系。首先根据文献法、问卷调查法及专家访谈法，分析得到各个阶段的价值评估指标，并描述评估指标的内涵；其次需要明确各个评价指标的度量方法；最后在科技大数据指标体系建立的基础上，可运用层次分析法、特征选择方法、主题分析法等相关方法确定指标权重。

本章的安排如下：4.1 节确定价值链视角的科技大数据价值评估指标体系；4.2节介绍科技大数据价值评估指标度量方法；4.3 节介绍基于层次分析法的科技大数据评价指标权重度量；4.4 节为本章小结。

4.1 价值链视角的科技大数据价值评估指标体系

根据 3.2.3 节可知，科技大数据价值链包含科技大数据价值创造、科技大数据价值整合、科技大数据价值传递、科技大数据价值实现四个连续的环节。其中，价值创造过程形成科技大数据的内容价值；价值整合过程形成科技大数据的整合价值；价值传递过程形成科技大数据的传递价值；价值实现过程形成科技大数据的使用价值，前三个环节增加价值，最后一个环节释放价值。对于处于不同价值链环节的科技大数据，其价值评估指标体系有所不同，可分别构建价值创造、价值整合、价值传递及价值使用等各环节的科技大数据价值评估指标体系。

4.1.1 价值创造环节科技大数据价值评估指标体系

科技大数据价值创造环节，即科技大数据生成和采集的过程。其中，生产者指标、数量指标和质量指标是这一环节影响科技大数据价值的重要指标，具体如图 4.1 所示。

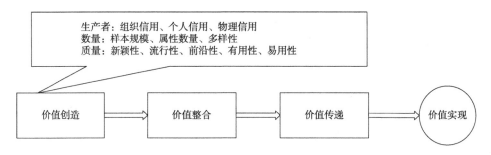

图 4.1　科技大数据价值创造环节价值评估指标

生产者指标衡量的是科技大数据创造过程中数据生产者对科技大数据的影响。生产者指标包括组织信用、个人信用和物理信用三个方面。组织信用是指生产科技大数据的组织的影响力、可信度及认可度，创造产生数据的组织越可信，科技大数据的价值可能越高，例如，国家重点实验室相较于一般实验室创造产生的科技数据通常蕴含更高的科研创新、应用价值，更具有权威性；国家航天局发布的天文数据具有较高的组织信用。个人信用是指生产科技大数据的个人的影响力、可信度及认可度，领域专家相较于一般个体创造产生的科技数据通常蕴含更高的科研创新、应用价值。科技大数据的产生有时需要依赖可靠的科学仪器设备，物理信用就是指这些科学仪器设备的准确性及可信度，越是高精尖的科学仪器设备创造产生的科技数据通常蕴含越高的科研创新、应用价值，例如，位于贵州被誉为"中国天眼"的 500m 口径球面射电望远镜与普通望远镜相比，其测量数据的物理信用更高。

数量指标可以从样本规模、属性数量、多样性三个方面进行衡量。样本规模是指观察对象的数量，样本规模越大，基于该样本集分析所得到的结果往往越接近总体的结果，但可能带来计算、存储等成本的增加，例如，在深度神经网络训练中使用更大规模的样本数据，其训练结果的准确度可以得到提升。属性数量是指描述样本属性或特征的数量，特征越多往往隐含的知识越丰富，但也可能存在数据冗余和计算量的增加。多样性是指样本间的差异化水平，多样性越高，样本代表性越强，隐含的价值往往越高。

质量指标考虑到科技大数据价值在创新性上的特殊性，可以从新颖性、流行性、前沿性、有用性、易用性等方面评价科技大数据的质量。新颖性是指科技大数据在主题上相较于现有数据的独特性、颠覆性，高新颖性的科技大数据通常具有更高的内容价值（Wu et al.，2019），例如，第一篇提出神经网络算法的论文，具有高度新颖性和开创性，之后的很多论文都是在该论文的基础上进一步发展出新的神经网络算法。流行性是指科技大数据是否聚焦于科技热点，聚焦于热点的科技数据受关注度及使用量较高，是影响科技大数据价值的重要因素，以科技论文为例，有研究发现，科技论文流行性会对论文下载量和被引量产生显著影响（Akella et al.，2021）。前沿性是指科技大数据是否处于科学前沿，科技大数据的推陈更新速度很快，前沿性指标对于科技大数据价值有着重要的影响，有研究表明，高前沿性专利对于创新方向选择具有重要意义，因而需要开发出能够快速识别具有知识前沿性的专利的方法（吴菲菲等，2016）。有用性是指科技大数据契合用户创新目标的普遍程度和深入程度，契合目标越广、契合程度越深，科技大数据的价值就越大。易用性是指科技大数据的易获性和结构化水平，其中，易获性是指获取、访问科技大数据的便利程度，研究发现，易获性可以带来科学进步，降低科学家之间的不公平性以及增加科学研究的多样性（Nagaraj et al.，2020）；结构化水平是指数据样本、属性间的相互联系程度，科技大数据存在各种数据模态，包括结构化的表格、半结构化的科技文献，以及非结构化的科技音视频等，结构化数据结构清晰、易处理，更容易获得数据内的各种关系，而非结构化数据内容丰富、表达更完整，但处理较为困难，随着大数据智能技术的发展，机器处理非结构数据的能力也越来越强。

　　基于上述分析，科技大数据价值创造环节评估指标层次结构如表 4.1 所示。

表 4.1　科技大数据价值创造环节评估指标层次结构

A 科技大数据价值评估	一级指标 C	二级指标 P	二级指标含义
A_1：价值创造环节科技大数据价值评估	C_1：生产者	P_{11}：组织信用	科技大数据生产者所属组织影响力、可信度及认可度
		P_{12}：个人信用	科技大数据生产者影响力、可信度及认可度
		P_{13}：物理信用	科技大数据生产设备的准确性及可信度
	C_2：数量	P_{21}：样本规模	科技大数据样本数量
		P_{22}：属性数量	科技大数据属性数量
		P_{23}：多样性	样本间的差异化水平
	C_3：质量	P_{31}：新颖性	科技大数据的独特性、颠覆性
		P_{32}：流行性	科技大数据与所属领域研究热点的相符程度
		P_{33}：前沿性	科技大数据与所属领域前沿研究的相符程度
		P_{34}：有用性	科技大数据契合用户创新目标的普遍程度和深入程度
		P_{35}：易用性	科技大数据的易获性和结构化水平

4.1.2 价值整合环节科技大数据价值评估指标体系

科技大数据价值整合环节，即将生产者创造的科技大数据进行整合汇聚和开发的过程。影响科技大数据整合价值的因素包括整合开发者信用、整合质量、时间属性和空间属性，具体指标如图 4.2 所示。

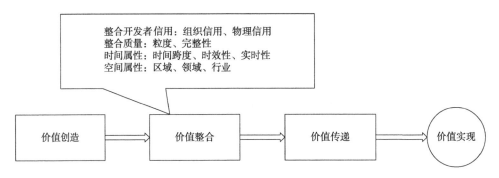

整合开发者信用：组织信用、物理信用
整合质量：粒度、完整性
时间属性：时间跨度、时效性、实时性
空间属性：区域、领域、行业

价值创造 → 价值整合 → 价值传递 → 价值实现

图 4.2　科技大数据价值整合环节价值评估指标

科技大数据价值整合过程中的开发者影响着科技大数据的价值，可以从开发者的组织信用和物理信用两个方面来衡量。组织信用是指整合科技大数据的组织的可信程度，如科技文献出版商的声誉、大数据智能公司的技术水平。物理信用是指整合科技大数据的软硬件技术、载体的可信程度。例如，整合使用的数据处理与分析软件越可靠、精度越高，整合的数据价值往往就越高；承载科技论文的期刊的声誉越高，该期刊所刊载论文的价值可能就越高。

整合质量是指整合数据的粗细程度和符合规定的程度，可以使用粒度和完整性两个指标衡量。粒度是指整合数据的细化和综合程度，一般而言，数据粒度越细，越有利于挖掘出期望的结果；完整性是指数据的精确性和可靠性，完整性越高的数据往往价值越高。

时间属性是指整合数据的时间戳信息，可以从时间跨度、时效性、实时性三个方面衡量时间属性对科技大数据价值的影响。时间跨度是指所整合的数据中时间戳最早的数据与时间戳最晚的数据之间间隔的时长，时间跨度越大，有价值的数据被保留的就越多；时效性是指用户对科技大数据新旧程度的感知，失去时效的数据越多，数据价值就越低；实时性是指科技大数据产生到被整合的时间间隔，间隔越小，实时性越高，科技大数据的整合价值就越高。

空间属性是指整合数据涉及的"空间"范围，可以从区域、领域和行业三个方面衡量空间属性对科技大数据价值的影响。区域是指整合数据涉及的地理区域范围，例如，一个科技大数据整合平台既刊载中文科技数据，也刊载英文科技数据；领域是指整合数据涉及的研究领域范围；行业是指整合数据涉及的服务行业对象范围。总体看，空间属性覆盖面越宽，科技大数据隐含的价值往往越大。

基于上述分析，科技大数据价值整合环节评估指标层次结构如表 4.2 所示。

表 4.2　科技大数据价值整合环节评估指标层次结构

A 科技大数据价值评估	一级指标 C	二级指标 P	二级指标含义
A_2：价值整合环节科技大数据价值评估	C_4：整合开发者信用	P_{41}：组织信用	整合科技大数据的组织的可信程度
		P_{42}：物理信用	整合科技大数据的软硬件技术、载体的可信程度
	C_5：整合质量	P_{51}：粒度	科技大数据的细化和综合程度
		P_{52}：完整性	科技大数据的精确性和可靠性
	C_6：时间属性	P_{61}：时间跨度	科技大数据分布时间的区间长短
		P_{62}：时效性	感知科技大数据的新旧程度
		P_{63}：实时性	科技大数据更新的频率、速度
	C_7：空间属性	P_{71}：区域	科技大数据涉及的地理区域范围
		P_{72}：领域	科技大数据涉及的研究领域范围
		P_{73}：行业	科技大数据涉及的服务行业对象范围

4.1.3　价值传递、实现环节科技大数据价值评估指标体系

科技大数据价值传递、实现环节，即将整合汇聚的数据借助某些渠道交付给用户使用。在这个阶段，主要参与者包括交易促进者和使用者，影响科技大数据价值的因素包括交易促进者涉及的版权范围、垄断性、收费模式、组织信用和物理信用，以及与使用者相关的领域匹配性、已有数据的互补性、使用者偏好和目的性，具体指标如图 4.3 所示。

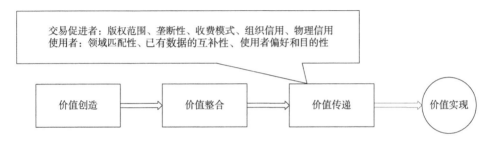

图 4.3　科技大数据价值传递、实现环节价值评估指标

　　交易促进者是连接科技大数据与用户的中间桥梁,对科技大数据的价值增值(成为传递价值)产生重要影响,可以从版权范围、垄断性、收费模式、组织信用和物理信用五个方面衡量其作用。版权范围是指传递科技大数据的平台所拥有的科技大数据资源种类、数量及对科技大数据资源的支配权,一般而言,版权范围越大,隐含的科技大数据价值越大;垄断性是指平台对于科技大数据的垄断程度,垄断性对科技大数据价值的挖掘、传递、变现存在两面性,一方面,垄断性能够形成更高的网络效应,从而提高科技大数据价值,另一方面,垄断性导致缺乏竞争,使得科技大数据交易活力不足;收费模式即科技大数据的价格策略,在大数据交易定价中,不同的定价方式或收费模式有着各自的优缺点(李成熙和文庭孝,2020),对科技大数据的价值变现产生重要影响;组织信用是指传递传播科技大数据的平台的可信程度;物理信用即传递传播科技大数据所需要凭借的软硬件技术的可信度。例如,知网和万方两大平台上所拥有的科技大数据的传递价值明显不同,同一篇文章的下载量相差很大,因为二者的版权范围、垄断性、收费模式、组织信用和物理信用等方面都存在着差别。

　　从使用者视角观察科技大数据的价值可以从领域匹配性、使用者偏好和目的性三个方面来衡量。领域匹配性是指科技大数据与使用者所处研究领域的匹配程度,例如,与生物学领域的学者相比,建筑学领域的学者与人类基因数据的匹配性就相对较低,这类数据对其价值也可能相对小一些;使用者偏好是指使用者本身偏好科技大数据类型的不同程度,例如,使用者相对于非结构化数据更偏爱于结构化数据,则结构化数据对其价值可能就相对高一些;目的性是指使用者应用科技大数据的目的是什么,是探究先进理论还是验证已有观点,是用于科学研究还是兴趣爱好等,使用者不同的应用目的使得数据的价值可能是不同的。

　　基于上述分析,科技大数据价值传递、实现环节评估指标层次结构如表4.3所示。

表 4.3　科技大数据价值传递、实现环节评估指标层次结构

A 科技大数据价值评估	一级指标 C	二级指标 P	二级指标含义
A_3:价值传递、实现环节科技大数据价值评估	C_8:交易促进者	P_{81}:版权范围	科技大数据资源种类、数量及对科技大数据资源的支配权
		P_{82}:垄断性	平台对于科技大数据的垄断程度
		P_{83}:收费模式	科技大数据的价格策略
		P_{84}:组织信用	传递传播科技大数据的平台的可信程度
		P_{85}:物理信用	传递传播科技大数据所需要凭借的软硬件技术的可信度
	C_9:使用者	P_{91}:领域匹配性	科技大数据与使用者所处研究领域的匹配程度
		P_{92}:使用者偏好	使用者本身偏好科技大数据类型的不同程度
		P_{93}:目的性	使用者应用科技大数据的目的

综上，我们将科技大数据价值评估指标体系归纳成图 4.4 所示。

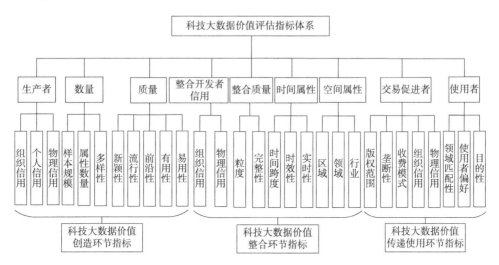

图 4.4 基于科技大数据价值链的科技大数据价值评估指标体系

4.2 科技大数据价值评估指标度量方法

在科技大数据价值评估众多指标中，一些指标如样本规模、属性数量易于测度，但诸如组织信用、个人信用以及质量中的新颖性、流行性、前沿性等指标则较为抽象，难以测量。本节针对部分难以测量的指标给出我们的测度方法。

4.2.1 科技大数据生产者个人信用和组织信用度量

作为科技大数据的生产者，不同信用的个人和组织所产生的数据价值存在差异，而组织又影响着组织内个人创造数据价值的水平。以科技论文合作网络为例，拥有更多合作关系的生产者个人或者组织往往表现出具有更高的信用；对于不同的生产者组织，所属组织的生产者个人信用并不完全依赖于其拥有的合作关系数量，生产者组织的信用会直接影响到组织内个人信用评估，例如，相比所属省级重点实验室的生产者个人，所属某国家重点实验室的生产者个人创造的科技数据往往具有更高的创新和应用价值。因此，准确度量生成科技大数据的个人信用和组织信用对于科技大数据价值评估具有重要意义。

我们借助科技大数据生产者关系网络中的节点影响力来测度个人信用和组织信用，并提出了一种基于分层 PageRank 算法来计算个人信用和组织信用。该分层的思路是在生产者个人关系网络中发现其所属生产者组织，利用生产者个人全局影响力与所属组织影响力来协同度量生产者个人的影响力，具体的度量流程如图 4.5 所示。具体的度量方法包含以下步骤。

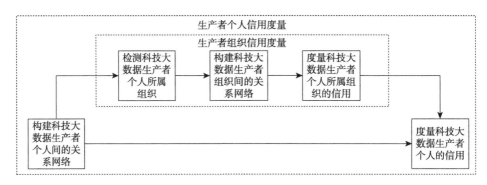

图 4.5 科技大数据生产者个人信用和组织信用度量流程图

步骤 1：构建科技大数据生产者个人间的关系网络，即构建生产者个人之间在创造、合作、引用和分享科技数据方面的关系网络。以科技论文为例，基于科技论文中的作者合作数据，可以构建论文合作网络 $G=(U,E,W)$；该网络中的节点表示生产者个人，节点集合记为 $U=\{u_1,\cdots,u_i,\cdots,u_n\}$，其中，$u_i$ 表示第 i 个生产者个人；n 表示生产者个人的数量，$1<i<n$；边表示生产者个人之间存在着共同发表科技论文的合作关系，边集合记为 E，其中，生产者个人 u_i 和 u_j 之间的合作关系记为 e_{ij}，若 $e_{ij}=1$，则表示 u_i 与 u_j 之间存在合作关系，反之则不存在；边的权重表示生产者个人之间合作发表科技论文的次数，权重集合记为 W，其中，生产者个人 u_i 和 u_j 之间合作的次数记为 w_{ij}。

步骤 2：检测科技大数据生产者个人所属组织，即利用 Louvain 社区检测方法（Blondel et al.，2008）发现科技论文合作网络中的生产者组织分布。具有相同所属组织或相似研究领域的生产者个人往往具有紧密性和聚集性，而不同组织或领域群体之间的关系相对分散和疏离。在科技论文合作网络中，相同高校、学院或实验室内的合作关系往往比不同高校、学院或实验室之间更加紧密，将所属相同组织的生产者个人们视为一个科技大数据创造群体，那么，论文合作网络中则包含了很多存在着相互合作但又所属不同科技数据创造领域的群体。在 Louvain 社区检测方法中，首先将每个生产者个人视为一个独立的群体；其次将生产者个人 u_i 分配到其每个邻居所在的群体中并计算分配前后的模块度增量，若最大模块度增量大于 0，则将 u_i 分配到最大模块度增量所对应的群体；再次对其他生产者个人重复执行与 u_i 相同的操作，直至生产者个人集合 U 的所属群体不再变化为止；最后得到多个生产者组织集合，记为 $\hat{G}=\{g_1,\cdots,g_s,\cdots,g_z\}$，其中，$g_s$ 表示第 s 个生产者组织；z 表示生产者组织的数量，$1<s<z$。

步骤 3：构建科技大数据生产者组织间的关系网络，即基于检测到的生产者个人所属组织，利用生产者组织间的合作关系及其次数构建生产者组织间的关系网络。在生产者组织间的关系网络中，节点表示生产者组织，节点集合为 $\hat{G}$；边表示生产者组织之间存在着合作关系，边集合记为 $\hat{E}$，其中，生产者组织 g_i 和 g_j 之间的合作关系记为 $\hat{e}_{ij}$，若 $\hat{e}_{ij}=1$，则表示 g_i 和 g_j 之间存在合作关系，反之则无合作关系；边的权重表示两个生产者组织内全部生产者个人合作发表科技论文的次数，边集合记为 $\hat{W}$，其中，生产者组织 g_i 和 g_j 之间合作的次数记为 $\hat{w}_{ij}$。

步骤 4：度量科技大数据生产者个人所属组织的信用，即利用 PageRank 方法（Page et al.，1999）度量生产者组织间关系网络中节点的重要性程度。对于生产者组织集合 $\hat{G}$，首先给每个生产者组织设置相同的权值，然后将每个生产者组织的权值除以相连的出链边数后作为每个出链边的权重，接着将每个生产者组织的入链边的权重之和作为每个生产者组织的新权值，重复执行更新过程，直至两次更新的权值不变为止，从而得到生产者组织的信用集合，记为 $\hat{P}_{\hat{G}}=\{\hat{p}_{g_1},\cdots,\hat{p}_{g_s},\cdots,\hat{p}_{g_z}\}$，其中，$\hat{p}_{g_s}$ 表示生产者组织 g_s 的信用值。

步骤 5：度量科技大数据生产者个人的信用，即通过分层的 PageRank 方法来实现，该方法认为生产者个人信用是由生产者个人的全局信用及其所属生产者组织的信用共同决定的。对于论文合作网络 G，首先给每个生产者个人设置相同的权值；其次将每个生产者个人的权值除以相连的出链边数后作为每个出链边的权重，再次将每个生产者个人的入链边的权重之和作为每个生产者个人的新权值，重复执行更新过程，直至两次更新的权值不变为止；最后得到生产者个人的全局信用集合，记为 $\overline{P}_G=\{\overline{p}_{u_1},\cdots,\overline{p}_{u_i},\cdots,\overline{p}_{u_n}\}$，其中，$\overline{p}_{u_i}$ 表示生产者个人 u_i 的全局信用值。若生产者个人 u_i 隶属于组织 g_s，那么生产者个人的信用值为 $p_{si}=\hat{p}_{g_s}\times\overline{p}_{u_i}$。

以科技论文为例，采用所提算法构建了如图 4.6（a）所示的包含 230 个生产者个人和 702 条合作关系的科技大数据生产者个人合作关系网络，检测出如图 4.6（b）所示的四个检测科技大数据生产者组织；通过科技大数据生产者组织间的关系网络，度量科技大数据生产者组织的信用值，按照信用从低到高定义四个生产者组织为 A、B、C、D；最后，基于分层 PageRank 方法度量科技大数据生产者个人信用，结果如图 4.7（b）所示。将其与如图 4.7（a）所示的基于 PageRank 方法度量出的科技大数据生产者个人信用进行对比，结果表明无论是科技大数据生产者个人的全局信用，还是生产者组织内的个人信用分布均呈现无尺度性，另外，相比 PageRank 算法，分层 PageRank 算法下的低信用生产者组织的信用值有所降低，高信用生产者组织的信用值有所上升。以生产者个人中信用最大的 10 位作者为例，如表 4.4 所示，相比 PageRank 方法的排序结果，分层 PageRank 方法的排序结果中高信用生产者组织 D 的比例大大增加,且低信用生产者组织 A 的作者占比有所降低。结果均表明了利用分层 PageRank 方法度量科技大数据生产者个人信用和组织信用的有效性。

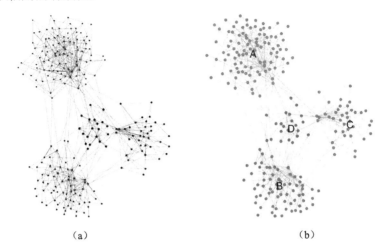

（a） （b）

图 4.6 科技大数据生产者个人间合作关系网络

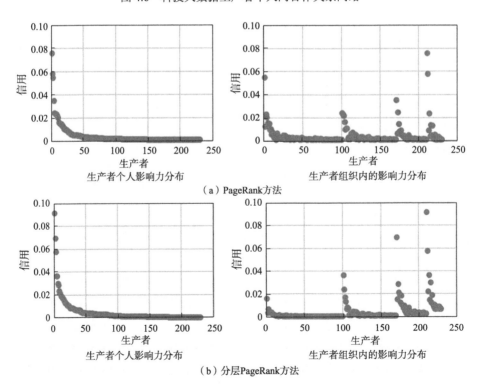

图 4.7 科技大数据生产者个人和组织内的信用分布

表 4.4　科技大数据生产者个人和组织的信用对比

PageRank			分层 PageRank		
生产者组织	生产者个人	信用	生产者组织	生产者个人	信用
D	211	0.0759	D	211	0.0915
D	212	0.0579	C	171	0.0696
A	1	0.0549	D	212	0.0578
C	171	0.0351	D	214	0.0365
C	173	0.0245	B	101	0.0365
B	101	0.0242	D	216	0.0299
D	214	0.0235	C	173	0.0286
A	3	0.0235	B	102	0.0238
B	102	0.0228	D	213	0.0220
B	103	0.0219	C	174	0.0212

4.2.2　科技大数据新颖性、流行性及前沿性度量

对于一条科技数据，通过动态主题模型可以得出每条科技数据的文档主题分布，根据其文档主题分布中最大值对应的主题，可以将该数据划分到对应的主题下，最终所有科技数据被划分至对应主题下。对于一条科技数据 d_i，其对应主题 k 下所有文档的平均发表时间记为 $\mathrm{MPubYear}(k)$，该科技数据的发表时间记为 $\mathrm{PubYear}(d_i)$，则该科技数据的新颖性计算公式如式（4.1）所示：

$$\mathrm{Novelty}(d_i) = \mathrm{MPubYear}(k) - \mathrm{PubYear}(d_i) \tag{4.1}$$

对于流行性、前沿性的度量可以通过以下步骤进行。

步骤 1：计算不同时间切片下的主题热度。按照时间划分计算不同时间切片各个主题的热度，对于一个时间切片 t，该时间切片内文档集合记为 D_t，该时间切片下文档数量为 N_t，该时间切片下一个文档记为 d_{tj}，d_{tj} 的文档主题分布为 $p(k_t \mid d_{tj})$；基于此可以计算出所有时间切片下各个主题热度 $\mathrm{TopicHot}(k_t)$：

$$\mathrm{TopicHot}(k_t) = \frac{\displaystyle\sum_{d_{tj} \in D_t} p(k_t \mid d_{tj})}{N_t} \tag{4.2}$$

步骤 2：计算科技数据的流行性。基于不同时间切片下的主题热度 $\mathrm{TopicHot}(k_t)$，可以计算每个科技数据的流行性 $\mathrm{Popularity}(d_{tj})$：

$$\mathrm{Popularity}(d_{tj}) = \sum_{k_t} \mathrm{TopicHot}(k_t) \times p(k_t \mid d_{tj}) \tag{4.3}$$

步骤 3：计算科技数据的前沿性。对于一条科技数据 d_{tj}，其对应的时间切片

为 t ，即其发表年份为 t ，对应年份的主题热度为 TopicHot(k_t)；主题 k 在每一个时间切片内都有一个对应的主题热度值，记其中主题热度最高的时间切片为 t_m，最高主题热度值为 TopicHot(k_{t_m})；科技数据 d_{tj} 在每个主题上的前沿性 Frontier($d_{tj,k}$) 可通过式（4.4）计算得到：

$$\text{Frontier}(d_{tj,k}) = \begin{cases} \text{TopicHot}(k_{t_m}) - \text{TopicHot}(k_t), & t < t_m \\ 0, & t = t_m \\ \text{TopicHot}(k_t) - \text{TopicHot}(k_{t_m}), & t > t_m \end{cases} \tag{4.4}$$

再通过式（4.5）计算每个科技数据的前沿性 Frontier($d_{tj,k}$)：

$$\text{Frontier}(d_{tj}) = \sum_{k \in K} \text{Frontier}(d_{tj,k}) \tag{4.5}$$

以科技论文为例，将科技论文新颖性、流行性、前沿性三个指标运用于科技论文价值评估。科技论文自变量指标选择参与机构数量、期刊影响力因子、期刊跨学科性、论文流行性、论文前沿性、论文新颖性、获取论文信息时论文发表时长。科技文献价值评估的因变量选取科技文献下载量。实验数据来源于四个著名管理学期刊近十年论文信息，将所有变量处理成数值型变量后，对所有自变量数值进行最大最小值标准化处理，因变量科技文献下载量取其 log 值，获得最终实验数据。

利用基于 Bagging 回归算法和基于 SVR（support vector regression，支持向量回归）算法对科技论文进行价值评估，这里的价值评估指的是科技论文下载量预测。Bagging 回归算法是一种基于集成学习思想构建的算法。集成学习是将多个学习器联合构建强学习器的一种机器学习方法。Bagging 回归算法多个学习器之间是并行构建的，与之类似的还有随机森林算法。将数据输入模型中，测试集数据设置为全部数据集的 40%，基学习器采用 CART（classification and regression tree，分类回归树）算法，得到的测试集真实值与其预测值核密度对比如图 4.8 所示。实验得到测试集预测数据均方误差（mean square error，MSE）为 0.100，平均绝对误差（mean absolute error，MAE）为 0.248，拟合优度 R^2 为 0.416。Bagging 回归算法预测论文下载量评价指标见表 4.5。MSE、MAE 值越小，表明论文下载量预测误差较小。实验得到的 MSE、MAE 数据表明利用该指标体系评估科技文献的准确度是比较高的，可以有效预测科技文献的下载量，进而对其价值进行评估。

SVR 是 SVM 在回归预测问题上的应用。将数据输入模型中，测试集数据设置为全部数据集的 40%，得到的测试集真实值与其预测值核密度对比如图 4.9 所示。测试集预测数据 MSE 为 0.093，MAE 为 0.237，拟合优度 R^2 为 0.458。SVR 算法预测论文下载量评价指标见表 4.5。可以看出预测值数据的变化趋势与原数据基本相符，实验数据表明利用该指标体系评估科技文献的准确度是比较高的，可以有效预测科技文献的下载量，进而对其价值进行评估。

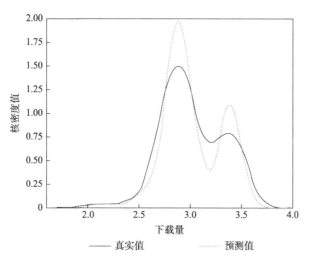

图 4.8　Bagging 回归算法测试集真实值与预测值核密度对比图

表 4.5　Bagging 回归算法和 SVR 算法预测论文下载量评价指标

算法	MSE	MAE	R^2
Bagging 回归算法	0.100	0.248	0.416
SVR 算法	0.093	0.237	0.458

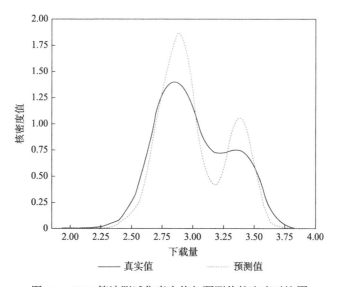

图 4.9　SVR 算法测试集真实值与预测值核密度对比图

　　在科技论文价值评价指标体系中去除流行性、前沿性、新颖性三个指标，再使用相同的算法预测论文下载量，两种实验算法分别记为 Bagging 回归算法_1、

SVR 算法_1，对比其评价指标与加入三个指标的五种实验算法的评价指标，见表4.6。从实验结果数据可以看出，两种算法实验结果都表明将流行性、前沿性、新颖性三个指标加入科技论文下载量预测评价指标体系中，MSE、MAE 两个算法评价指标的值均下降，说明加入流行性、前沿性、新颖性三个指标提高了科技文献下载量预测的准确性；R^2 值均增加，说明加入流行性、前沿性、新颖性三个指标使得科技论文下载量预测算法的拟合优度变得更好。

表 4.6　Bagging 回归算法和 SVR 算法预测论文下载量评价指标对比

实验方法	MSE	MAE	R^2
Bagging 回归算法	0.100	0.248	0.416
Bagging 回归算法_1	0.146	0.299	0.143
SVR 算法	0.093	0.237	0.458
SVR 算法_1	0.107	0.252	0.376

4.3　基于层次分析法的科技大数据评价指标权重度量

4.3.1　层次分析法的应用

美国运筹学家托马斯·塞蒂在 20 世纪 70 年代提出了层次分析法，该方法适用于研究难以量化的模糊问题，主要是运用测度理论对受多种因素制约的事物进行综合性评价，其本质是一种实用的多准则、多方案或多目标的决策方法。它将各种因素层次化并逐层比较多种关联因素，将半定性、半定量问题转化为定量问题，利用较少的定量信息使决策的思维过程数学化，从而为多目标、多准则、多要素、多层次的非结构化的复杂决策问题提供简便的决策方法。

层次分析法主要有以下四个步骤：①建立层次结构模型；②构造判断矩阵；③层次单排序及其一致性检验；④层次总排序及其一致性检验。层次分析法的核心主要是评估者对每一层次各个因素相互比较，借助表 4.7 的标度方法判断指标间的相对重要性，然后构造出判断矩阵。在矩阵构建过程中，增大那些与研究对象直接相关的重要因素的相对重要程度值，降低那些次要的、影响较小的因素的相对重要程度值。

表 4.7　判断矩阵的标度方法

标度	含义
1	两个因素同样重要
3	一个因素较另一个因素稍微重要些

续表

标度	含义
5	一个因素较另一个因素明显重要些
7	一个因素较另一个因素强烈重要些
9	一个因素较另一个因素极端重要些
2, 4, 6, 8	两相邻两因素的标度的中间值
倒数	因素 i 与 j 比较的判断为 A_{ij}，则因素 j 与 i 比较的判断 $A_{ji} = 1/A_{ij}$

利用判断矩阵进行层析排序，即对判断矩阵进行计算，求出最大特征值 $\lambda_{\max}$ 及其所对应的特征向量 W，对特征向量 W 进行归一化处理后，即转化为同一层次的元素相较于上一层次相对重要性的权重向量。确定指标权重向量以后进行一致性检验，以下是一致性检验的步骤及说明：①首先计算判断矩阵的一致性指标（consistency index，CI），若 CI = 0，则判断矩阵得出的结果与实际情况完全一致，CI 值越大，表明判断矩阵得出的结果与实际情况一致性越差；②主观认识的差异可能导致存在随机性误差，因此还需要引入一个随机一致性指标（random index，RI），来规避随机误差的影响，具体值见表 4.8；③计算一致性比例（consistency rate，CR），当 CR < 0.1 时，认为判断矩阵有满意的一致性，其结果是可以接受的。

表 4.8　随机一致性指标 RI

矩阵阶数 n	1	2	3	4	5	6	7	8	9	10
RI	0	0	0.58	0.90	1.12	1.24	1.32	1.41	1.45	1.49

4.3.2　价值创造环节科技大数据价值评估指标权重确定

1. 价值创造环节价值评估指标权重确定

在价值创造环节的科技大数据价值评估指标体系中包括生产者、数量、质量三个一级指标，首先建立三个一级指标的判断矩阵 $A_1 - C$，具体权重赋值见表 4.9。

表 4.9　$A_1 - C$ 的判断矩阵

A_1	C_1	C_2	C_3
C_1	1	1/3	1/6
C_2	3	1	1/2
C_3	6	2	1

同样地，构建三个一级指标下的二级指标判断矩阵 $C_1 - P$，$C_2 - P$，$C_3 - P$，具体权重赋值分别见表 4.10~表 4.12。

表 4.10　$C_1 - P$ 的判断矩阵

C_1	P_{11}	P_{12}	P_{13}
P_{11}	1	1/2	1/5
P_{12}	2	1	1/3
P_{13}	5	3	1

表 4.11　$C_2 - P$ 的判断矩阵

C_2	P_{21}	P_{22}	P_{23}
P_{21}	1	3	1/2
P_{22}	1/3	1	1/6
P_{23}	2	6	1

表 4.12　$C_3 - P$ 的判断矩阵

C_3	P_{31}	P_{32}	P_{33}	P_{34}	P_{35}
P_{31}	1	1/5	2	3	5
P_{32}	5	1	4	5	6
P_{33}	1/2	1/4	1	2	4
P_{34}	1/3	1/5	1/2	1	3
P_{35}	1/5	1/6	1/4	1/3	1

　　根据上述构造的判断矩阵，计算矩阵的特征值与特征向量，对特征向量进行归一化处理，判断矩阵是否通过一致性检验，如若通过，输出一致性指标 CI 和一致性比例 CR，以及指标对应的权重向量。从结果来看，所有一级指标均满足要求。具体结果见表 4.13。重复相同的步骤，得到所有二级指标的计算结果。

表 4.13　价值创造环节一级指标权重计算结果

一级指标	C_1	C_2	C_3
权重	0.100	0.300	0.600

　　计算二级指标对于目标层的相对重要性的权值可以得出最终指标权重，见表 4.14。

表 4.14　价值创造环节评价指标权重

| 指标层 P | C_1 | C_2 | C_3 | 指标最终权重 |
	0.100	0.300	0.600	
P_{11}	0.122			0.012
P_{12}	0.230			0.023
P_{13}	0.648			0.065
P_{21}		0.300		0.090
P_{22}		0.100		0.030

续表

指标层 P	C_1	C_2	C_3	指标最终权重
	0.100	0.300	0.600	
P_{23}		0.600		0.180
P_{31}			0.202	0.121
P_{32}			0.528	0.317
P_{33}			0.137	0.082
P_{34}			0.087	0.052
P_{35}			0.046	0.028

2. 价值创造环节价值评估指标权重结果分析

根据价值创造环节的科技大数据价值评估指标权重结果可以看出，在此环节三个一级指标中，质量 C_3 与数量 C_2 是影响此环节科技大数据价值较大的两个维度。优质内容的科技大数据被科研工作者有效地使用，必将带来更多优质科技数据的产生。科技大数据的核心价值在于质量，高质量的科技大数据必定蕴含着高价值。在该环节所有评价指标中，流行性、新颖性、多样性、样本规模以及前沿性的权重排名是靠前的。流行性、新颖性、前沿性是反映科技大数据质量的关键要素，是科技大数据价值的基础；科技大数据样本规模是影响其价值发挥的关键因素。

4.3.3　价值整合环节科技大数据价值评估指标权重确定

1. 价值整合环节价值评估指标权重确定

在价值整合环节的科技大数据价值评估指标体系中包括整合开发者、整合质量、时间属性和空间属性四个一级指标，首先建立四个一级指标的判断矩阵 $A_2 - C$，具体权重赋值见表 4.15。

表 4.15　$A_2 - C$ 的判断矩阵

A_2	C_4	C_5	C_6	C_7
C_4	1	1/2	2	3
C_5	2	1	4	6
C_6	1/2	1/4	1	2
C_7	1/3	1/6	1/2	1

同样地，构建四个一级指标下的二级指标判断矩阵 $C_4 - P$，$C_5 - P$，$C_6 - P$，$C_7 - P$，具体权重赋值见表 4.16~表 4.19。

表 4.16　$C_4 - P$ 的判断矩阵

C_4	P_{41}	P_{42}
P_{41}	1	1
P_{42}	1	1

表 4.17　$C_5 - P$ 的判断矩阵

C_5	P_{51}	P_{52}
P_{51}	1	1
P_{52}	1	1

表 4.18　$C_6 - P$ 的判断矩阵

C_6	P_{61}	P_{62}	P_{63}
P_{61}	1	2	3
P_{62}	1/2	1	2
P_{63}	1/3	1/2	1

表 4.19　$C_7 - P$ 的判断矩阵

C_7	P_{71}	P_{72}	P_{73}
P_{71}	1	1/2	2
P_{72}	2	1	3
P_{73}	1/2	1/3	1

根据上述构造的判断矩阵，计算矩阵的特征值与特征向量，对特征向量进行归一化处理，判断矩阵是否通过一致性检验，如若通过，输出一致性指标 CI 和一致性比例 CR，以及指标对应的权重向量。从结果来看，所有一级指标均满足要求。具体结果见表 4.20。重复相同的步骤，得到所有二级指标的计算结果。

表 4.20　价值整合环节一级指标权重计算结果

一级指标	C_4	C_5	C_6	C_7
权重	0.260	0.520	0.140	0.080

计算二级指标对于目标层的相对重要性的权值可以得出最终指标权重，见表 4.21。

2. 价值整合环节价值评估指标权重结果分析

根据价值整合环节的科技大数据价值评估指标权重结果可以看出，在此环节

表 4.21　价值整合环节评价指标权重

指标层 P	C_4	C_5	C_6	C_7	指标最终权重
	0.260	0.520	0.140	0.080	
P_{41}	0.500				0.130
P_{42}	0.500				0.130
P_{51}		0.500			0.260
P_{52}		0.500			0.260
P_{61}			0.539		0.075
P_{62}			0.300		0.042
P_{63}			0.161		0.023
P_{71}				0.300	0.024
P_{72}				0.540	0.043
P_{73}				0.160	0.013

的四个一级指标中，整合质量和整合开发者是影响此环节科技大数据价值较大的两个维度。整合质量指标衡量的是数据整合的粗细程度和规范程度，其是科技大数据价值的重要影响因素。在该环节所有评价指标中，权重排名靠前的有粒度、完整性、整合开发者组织信用以及物理信用。整合开发者组织信用以及物理信用保证了科技大数据整合的可靠程度；粒度、完整性保证了科技大数据整合质量，进而影响科技大数据价值。

4.3.4　价值传递、实现环节科技大数据价值评估指标权重确定

1. 价值传递、实现环节价值评估指标权重确定

在价值传递、实现环节的科技大数据价值评估指标体系中包括交易促进者、使用者两个一级指标，首先建立两个一级指标的判断矩阵 $A_3 - C$，具体权重赋值见表 4.22。

表 4.22　$A_3 - C$ 的判断矩阵

A_3	C_8	C_9
C_8	1	1
C_9	1	1

同样地，构建两个一级指标下的二级指标判断矩阵 $C_8 - P$，$C_9 - P$，具体权重赋值分别见表 4.23、表 4.24。

表 4.23 $C_8 - P$ 的判断矩阵

C_8	P_{81}	P_{82}	P_{83}	P_{84}	P_{85}
P_{81}	1	2	3	5	6
P_{82}	1/2	1	2	3	4
P_{83}	1/3	1/2	1	2	4
P_{84}	1/5	1/3	1/2	1	2
P_{85}	1/6	1/4	1/4	1/2	1

表 4.24 $C_9 - P$ 的判断矩阵

C_9	P_{91}	P_{92}	P_{93}
P_{91}	1	2	2
P_{92}	1/2	1	1
P_{93}	1/2	1	1

根据上述构造的判断矩阵，计算矩阵的特征值与特征向量，对特征向量进行归一化处理，判断矩阵是否通过一致性检验，如若通过，输出一致性指标 CI 和一致性比例 CR，以及指标对应的权重向量。从结果来看，所有一级指标均满足要求。具体结果见表 4.25。重复相同的步骤，得到所有二级指标的计算结果。

表 4.25 价值传递、实现环节一级指标权重计算结果

一级指标	C_8	C_9
权重	0.500	0.500

计算二级指标对于目标层的相对重要性的权值可以得出最终指标权重，见表 4.26。

表 4.26 价值传递、实现环节评价指标权重

| 指标层 P | C_8 | C_9 | 指标最终权重 |
	0.500	0.500	
P_{81}	0.438		0.219
P_{82}	0.254		0.127
P_{83}	0.164		0.083
P_{84}	0.090		0.045
P_{85}	0.054		0.027
P_{91}		0.500	0.250
P_{92}		0.250	0.125
P_{93}		0.250	0.125

2. 价值传递、实现环节价值评估指标权重结果分析

根据价值传递、实现环节的科技大数据价值评估指标权重结果可以看出，在

此环节的两个一级指标交易促进者和使用者是同等重要的。在该环节所有评价指标中，权重排名靠前的有领域匹配性、版权范围、垄断性、使用者偏好、目的性。领域匹配性是指科技大数据与使用者研究领域的匹配程度，若匹配程度较高，则对应的科技大数据价值也较高；版权范围指传递科技大数据的平台所拥有的科技大数据资源种类、数量及对科技大数据资源的支配权，若一个科技大数据平台提供的数据资源越丰富，对应的此平台的科技大数据价值更高。

综合上述分析，科技大数据价值评估指标体系及权重汇总如表 4.27 所示。

表 4.27　科技大数据价值评估指标权重分布

科技大数据价值评估	一级指标 C	二级指标 P
价值创造环节 科技大数据价值评估	C_1：生产者 10.0%	P_{11}：组织信用 12.2%
		P_{12}：个人信用 23.0%
		P_{13}：物理信用 64.8%
	C_2：数量 30.0%	P_{21}：样本规模 30.0%
		P_{22}：属性数量 10.0%
		P_{23}：多样性 60.0%
	C_3：质量 60.0%	P_{31}：新颖性 20.2%
		P_{32}：流行性 52.8%
		P_{33}：前沿性 13.7%
		P_{34}：有用性 8.7%
		P_{35}：易用性 4.6%
价值整合环节 科技大数据价值评估	C_4：整合开发者信用 26.0%	P_{41}：组织信用 50.0%
		P_{42}：物理信用 50.0%
	C_5：整合质量 52.0%	P_{51}：粒度 50.0%
		P_{52}：完整性 50.0%
	C_6：时间属性 14.0%	P_{61}：时间跨度 53.9%
		P_{62}：时效性 30.0%
		P_{63}：实时性 16.1%
	C_7：空间属性 8.0%	P_{71}：区域 30.0%
		P_{72}：领域 54.0%
		P_{73}：行业 16.0%
价值传递、实现环节 科技大数据价值评估	C_8：交易促进者 50.0%	P_{81}：版权范围 43.7%
		P_{82}：垄断性 25.4%
		P_{83}：收费模式 16.5%
		P_{84}：组织信用 8.9%
		P_{85}：物理信用 5.5%
	C_9：使用者 50.0%	P_{91}：领域匹配性 50.0%
		P_{92}：使用者偏好 25.0%
		P_{93}：目的性 25.0%

4.4 本 章 小 结

本章 4.1 节基于价值链全过程构建了科技大数据价值评估指标体系，并介绍了指标定义；4.2 节介绍了生产者组织信用、个人信用以及质量中的新颖性、流行性、前沿性这几个在度量上具有挑战性的指标的度量方法；4.3 节基于层次分析法确定了指标权重。在之后研究中，可以提出新的科技大数据价值评估指标的度量方法，以更准确地度量科技大数据价值评估指标。

参 考 文 献

李成熙, 文庭孝. 2020. 我国大数据交易盈利模式研究. 情报杂志, 39(3): 180-186.

吴菲菲, 栾静静, 黄鲁成, 等. 2016. 基于新颖性和领域交叉性的知识前沿性专利识别——以老年福祉技术为例. 情报杂志, 35(5): 85-90.

Akella A P, Alhoori H, Kondamudi P R, et al. 2021. Early indicators of scientific impact: predicting citations with altmetrics. Journal of Informetrics, 15(2): 101128.

Blondel V D, Guillaume J L, Lambiotte R, et al. 2008. Fast unfolding of communities in large networks. Journal of Statistical Mechanics: Theory and Experiment, (10): P10008.

Nagaraj A, Shears E, de Vaan M. 2020. Improving data access democratizes and diversifies science. Proceedings of the National Academy of Sciences, 117(38): 23490-23498.

Page L, Brin S, Motwani R, et al. 1999. The PageRank citation ranking: bringing order to the web. Stanford Digital Libraries Working Paper.

Wu L F, Wang D S, Evans J A. 2019. Large teams develop and small teams disrupt science and technology. Nature, 566: 378-382.

第 5 章 基于机器学习的科技大数据价值评估方法

随着科学技术的高速发展，人们的知识产权保护意识逐渐增强，科技创新已慢慢成为时代的主题。人与人之间、企业与企业之间，甚至国家与国家之间，创新能力已成为核心竞争力。因此，高效合理地评估科技大数据的价值，形成准确有效的价值评估体系，将更有利于激发创新能力，进而促进科技创新的发展。

我们现在已处在科技高速发展的风口，挑战与机遇并存，加快建设和完善科技大数据的分类分级（刘召栋和周亿城，2021）以及价值评估体系显得愈发重要。基于科技大数据价值链模型，我们将科技大数据的使用价值进一步划分为经济价值和学术价值两方面。目前，科技大数据的传统评估方式以同行评议和专家评审为主（陈培颖等，2016），评估方法不够全面客观，容易受评审专家个人因素所影响，效率也比较低。因此，探索机器学习在科技大数据价值评估上的应用，使科技大数据价值评估更加精准，有利于促进学术公平，减少时间花费，提高效率；也能够与传统评估方法相辅相成，进一步推动科学技术的发展。另外，第三方认证机制在科技大数据价值评估中也占有重要地位，构建一个多方面综合考虑的第三方评价认证机制至关重要。

本章的安排如下，5.1 节重点介绍常用的机器学习方法以及分类评价指标；5.2 节主要从两个方面介绍科技大数据价值评估方法；5.3 节基于机器学习方法给出科技大数据的具体应用；5.4 节对科技大数据价值评估中的第三方认证机制及其相关解决方案进行介绍，简要分析现存第三方认证机构存在的不足并提出改进建议，进一步介绍对第三方认证机构进行评价的考核方案；5.5 节为本章小结。

5.1 机器学习技术及相关方法

近十几年以来，机器学习技术快速发展，目前已在计算机视觉、自然语言处理、语音识别等领域得到广泛应用。探索如何将机器学习技术应用到科技大数据价值评估方向，并提出科技大数据价值评估的新型解决方案，具有重大的应用价值和研究价值。为此，本节将对几种与科技大数据价值评估息息相关的典型机器学习方法进行介绍。

5.1.1　SVM

　　SVM 是一种有监督学习的机器学习方法（Cortes and Vapnik，1995），能对数据进行分类操作。其基本思想为：找到一个分割面，使其能将不同类别的样本分开。在样本集中，与分割面距离最近的样本点称为支持向量。对于一个具体的分类任务，一般先使用训练集对 SVM 进行训练，以获得最佳的分类界线和对应的支持向量；之后用训练好的模型对输入的新样本进行分类操作。

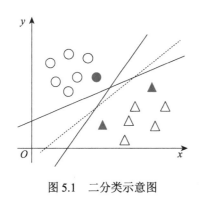

图 5.1　二分类示意图

　　为了能够直观地理解 SVM 的算法原理，下面将介绍最基本的线性二分类问题。如图 5.1 所示，为了将圆和三角形区分开，需要确定一个分界线。在图 5.1 中，三条直线均能够将两个类别的样本分开，如何确定最佳的一个分界线呢？SVM 通过使用最大间隔原理来确定：选择一个距离两类样本都尽量远的分界，即图中的虚线。从整体上来看，当分界线离两类样本均较远时，误判的情况较少，预测的准确度相对较高。另外，该图中实心的三个样本就是支持向量。

　　虽然上述例子较为简单，但现实中的分类问题往往并非线性可分，分界也较为难找。为了解决这个问题，SVM 提供了多种核函数，这些核函数能够把数据映射到高维空间，然后再寻找最佳分割边界。图 5.1 中可视化的直线是最简单的核函数，此外还有多项式核、高斯核等。

　　SVM 分类方法的使用过程可分为以下几个步骤：①利用核函数将样本空间转换到能线性可分的空间；②利用最大间隔方法获取间隔最大的分割线，然后得出支持向量；③利用分割线和支持向量，对新的样本进行分类预测。

　　上面介绍的是使用一个 SVM 来解决二分类问题，同样，多分类问题可以通过使用多个 SVM 来解决，常用的两种方案如下。

　　（1）一对多分类。在对某个类别进行分类时，将其他类看成一个整体类。当有 m 个类别时，需要 m 个二分类器。

　　（2）一对一分类。对任意两个类别进行两两组合，然后进行分类。当有 m 个类别时，需要 $m \times (m-1)/2$ 个二分类器。

　　另外，传统的分类算法还有决策树、K 近邻法、朴素贝叶斯法等（何清等，2014），也可用于大数据的处理，此处不再进行具体介绍。

5.1.2 　 LDA 主题模型

LDA 全称为 latent Dirichlet allocation（Blei et al.，2003），即隐含狄利克雷分布，被广泛应用于文本的主题分析领域。该模型的基本思想是：世界上所有的文本都是由各种词随机组成的，每个文本中都隐含多个主题，各个主题在文本中的分布概率不同。同时，构成文本的词汇又以不同的概率分别隶属于某个主题，即文本到主题服从多项式分布，主题到词汇也服从多项式分布。由此就构成了一个由文本、主题和词汇组成的三层文本模型。

通过使用 LDA 主题模型对文本进行分析，可以得出"文本—主题"概率分布矩阵和"主题—词汇"概率分布矩阵。其中，"文本—主题"概率分布矩阵说明了各个主题在此文本中的出现概率；"主题—词汇"概率分布矩阵说明了各个词汇在主题中出现的概率。需要说明的是，LDA 主题模型在分析文本时采用的是词袋模型（Harris，1954），即不考虑词汇出现的先后顺序，只考虑词汇是否出现。下面对 LDA 主题模型的结构进行介绍，如图 5.2 所示。

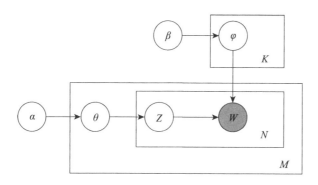

图 5.2 　 LDA 主题模型结构

图 5.2 中，φ 表示文本中的词汇分布；θ 表示文本中的主题分布；β 表示与词汇分布 φ 关联的狄利克雷分布的参数；α 表示与主题分布 θ 关联的狄利克雷分布的参数；Z 表示主题；W 表示主题 Z 中的词汇；M 表示文本总条数；N 表示文本中的总词数；K 表示全部文本总的主题个数；图中阴影表示已观测的变量。

根据上面的介绍可知，在 LDA 主题模型中，由以下步骤生成文本集 D：①根据狄利克雷分布来确定一篇文章的主题多项式分布 θ。②从主题多项式分布 θ 中提取主题 Z。③与当前主题 Z 对应的词汇分布 φ 由狄利克雷分布 β 确定。④从词汇多项式分布 φ 中提取一个词 W。⑤重复上述四个步骤 N 次以生成文本 d。⑥遍历 M 条文本的文本集，重复上述步骤以生成整个文本集 D。

LDA 主题模型的目标是为文本集 D 中的每个文本 d 分配潜在主题，以此估计模型中的文本主题分布矩阵 θ 和主题词分布矩阵 φ。

5.1.3　主动学习

机器学习和深度学习技术近年来获得了快速的发展和广泛的应用。在有监督学习模型的训练阶段，一般需要大量的标注样本才能使模型具有较好的性能。然而，在许多现实场景中，获取大量标注样本往往是十分困难的，经常需要耗费大量的人力和财力。比如，在医学图像领域，一般需要资深的专家才能准确地进行样本标注，要想获得足够的标注样本就需要耗费巨大的成本。

主动学习技术（Baldridge and Osborne，2004）可以显著降低标注成本，这项技术旨在以尽量少的标注样本来获得更好的训练效果。首先需要明确的是，模型的性能并不会随着标注样本数量的增加而无限提升。也就是说，当标注样本数量达到一定的数量临界值之后，模型性能也会随之到达一个瓶颈。这个数量临界值的大小与分类任务的难易程度有关，分类问题越复杂，那么数量临界值越大。主动学习的目的就是减小分类任务中标注样本的数量临界值。

主动学习的基本思想是：挑选分类器难以识别的样本进行人工标注，将其作为训练集，以达到使用更少的标注样本来更好地提升模型性能的目的。那么问题的关键就变成如何在大量未标注的样本中寻找那些难以识别的样本，这个过程称为主动学习的样本选择策略。

最直接的样本选择策略是根据熵值的大小来选择样本（Shannon，1948），熵值越大则样本的信息量越大，其对模型性能提升的贡献也就越大。熵的计算如式（5.1）所示：

$$H(x) = -\sum_{i=1}^{n} p(x_i) \log p(x_i) \tag{5.1}$$

另外一个比较直接的指标是"多样性"，用来衡量已标注样本和未标注样本之间的相似性。可以认为相似性较低的属于较难分类的样本。除了这两种简单的策略之外，还有许多其他的样本选择策略，可以根据任务的实际情况来进行选择。在实际训练时，重复"模型训练—选择样本—人工标注"的过程，直到模型性能达到实际要求即可。

5.1.4　BERT

BERT（bidirectional encoder representations from transformers，基于变换器的双向编码器表征量）模型是谷歌公司于 2018 年提出的自然语言预训练模型（Devlin et al., 2018），该模型能够高效地抽取文本信息并应用于各种自然语言处理任务中，它当时刷新了 11 项自然语言处理任务的最优性能记录。

BERT 模型基于 Transformer 架构（Vaswani et al., 2017），模型主要有两点创新：①通过 mask 机制，在训练阶段利用上下文的双向信息，提高模型准确率；②模型共有 12 层，是一个深度模型，训练语料为大规模未标注的文本。所谓 mask 机制，即随机地遮盖掉一条文本当中的任意字或者词，然后让模型通过上下文对遮盖的部分进行预测。

5.1.5　XLNet

XLNet 是一个针对 BERT 模型的缺点进行改进的自然语言处理模型（Yang et al., 2019），主要有三个方面的特点：采用自回归（auto regressive，AR）模型代替自编码（auto encoding，AE）模型，解决 BERT 模型中的 mask 机制带来的负面影响；构造双流注意力机制；引入 Transformer-XL 技术。

在自然语言处理领域，主流模型可大致分为两类：AR 模型（Dai and Le, 2015）与 AE 模型（Kingma and Welling, 2013）。AR 模型在对文本进行处理时，按照单个方向进行预测；而 AE 模型随机对一部分词进行 mask 标记，然后根据上下文信息来预测这部分词。在 XLNet 模型中，先将序列进行随机排列，然后再进行建模预测，这样巧妙地用 AR 模型的单向学习获得了双向信息。

在模型实现过程中，一般有以下两点要求：在预测当前词时，只能使用其位置信息，而不能使用内容信息；在预测其他词时，可以使用当前词的位置信息和内容信息。虽然 XLNet 通过随机排列获取了上下文信息，但同时也带来位置错乱的问题。为了在模型预测过程中能够获取当前预测词的位置信息，避免位置错乱带来的影响，除了 BERT 模型的位置信息加内容信息输入流外，XLNet 还增加了另一个只有位置信息的输入流，以便提供当前预测词的位置信息。前者称为内容流注意力，后者称为查询流注意力，这就是双流注意力机制。

XLNet 将 Transformer-XL 中的两个重要技术进行了应用，分别是片段循环机制和相对位置编码，主要用来解决超长序列的依赖问题。由于之前的 Transformer 编码存在最大处理长度，超过该长度则会截断，这样就导致截断处文本信息断裂。而片段循环机制保存了之前片段的隐状态信息，并将其与当前片段结合，这样就让模型获得了超长的上下文信息，解决了文本碎片的问题。片段循环机制使绝对位置编码不再适用，因为在不同的片段中会出现多个同样的位置信息，这就导致无法确定词所处的片段位置。因此 Transformer-XL 中采用了相对位置编码，通过词与词之间的相对关系确定位置信息。

5.1.6　分类效果评价指标

对分类效果的评价标准常见的有三种指标：P（精确率）、R（召回率）、$F1$值。计算公式如下：

$$P = \frac{\text{TP}}{\text{TP} + \text{FP}} \tag{5.2}$$

$$R = \frac{\text{TP}}{\text{TP} + \text{FN}} \tag{5.3}$$

$$F1 = \frac{2 \times P \times R}{P + R} \tag{5.4}$$

将变量意义直观地表示为混淆矩阵，如表5.1所示。TP表示实际属于该类且分类结果也为该类；FP表示实际不属于该类但分类结果是该类；FN表示实际属于该类但分类结果不是该类；TN表示实际不属于该类且分类结果也不属于该类。

表5.1　混淆矩阵示意

项目	实际属于该类	实际不属于该类
预测属于该类	TP	FP
预测不属于该类	FN	TN

另外，宏平均 $F1$ 值和微平均 $F1$ 值也是分类效果评价指标。宏平均 $F1$ 值就是把各类单独求出的 $F1$ 值取平均值；微平均 $F1$ 值是把各类的 TP、FP 和 FN 相加，再根据式（5.4）求出的。

5.2　科技大数据价值评估方法

科技大数据，如论文、专利、标准、研究报告、科技资讯、学者、机构、项目等，大多数以文本形式呈现，所以模型处理的对象主要为文本。根据价值类别进行区分，可以将科技大数据分为经济价值数据和科技价值数据。如论文、期刊等数据，科技价值占较大比例；而对于专利、标准等数据，经济价值则占较大比例。

对科技大数据价值进行评估，可分为两个途径：指标定量评估和内容价值评估。对于不同的科技大数据类型，指标定量评估和内容价值评估可能各有侧重。在实际操作过程中，可以根据实际情况对两项评估进行加权，然后得到最终的评估结果。

5.2.1　指标定量评估

在指标定量评估中，首先要提取各类大数据的代表性特征指标，这些指标一般是可以直接量化的数值。不同类别的数据以及数据所处价值链的不同阶段，其评估指标也不完全相同。例如，文献类数据在使用阶段的价值评估指标一般有引用量、下载量、模型性能排名、参考文献数量、作者数量、作者所在机构评分等；项目类数据的指标一般有项目生命周期、项目类型、招标金额等；学者与机构则可以用产出的论文、专利等来进行评估。针对不同材料的指标提取，可以参考该类材料的专家评审意见，充分挖掘评审意见的内在含义，并提炼关键词；也可以采用问卷形式面向审稿人进行问卷调查，统计各类材料的特征指标。

当特征指标提取完成后，可以将价值评估问题抽象为多类别分类问题。首先，可以设置分类结果为十个不同的级别，级别越高，则代表价值越大。其次，使用机器学习方法中的分类器，根据提取出的特征指标将科技大数据进行分类。再次，可以选用多种不同的分类器进行实验。最后，选定实际效果最佳的进行应用部署。其中，当对各类科技大数据的特征指标进行使用时，可以给不同的指标适当分配不同的权重，权重分配可以采用层次分析法（Saaty，1988）、熵值法、灰色关联分析法等。指标定量评估的流程如图 5.3 所示。详见第 4 章。

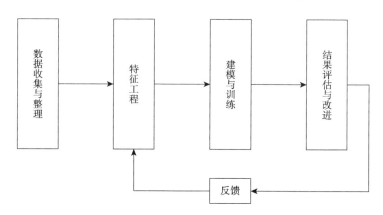

图 5.3　指标定量评估流程图

在进行评估之前，首先要进行的是数据收集与整理工作，把数据规范化、标准化。其次是特征工程，主要包括特征选取、特征降维等工作。再次是建模与训练，建立合适的机器学习方法模型，用所得数据对模型进行训练。最后是结果评估与改进，对模型的测试结果进行评估，对特征工程步骤做出反馈，不足之处加以改进以提升效果。

5.2.2 内容价值评估

在内容价值评估中，通常针对的是以文本形式存在的科技大数据，这样可以采用自然语言处理方向的算法与技术进行分析评估。在内容价值评估中，一般包括选题新颖性（杨建林和钱玲飞，2013）、文本相似性、内容创新性（杨京等，2018）等方面。

（1）选题新颖性可以通过提取文本关键词、建立研究方向的图谱等来判断文本是否聚焦于热点问题、难点问题。通常来说，选题集中于热点、难点领域的文本一般具有较高的价值。

（2）文本相似性主要用来避免学术不端行为，对类似论文进行查重。当相似率处在不同的阈值区间时，给予不同的打分。相似率越高，代表原创性越低，对应的打分也越低。

（3）内容创新性主要指文本中提出的方法、理论、分析及结论是否有创新性等，可使用 LDA 主题模型进行主题提取，用训练样本构建知识元库，综合判断内容创新性。

最后，在对每一方面进行科学评估之后，将各部分加权整合，得出最终内容价值评估结果。主要流程如图 5.4 所示。

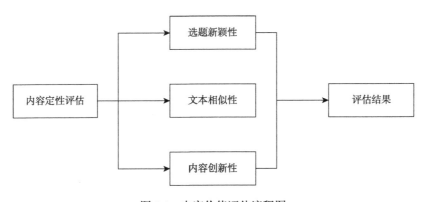

图 5.4 内容价值评估流程图

5.3 基于机器学习方法的具体应用

5.3.1 论文价值评估

科技论文是科技大数据中的重要内容，占有较大的比重。论文一般可分为学术论文和学位论文，本节分析的对象均为学术论文。对于论文的价值评估，发表前与发表后的特征指标有些许差异，因此将会分开列出。针对论文的价值评估方法分为两部分，第一部分是指标定量评估，第二部分是内容价值评估。

1. 论文指标定量评估

（1）指标提取。论文发表前的主要指标有作者数量、已发表论文数、作者机构排名、参考文献数量、参考文献平均被引频次、顶会或顶刊文献占比等。论文发表后的指标除了包含前面几项指标外，还包括被引频次、被引次数增长率、下载次数、所在期刊影响因子等，如图 5.5 所示。

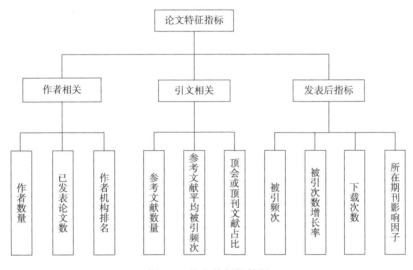

图 5.5　论文特征指标图

（2）指标权重分析。对上面已经提取的指标设置不同的权重，以避免评估结果被某个指标所左右。各项指标的权重可以通过问卷调查统计、层次分析法等获取。在进行问卷调查时，设置各个指标打分区间为 0~10 分，分数越大代表该指标越重要。然后邀请不同学科多个经验丰富的审稿人对每个指标进行打分，运用适当的数学方法将结果进行整理分析，最后得出权重指数。

（3）建模与训练。首先选定模型，如选用 SVM 分类器、多层神经网络等。按照已经确定的特征指标，对数据进行分析整理，并确定希望输出的价值评估等级，然后由专家对数据进行价值评估等级标记。由于数据量过大、标记成本高等，训练过程中可以采用主动学习技术，减少标记时间与成本。

（4）结果评估与改进。在评估过程中，可以运用多种不同的算法来进行实验，并且要根据结果及时调整模型，最后选定最优的算法与方案。

2. 论文内容价值评估

内容价值评估包括选题新颖性、文本相似性、内容创新性三个方面。选题新颖性是指论文选题所在领域是否处于研究热点、研究难点，判断依据主要为标题、摘要、关键词与结论；文本相似性用来判断论文是否存在学术不端行为；内容创新性指论文的正文中所用方法、理论、分析和结论与现有研究的不同程度，或是对现有的方式进行了改进，解决了未曾被解决的问题等。处理流程如下所述。

（1）分词清洗与降维。由于文本本身是连续的句子，在使用计算机对其进行处理时，首先要进行分词操作，可以使用结巴分词工具[①]、北京大学开源分词工具[②]等。在分词完成之后，原始文本就变为由词或字组成。因为分词之后文本中会包含大量没有实际意义的常用词，如"的""一种""非常"等，所以一般会进行去停用词处理。通过过滤停用词表中的词，将大量常用但无实际意义的停用词去除。

实际上，即使在去除停用词后，剩下的总词数依然十分庞大，需要花费大量的算力和时间。另一个隐藏的事实是，词库中20%的词占文本内容的80%左右。为了降低特征维度和减少计算量，需要把不常出现且不重要的字词去除，只留下更具代表性的词特征。文本降维方法主要有词频–逆文本频率（term frequency-inverse document frequency，TF-IDF）算法（Jones，1972）、文档频率法、互信息法、交叉熵法和卡方检验法等。

（2）文本相似性。将待评估论文与数据库中的论文进行相似性计算，只有当相似性低于某个阈值时，才进行下面的评估步骤。实际上，文本相似性计算作为论文评估的一个硬性指标，主要是为了防止学术不端行为发生。

（3）选题新颖性分析。在对文本进行降维处理之后，首先集中对近几年论文的标题、摘要、关键词和结论部分进行统计，筛选出各学科中词汇权重大且出现频率高的词，将其作为热点词库。另外，可以逐年统计热点词，进一步形成热点词演变趋势，对未来可能的热点领域进行预测。

为借助热点词对论文进行选题新颖性分析，做出如下基本假设：提取新论文标题、摘要、关键词和结论中的重点词，将其与热点词库进行匹配，当重合率较高且重合词汇年份较久时，判断为选题新颖性差；当重合率较低且重合词汇年份较新时，判断为选题新颖性好。在实际操作中，可为判断界限设置具体的阈值，并给出具体的打分。

作为辅助判断，统计待评估论文的参考文献年份，计算近五年参考文献所占比例，比例越高则选题新颖性评分越高。最后按照一定比例将两者结合，生成选

---

① 参见 https://github.com/fxsjy/jieba。

② https://github.com/lancopku/pkuseg-python。

题新颖性的最终评分。

接下来利用 LDA 主题模型对正文内容进行新颖性评估。这里从两个不同的维度进行综合评估，第一个是从隐含主题角度，通过 LDA 进行主题抽取来进行相似度计算；第二个是从关键词角度，通过关键词提取方法，将提取出的内容与 LDA 主题下的词进行相似度计算。

首先使用经过分词清洗与降维的论文数据对 LDA 主题模型进行训练，训练时按照年份分布进行。训练完成后，生成具有代表性的、有区分度的不同主题与对应的主题词分布。然后使用训练好的 LDA 主题模型对新论文进行主题提取，统计提取出的各主题的概率值，根据概率值的分布来判断论文创新性。由于 LDA 主题模型可能会把一些潜在的内容挖掘出来——这些内容在人类视角可能是无法理解的，所以相对来说为评价提供了更加全面的判断依据。

使用前面提到的关键词提取方法，对论文正文进行关键词提取，将提取出的特征词与训练集中各主题下的特征词进行相似度计算，根据相似度大小评定论文新颖性。当相似度处于中等偏上水平，且主题处于较新的年份时，认为论文可能会有较大的新颖性。

（4）内容创新性。针对论文内容创新性评价，可以采用论文引用次数预测来间接地进行衡量。一般来说，论文创新性与引用次数呈正相关，当论文具有高创新特点时，更有可能成为高被引论文。因此，对于未发表的论文来说，引用次数预测可以是一个强有力的辅助评价工具。

对论文进行引文数预测（王兴刚等，2021）的流程如图 5.6 所示。先将一篇

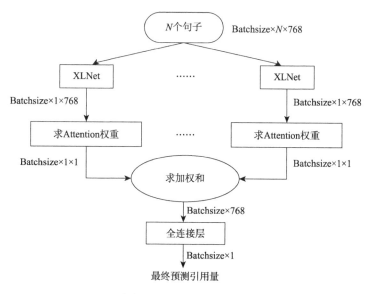

图 5.6　引文预测流程图

长论文分成 N 份，接着将每份都输入到 XLNet 网络中，然后对 XLNet 网络的输出求注意力（Attention）权重，将 N 个输出进行加权求和，最后经过一层全连接网络输出最终预测引用量。图中 Batchsize 表示模型一次训练的批量大小。

在实际操作中，首先要获取大量论文数据，提取论文的标题、作者、摘要、主体和引用列表等。然后对上述模型进行训练，将论文的各段落输入经过海量无监督文本数据预训练的 XLNet 模型中。其中采用句子级别的注意力机制，在整个论文中自动学习关键的句子，将其输入 Transformer 网络中训练，以 $L1$ 距离作为损失，在真实数据集上进行端到端训练。

5.3.2 专利

从某种程度上来说，专利与论文具有很高的相似性，两者均以文本形式为主。从价值评估角度来看，专利也分为基于关键指标的价值评估和基于内容的价值评估，只是在具体的指标特征和内容上不太相同。因此，针对专利的价值评估，可以借鉴论文的评估方法和模型，做出符合专利材料特征的修改即可。

1. 专利指标定量评估

专利材料的指标主要有三大类，包括发明人相关指标、引文相关指标、专利特有指标。发明人相关指标主要包括发明人专利数、发明人数、发明人获奖数；引文相关指标主要包括被引数、自引数、引证专利文献数、引证非专利文献数、引证国外专利文献数；专利特有指标主要包括技术生命周期、许可费、IPC（international patent classification，国际专利分类）、同族专利数。

在提取完专利指标之后，剩下的步骤与论文的定量评估方法类似。先使用问卷统计、层次分析法等方法对指标的权重值进行确定，然后选择合适的算法进行建模与训练，接着进行测试并对结果进行评估，最后根据测试结果改进模型以获得更好的结果。

2. 专利内容价值评估

专利内容价值评估步骤与论文材料的内容价值评估基本一致。评估内容可分为选题新颖性、领域价值潜力两个方面。选题新颖性指专利所属领域是否处于热点、难点等前沿问题，这个部分的判断方法与论文一致，通过热点词与 LDA 主题模型来进行综合判断，不再赘述。领域价值潜力是指专利所属领域的应用价值潜力如何，一般来讲，科技类专利的潜在应用价值更大，而理论、文艺等方面的专利应用价值较小。

评估专利的领域价值潜力，可以通过专利的所属具体类别来衡量，即专利的分类问题。文本分类一般先对文本自身的内容与特征进行挖掘，然后通过分类器输出分类结果。传统的方法一般为 TF-IDF + 分类器，如 TF-IDF + SVM、TF-IDF + 决策树等；深度学习模型一般为词向量（Word2Vec）模型+神经网络算法。相对于传统的 TF-IDF 权重表示法，Word2Vec 模型主要有两点改进：能够有效地表征同义词、近义词等语义相似词之间的关系；能够更好地考虑上下文的关系。

5.3.3　期刊、会议

目前，针对期刊、会议等的评估主要基于影响因子计量指标，但是单一的量化指标往往不能全面地对期刊、会议进行评估。因此，可以综合考虑现有的具有代表性的、广泛被认可的度量指标，以求能够尽量全面地对其进行价值评估。

期刊、会议等的评价指标主要有影响因子、录稿与投稿比、平均被引频次等。在对指标提取完成后，按照不同类别的期刊、会议进行标记，然后选定分类模型进行训练。这里假定影响力越大、论文质量越高的期刊和会议具有越大的价值，然后按照不同的阈值将其进行分级，得到期刊、会议的价值评估级别。

5.3.4　科技项目

对于科技项目而言，一般需要极富经验的专家对其进行价值评估，再加上各类的项目落地难度、预期收益、风险控制等都不一而同，因此，构建统一的价值评估模型一般通过提取关键指标并进行价值分级。

科技项目的关键指标一般包括知识产权指标、技术团队指标、技术指标、经济指标和风险指标五部分。根据这五个一类指标合理提取可量化的、有代表性的二级指标，然后建立基于指标的价值评估模型。

5.3.5　学者

针对学者的评估，可以通过其所发表论文和科技项目进行评估。一般来说，发布论文质量和数量越高，论文和项目价值越大，那么学者的价值也越大。

5.4　科技大数据价值评估中的第三方认证机制

5.4.1　第三方认证机制的背景

科学技术是第一生产力，科技创新是引领新时代发展的根本动力。世界上大部分国家都在积极采取各种措施鼓励科技创新,以提升自身科技水平。科技大数据作为科技创新中的重要组成部分,是科技成果转化过程中的重要环节。在此之前一直由政府科技主管部门对此进行鉴定评价,但是此举过分强调了行政部门的主导作用,导致这种模式已经不能很好地适应时代发展的需要(中华人民共和国国家科学技术委员会,1994)。为了全面深化改革,提升科技创新能力,实现科技的可持续发展,中共中央、国务院在《国家创新驱动发展战略纲要》中提出要"完善突出创新导向的评价制度""推行第三方评价,探索建立政府、社会组织、公众等多方参与的评价机制,拓展社会化、专业化、国际化评价渠道"。科学技术部于2016 年正式废止《科学技术成果鉴定办法》,并且明确提出要建立第三方科技评价认证机制。

1. 第三方认证机制

在介绍第三方认证机制之前,首先简要说明两个概念:认证和第三方认证。认证是指由认证机构证明产品、服务、管理体系符合相关技术规范、相关技术规范的强制性要求或标准的合格评定活动。第三方认证是指由可以充分信任的第三方证实某一经鉴定的产品或服务符合特定标准或规范性文件的活动(樊根耀,2007)。在日常生活中,人们通常把交易过程的卖方或者供方称为第一方,把买方或者需方称为第二方,第三方则是独立于交易双方之外的机构。

举例来说,某人(第一方)手上有一项专利技术,一个公司(第二方)想购买其专利,但不知如何评估这个专利的价值,这时就需要第三方的人或机构评估。此时,第三方既需要对第一方负责,又要对第二方负责,要做到不偏不倚,使其出具的证明具有公信力,这样才能使买卖双方都信服,从而保证交易的顺利进行(东方人,2003)。这样的活动就叫作第三方认证。

第三方认证活动首先要在满足公开、公正、公平这三个条件的基础上进行,才会有效力。其次,第三方认证机构本身也必须具有较强的专业性和权威性,这样才能充分获得买卖双方的信任。随着全球经济一体化进程的不断加快和我国科学技术的飞速发展,仅依靠主体双方的诚信来维持科技大数据价值的评估是远远不够的,因此,第三方认证制度的介入就显得尤为重要。第三方认证制度在现代市场上也已成为大家非常认可的制度之一。

2. 第三方认证的重要性

第三方认证之所以能够在如今的科技大数据的价值评估中扮演着越来越重要的角色并得到市场的认可,原因在于:一方面,第三方以一个中立者的视角,为买卖双方提供公开、公正、公平和专业权威的认证评估服务,避免了"王婆卖瓜,自卖自夸"的局面。另一方面,第三方认证有着较为严苛的规章制度、审核流程和认证规范，可全方位综合性评估科技大数据的价值。这种模式在总体上可以显著减少评估的误差，给出更加令人信服的评估结果。第三方认证的重要作用总结如下。

1) 认证评估规范

第三方认证机构有着严格的认证评估程序和标准，对于科技大数据的科学价值、经济价值、技术价值、社会价值等各个方面进行客观、公正、专业的评价，经过严格认证评估的科技大数据也更容易获得合作方或投资方的认可，使得技术交易能够顺利地进行，更加有利于科技大数据向实际科技成果进行转换。同时，第三方认证机构的评估标准需要通过国家相关部门的审批，在一定程度上能够规范现有评估标准。

2) 淘汰不合格的科技大数据

随着科技的创新和发展，科技大数据呈井喷式增长，体量巨大的科技大数据的质量难以得到保证，有好有差，良莠不齐。对于投资方或者买方来讲，要善于充分利用权威、专业、可信赖、公正的第三方认证机构来淘汰科技大数据中较差的部分，尽量避免鱼目混珠的情况，使得真正有价值的科技大数据被"伯乐"发现，发挥出其应有的作用。这不仅有利于提高市场上科技产品的质量，同时也能够营造更好的科学研究与创新创造的学术氛围，使得任何学术造假、学术不端和制造学术垃圾的行为都无所遁形。

3) 促进科技发展

李静芳等（2020）指出科技大数据的第三方认证机制具有独立、科学、公正、科学的特点，这种新型的、科学的认证机制可以更好地促进科技资源的合理配置、建立良好的学术风气、激发广大科研人员的积极性和提高创新创造的能力，同时也可以提高科技大数据的成果转化率和扩大对应科技成果的推广应用范围，大大促进我国科学技术事业的发展。

5.4.2　第三方认证机制的特性

与将主体分为第一方、第二方、第三方相类似，在科技大数据的评价认证中，我们可以按照评价认证的主体不同将其分为第一方评价认证、第二方评价认证、第三方评价认证三种类型（谭华霖和吴昂，2018）。下面我们将简要说明这三种类型。

第一方评价认证是由科技项目的承担方或科技大数据的研发者所进行的自我评价。由于是自我评价，第一方评价认证的主体很容易陷入"自己既是运动员又是裁判的"的矛盾冲突中，这样的自我评价缺乏独立性和社会公信力，有很大的局限性，难以使人信服。

第二方评价认证是指由科技项目的委托方、科技大数据的投资方或收购者所做出的评价。在这种评价方式中，评价的权力掌握在科技项目委托方或者科技大数据的投资方手中，这种模式看似能够弥补自我评价的不足，但其实依旧存在很大的问题。第一，科技项目的委托方大多是行政部门或者公司，由于行政因素的介入，评价方可能会受到相关权力的影响，评价结果的客观公正无法得到保证。第二，第二方组建的评估机构在开展评价工作时，存在独立性不强、组织机构不完善、专业性较弱、公信力缺乏等问题，可能存在外行评价内行的现象，不利于公正、专业地评估科技大数据。第三，由于科技项目的委托方、科技大数据的投资方或收购者是利益相关方，所以很难客观做出评价，会偏向有利于己方的评估结果。

第三方评价认证独立于第一方评价认证和第二方评价认证之外，所以能够很好地避免第一方评价认证和第二方评价认证的缺点与不足。与第一方评价认证相比，第三方评价认证不存在自我评价的风险，能够避免由自我评价导致的不准确性。与第二方评价认证相比，第三方评价认证包含的行政因素大大减少，降低了行政干预评价工作的可能。同时，第三方评价认证本身具备较强的专业性和独立性，能对科技大数据的价值做出更为真实、合理的评估。第三方评价认证机制的根本作用就在于对科技大数据的价值做出真实、合理、公正、公开的评估。第三方评价认证必须具备以下四个特性：独立性、专业性、程序性、安全性。

1. 独立性

独立性是指第三方认证机构在对科技大数据进行评价时，不受主观因素或各方利益的影响，本着实事求是的态度，以科学为依据，作为中立方严格按照流程和标准，得到客观公正的结论（程燕林，2017）。独立自主是第三方认证机构独立性的主要体现，是第三方认证机构的核心特性之一，同时也是保证评估结果客观、公正的关键。第三方认证机构的独立性需要具备以下几点要求。

（1）人员和机构独立。第三方认证机构及其工作人员均不属于任何行政机关和政府部门，与其他各方之间没有任何的经济利益关系或从属关系，不受其指挥。同时，第三方认证机构本身拥有独立的选择权和决策权，严格保障机构自身的独立自主性。

（2）能够独立承担法律责任。第三方认证机构必须具有法人资格，对其出具的评估结果能够承担相应的法律责任。一旦第三方评价机构的评估结果出现问题，要求能在第一时间找到相关责任人。避免在出现问题之后第三方机构内部相互"踢皮球"的情况，最后导致权责不清的混乱局面。

（3）精神独立。第三方认证机构的工作人员在评估的过程中，必须始终严格保持自身的独立性、中立性，不带有任何偏见地进行评估分析，不受相关利益方的影响。精神独立是对工作人员的内在要求，也是最难保障的一点，所以第三方认证机构需要对工作人员制定出严格详细的自身独立性标准，内部人员在工作时必须严格遵守，以此来量化和把控精神独立的范畴。

2. 专业性

"专业"一方面指具备评估所需的专业技术，另一方面指深入了解被评估工作的特点，掌握被评估方工作的核心信息。因此，专业性要求第三方认证机构具有较高的权威性、科学性和技术性，确保最终的评估结果真实可靠、具有公信力。专业性需要包含以下几个方面。

1）第三方认证机构的专业性

第三方认证机构市场潜力巨大，但同时也存在质量参差不齐的情况。在现实工作中，真正具有评估资质的第三方认证机构难以满足需求巨大的市场（刘淼等，2019）。从目前来说，科研院所尤其是科技信息类的研究所，是科技大数据第三方认证的重要单位。高等院校由于具有雄厚的师资力量、高水平的科研能力和丰富的信息资源，是科技大数据第三方认证的主要承担单位。需要注意的是，第三方认证还是一个新生事物，即便是专业评估组织也需要不断在评估实践中积累经验，不断提高评估能力。

2）工作人员的专业性

工作人员的专业性指工作人员在某一领域需要具备较高的专业水平，深刻了解评估工作的核心要点和创新创意，确保结果符合专业水平。

3）评估指标和标准设置的专业性

科技大数据的评估指标和标准设置应该基于一定标准。首先要保证评估指标的科学性，要从多方面综合做出评估；同时还要具有专业性、针对性和特殊性，保证公平公正，使整个评估体系更加完善，提高评估的正确率。

3. 程序性

程序性是指第三方认证机构需要按照一定的阶段安排开展整个科技大数据价值的评估过程，评估程序确定之后不得随意更改。在整体的评估流程中，程序性需要满足以下几点要求。

（1）整体评估流程合理有序。与诉讼活动类似，科技大数据的第三方评估也要遵循一定的程序。程序需要经过科学合理的设计，将内部的评估活动与外部的干扰隔绝开来，同时也要使整个评估过程快速有效。

（2）评估标准和工作公开透明。第三方评估的标准需要向社会公开，大众可以按照自身需求查看每一个评估过程及结果。为避免某个环节的暗箱操作，第三方认证机构必须接受来自大众的监督，同时对外公开参与评估的工作人员，与被评估主体有利益关联的人员理应回避。

（3）评估工作多重监督。多重监督包括内部监督和外部监督。对于内部监督，除了常见的第三方机构的监督外，还有委托方、受委托方和受评价方之间的相互监督。外部监督是社会大众的监督，同时也是社会大众参与监督的重要途径。多重监督不仅是为了保证评估的科学合理，同样也是为了维护各主体之间的力量平衡。

4. 安全性

安全性是指第三方评估过程的安全和评估结果的安全。只有两个安全都得到保障，整个评估流程和结果的公信度才会大大增强。下面对这两个方面进行简要介绍。

（1）评估过程安全。评估过程是否安全可靠，是否会出现技术泄露问题，这是第一方和第二方都非常关心的问题，也是第三方认证机构能否实现持续发展的重点。

（2）评估结果安全。科技大数据是一把双刃剑，其所引发的安全问题同样引人注目（冯登国等，2014）。经过评估的科技大数据在投入实际使用后会不会对用户的隐私安全造成威胁，这是一个常被忽视的问题。随着大众的隐私意识逐渐提高，科技数据使用是否对隐私安全造成威胁也成为大众日益关注的问题。

5.4.3　影响第三方认证公信力的因素

将第三方认证机制引入科技大数据评估的目的是保证科技大数据的价值评估公正合理。目前第三方认证市场即将突破百亿级别规模，第三方认证机构相对较多，但其认证资质参差不齐，大多数机构都缺乏权威性、专业性，公信力不足，这大大影响了第三方认证机制的社会认可度和实用性。基于以上情况，结合第三方认证机制的特性，总结出影响第三方认证公信力的重要因素有独立性缺失、专业性不强、程序性不清、安全性不够。本节我们主要介绍这些影响因素。

1. 独立性缺失：缺乏独立评估保障

独立性是科技大数据第三方价值评估认证的最基本特性，独立性不足会导致评估结果缺少保障（吕博，2020）。目前我国已经形成规模的第三方认证机构，部分为半官方或者依附于官方的组织，这些组织机构内部可能效率较低，缺乏独立评估所需资金以及对应的专业人才，更重要的是缺乏法律的保障。科技大数据价值评估的法律规范是第三方认证工作开展的基本保障，科学合理的价值评估指标体系则是第三方独立性强有力的支撑。

但就目前情况来看，一是缺乏明确的法律法规。虽然我国的《中华人民共和国科学技术进步法》和《中华人民共和国促进科技成果转换法》（谭华霖和吴昂，2018）对科技评价都有所提及，但内容都比较简略，实际操作性不强，而且二者对科技评价都没有明确的立法规定，既没有赋予第三方主体独立评价的资格，也没有规定第三方认证明确的法律地位。目前已有的法律法规都未明确地规定第三方认证机构的独立地位。

二是缺少独立的资金支持。大部分第三方认证机构资金都无法独立，很大程度上要依赖从属或者半从属的机构拨款，来维持机构的正常运行。在这两种情况下，因为存在隐形的利益关系，则可能出现委托方和第三方认证机构"合谋"的情况。由于第三方认证机构有追求利益的动机，加之认证机构之间相互竞争，因此它们很有可能迁就于委托方，提供虚假的评估结果。如果在这过程中收益可观，且受到查处和赔偿损失的概率很小，那么这种"合谋"的行为将有很大概率存在。

三是规范的模糊和缺失导致参与第三方价值评估的主体权责不明，同样会影响第三方认证的独立性。当第三方的独立地位受到威胁时，参与主体的权责不明会导致第三方没有任何的法定防御策略和应对手段。同时，第一方、第二方参与主体义务规范的缺失会导致它们的行为越界，损害第三方的独立性。因此，如果不明确各参与主体的权利与义务，则很容易引起不必要的法律纠纷。

综上所述，独立性作为第三方认证机制的核心，必须得到保障。失之意味着第三方认证灵魂的丢失，第三方认证机制则失去了意义。

2. 专业性不强：第三方认证能力有待提升

科技大数据第三方认证的专业性是评估结果可靠的直接保证。第三方的专业性同样会影响到其权威性，因为第三方的权威性一般是靠其专业实力在长期的评估工作中形成的（徐双敏，2015）。目前我国存在的第三方认证机构大多存在专业性不强的问题，具体来说主要有以下几个方面。

第一，第三方认证机构的资质标准不明确，评价人员专业性不强。第三方认证机构的资质主要指社会主体有独立作为第三方机构所承担评价工作的资格。总体来说，目前有资格成为第三方认证机构的是科技社团、高校、研究所以及部分民营企业，但这些社会主体成为第三方认证机构所需具备的条件并不明确，因此主体的专业性无法得到保证。除此之外，第三方认证机构评审专家的专业素养会直接影响到价值评估的结果。我国的第三方认证机构开展工作较晚，相关从业人员如科技评价负责人、资料审查人员、专业评价人员等缺乏系统培训，专业能力欠缺，难以达到标准，这直接会影响评估结果的准确性。

第二，科技大数据第三方价值评估的结果往往会直接与相关主体的经济利益挂钩，第三方认证活动容易引发法律纠纷。例如，A 是一项科技大数据的拥有者，B 是购买方，C 是第三方认证机构，C 评估认证 A 具有较高的价值，B 购买了 A 的科技大数据技术，但使用 A 技术所产生的收益远远低于 C 所评估的，在这个情况下，B 会怀疑 C 评估的准确性和 A 技术的有效性，因而产生由利益关系引起的法律纠纷。所以在现行法律法规不明确的情况下，第三方认证机构及其从业人员能否承担起，以及如何承担起相应法律责任是一个亟待讨论的问题。

第三，我国的科技大数据的价值评价方法不够科学，缺乏创新性。现行多种评价方法沿用传统的会议评价、函审评价以及检测评价等方式，创新点缺乏。而科技大数据价值评估工作本身技术性极强，其中的核心问题是建立科学合理的评估指标。原则上参与评估的专家需要覆盖本行业专家、科学信息专家、财务专家、管理专家等。但在实际过程中，参与评估的通常只有行业专家和科学信息专家，评估内容也仅限科技大数据的可行性和创新性，这使得科技大数据很难具有可转化为实际应用成果的推广价值。所以，在科学合理的评估指标能准确地反映科技大数据的真实价值的基础上，现存评估指标和标准设置存在问题，会导致第三方认证结果的科学性、真实性和专业性受到质疑。

3. 程序性不清：第三方评价认证程序规则不完善

为使评估结果尽可能客观公正，科技大数据价值评估需要遵循一定的程序，来保证科技评估的内部主体与外部干扰相互隔绝。目前在科技大数据评估中存在的"重结果、轻程序"现象需要引起重视，同时还需注意以下几点问题。

第一，科技大数据第三方认证管理程序不够健全，缺少明确的法律法规。第三方认证机构由于缺乏相应的监管，没有具体规范依据，在评估过程中难免会出现流程不规范、审查严谨度不够、专家选取标准不明确、评委会分工不清晰、对评估结果申诉反馈渠道不完善等问题，这使得科技价值评估过程流于形式，评估效果还有待考证。在评估活动开展过程中，其他外界因素可能会侵蚀评估过程，使得评估权力不完全在第三方主体手中，导致评估结果可信度下降。

第二，第三方认证需要监督。监督包括内部监督和外部监督两种。内部监督是科技大数据价值评估各主体之间的相互监督；外部监督是来自大众的监督。目前第三方认证的内部监督和外部监督的程序都较为粗糙，可行性较低，使得评估过程公信力下降，无法使各方都达成公允价值一致，影响评估结果的权威公正。

第三，尝试建立公开透明的公示制度。第三方认证过程是否透明公开是其能否实现公允价值的一个重要体现。要建立起公开透明的公示制度，就需要注意委托合同签订、专家遴选、评估活动组织、评估结果公示等步骤是否公开透明。当今社会是一个信息化社会，可通过借助微信公众号、微博等网络平台接受全社会的监督，对相关质疑及时回复，保证评估过程的公平性和公开性，把关科技大数据质量，淘汰不合格的科技成果，维护第三方认证的权威性。

4. 安全性不够：技术和用户隐私安全容易被忽略

在第三方认证过程中，认证主体往往只重视评估的过程和结果，容易忽视在评估中可能存在的科技大数据技术泄露问题和用户隐私问题。

首先是科技大数据安全问题。第三方认证机构在评估某一项科技大数据过程中，在评估价值的同时，也要注意技术泄露问题。一旦技术泄露被其他人或机构窃取，早先一步取得专利或者所有权，则极易产生法律纠纷，极大地影响相关第三方认证机构的公信力，影响各方达成公允价值一致。

其次是用户隐私安全问题。第三方认证机构在评估时还应注意，其所评估的科技大数据如果投入实际使用，是否会威胁到用户的隐私安全（周航，2020），这是第三方认证机构所应该具备的用户思维。

5.4.4　建立第三方认证机构公信力的度量模型和方法

我们将建立一个综合性的度量模型，涵盖上述所讲的四个方面，对第三方认证机构进行打分，通过评估结果来判断此机构是否值得信赖。我们建立模型所使用的方法为层次分析法，此方法在 4.3 节中已经有比较详细的介绍，建模过程主要分为以下五个步骤：建立递进层次结构模型；构造判断矩阵；层次单排序和一致性检验；层次总排序；二级指标的评分标准和最终得分。

1. 建立递进层次结构模型

第三方价值评估结果受多方面因素影响，这些因素都可以在结果的贡献率中得到体现。因此我们将第三方价值评估的影响因素对评估结果的贡献权重作为层次分析法的总目标，将影响第三方价值评估结果的四个准则层指标（一级指标）作为准则层的元素，每个一级指标包含的二级指标作为指标层的各个要素。在分清楚三个层次之后，可以在相邻层次之间建立各要素之间的联系，完成层次结构模型的构造。各层次之间关系如表 5.2 所示。

表 5.2　第三方认证机构公信力评估的层次结构模型

	一级指标 B	二级指标 C	权重（a_{ij}）	分值（b_{ij}）
目标 A	独立性 B_1	人员机构独立情况 C_{11}	a_{11}	
		资金独立情况 C_{12}	a_{12}	
		主体权责明确情况 C_{13}	a_{13}	
		从属情况 C_{14}	a_{14}	
	专业性 B_2	机构资质 C_{21}	a_{21}	
		法律责任承担标准 C_{22}	a_{22}	
		参评人员专业程度 C_{23}	a_{23}	
		评估指标科学创新性 C_{24}	a_{24}	
	程序性 B_3	第三方监管体系完善程度 C_{31}	a_{31}	
		程序合理程度 C_{32}	a_{32}	
		受监督级别 C_{33}	a_{33}	
		公示制度 C_{34}	a_{34}	

续表

目标 A	一级指标 B	二级指标 C	权重（a_{ij}）	分值（b_{ij}）
	安全性 B_4	技术保护安全 C_{41}	a_{41}	
		用户隐私安全 C_{42}	a_{42}	
		信息传递安全 C_{43}	a_{43}	

注：表中一级指标和二级指标并非固定，可根据实际情况增加或删减

2. 构造判断矩阵 A

在确定各层次因素之间的权重时，如果只做定性分析，结果往往不容易被接受。因此我们采用一致矩阵法，即不把所有元素放在一起比较，而是两两之间相互比较，采用相对尺度，尽可能减少性质不同的诸元素相互比较的困难，以提高准确性。构造的判断矩阵是表示本层所有因素针对上一层某一个因素（准则层或目标层）的相对重要性的比较。

判断矩阵是按照一定的比例标度两两比较得到的，判断的元素 a_{ij} 表示第 i 个因素相对于第 j 个因素的比较结果，标度及含义如表 5.3 所示。

表 5.3 判断矩阵标度及其含义

相对重要程度	含义
1	表示两个因素相比，同等重要
3	一个因素比另一个因素稍微重要
5	一个因素比另一个因素明显重要
7	一个因素比另一个因素强烈重要
9	一个因素比另一个因素极端重要
2，4，6，8	上述两相邻判断的中值
倒数	因素 i 与 j 判断为 a_{ij}, 则因素 j 与 i 的判断 $a_{ji} = 1/a_{ij}$

上述总目标和一级指标之间的关系、一级指标与二级指标之间的关系如表 5.2 所示。以上述独立性 B_1 为例，我们可构造判断矩阵，如表 5.4 所示。

表 5.4 独立性 B_1-C 的判断矩阵

B_1	C_{11}	C_{12}	C_{13}	C_{14}
C_{11}	1	3	5	4
C_{12}	1/3	1	2	3
C_{13}	1/5	1/2	1	1/2
C_{14}	1/4	1/3	2	1

上述 4×4 矩阵中的 $B_{13}=5$ 代表着人员机构独立情况 C_{11} 比主体权责明确情况 C_{13} 要明显重要，而 $B_{43}=2$ 则代表着机构的从属情况 C_{14} 比主体权责明确情况 C_{13} 稍稍重要，甚至还没达到稍微重要的程度，处于同等重要和稍微重要之间。

3. 层次单排序和一致性检验

1）层次单排序

权重元素 W 为同一层次元素相对于上一层某个因素的相对重要性的排序，这个过程称为层次单排序。层次单排序后得到的权重 W 能否适用，需要进行一致性检验。所谓一致性检验是指成对判断矩阵确定的不一致性的允许范围。例如，表 5.4 中的 $B_{12} = 3$（$C_{11} : C_{12}$），$B_{23} = 2$（$C_{12} : C_{13}$），那么理论上 $B_{13} = (C_{11} : C_{12}) \times (C_{12} : C_{13}) = 3 \times 2 = 6$，而实际上 $B_{13} = 5$。在构造判断矩阵 A 时，很容易出现这样的不一致。而原则是允许不一致，但要限制不一致的允许范围，所以需要一致性检验。

我们构造的判断矩阵会出现两种情况：是一致矩阵或者不是一致矩阵。无论是哪种矩阵，我们都将用以下方法求权值。

判断矩阵 A 是一致矩阵或者不是一致矩阵，都建议用其最大特征值对应的归一化特征向量作为权重向量 W，即

$$AW = \lambda_{\max}W, \quad W = \{w_1, w_2, \cdots, w_n\}, \quad \sum_{i=1}^{n} w_i = 1 \quad (5.5)$$

其中，w_i 表示下层第 i 个因素对上层某个因素影响程度的权值。

2）一致性检验

第一步，定义一致性指标 CI：

$$CI = (\lambda_{\max} - n) / (n - 1) \quad (5.6)$$

其中，$\lambda_{\max}$ 表示判断矩阵的最大特征值；n 表示判断矩阵的阶数。当 CI = 0 时，有完全的一致性；当 CI 接近于 0 时，有满意的一致性；当 CI 越大时，不一致性越严重。

第二步，为了衡量 CI 的大小，引入平均随机一致性指标 RI。知道判断矩阵阶数 n 后，查表可得其平均随机一致性指标 RI。如表 5.5 所示。

表 5.5　平均随机一致性指标 RI 表

判断矩阵的阶数 n	1	2	3	4	5	6	7	8	9
RI 值	0.00	0.00	0.52	0.89	1.12	1.26	1.36	1.41	1.46

第三步，定义一致性比率 CR：

$$CR = CI / RI \quad (5.7)$$

　　一般来说，当一致性比率 CR<0.1 时，认为判断矩阵 A 的不一致程度在允许范围之内，一致性检验通过，其归一化特征向量作为权重向量是可以接受的。

　　如果 CR >> 0.1，则一直性检验不通过，需重新构造判断矩阵 A。

　　为了方便计算，这里介绍一种判断矩阵的最大特征值和特征向量的简化计算方法——取列向量的算术平均。示例如下。

简化计算：

$$A = \begin{bmatrix} 1 & 2 & 5 \\ 1/2 & 1 & 3 \\ 1/5 & 1/3 & 1 \end{bmatrix} \xrightarrow[\text{归一化}]{\text{列向量}} \begin{bmatrix} 10/17 & 0.6 & 5/9 \\ 5/17 & 0.3 & 3/9 \\ 2/17 & 0.1 & 1/9 \end{bmatrix} \xrightarrow[\text{归一化}]{\text{求行和}} \begin{bmatrix} 0.581 \\ 0.309 \\ 0.110 \end{bmatrix} = w$$

$$Aw = \begin{bmatrix} 1.309 \\ 0.930 \\ 0.329 \end{bmatrix} \xrightarrow{Aw = \lambda w} \lambda = \frac{1}{3}\left(\frac{1.749}{0.581} + \frac{0.930}{0.309} + \frac{0.329}{0.110}\right) = 3.003\ 65$$

精确计算：

$$Aw = \lambda w \tag{5.8}$$

得 $w = (0.582, 0.309, 0.109)^{\mathrm{T}}$，$\lambda = 3.00369$。

　　通过对比两种方法的计算结果可知，简化计算结果与精确计算结果基本一致，误差在可接受范围内。在无法快速得到精确计算结果时，用此方法可大大简化计算过程。

4. 层次总排序

　　层次总排序是通过对各个层次的因素的组合权重进行计算，得到各个层次的所有因素对于总目标相对重要性的权值，最终得到指标层相对于总目标的权重排序。

　　层次总排序是在层次单排序的基础上，由上自下对单排序的结果进行合理的组合，这个过程是从上到下逐层进行的，而且需要对每一层的权重进行一致性检验。

　　假设相对于总目标，第 $K-1$ 层的各个因素的权重向量已经由第三步层次单排序得到，假设如下：

$$a^{K-1} = (a_1^{K-1}, a_2^{K-1}, a_3^{K-1}, \cdots, a_n^{K-1})^{\mathrm{T}} \tag{5.9}$$

　　在以第 $K-1$ 层 score ≥ 90 的因素为准则的情况下，第 K 层对应的各个因素的权重排序向量如下：

$$a_j^{K-1} = (b_{1j}^{K}, b_{2j}^{K}, b_{3j}^{K}, \cdots, b_{mj}^{K})^{\mathrm{T}} \tag{5.10}$$

　　第 K 层所有因素相对于第 $K-1$ 层的权重排序向量矩阵为：

$$B^{K} = (b_1^{K}, b_2^{K}, b_3^{K}, \cdots, b_n^{K}) \tag{5.11}$$

则相对于总目标来说，第 K 层所有因素的权重总排序为

$$a^K = a^{K-1} \times B^K \qquad (5.12)$$

最终得出在科技大数据的第三方认证结果的度量模型中二级指标相对于度量模型贡献率的权重系数。首先，将独立性、专业性、程序性、安全性的权重系数可分别记为 A_1、A_2、A_3、A_4，有 $\sum_{i=1}^{4} A_i = 1$；其次，属于同一个 A_i ($i=1,2,3,4$) 影响因素的各个二级指标的权重系数记为 B_j ($j=1,2,\cdots,m$)，其中，m 表示 A_i ($i=1,2,3,4$) 影响因素中包含二级指标的个数。则有

$$\sum_{j=1}^{m} B_j = 1 \qquad (5.13)$$

经过以上步骤，就能够得到各个二级指标相对总目标的权重系数。

5. 二级指标的评分标准和最终得分

在实际评价过程中，根据被评价的第三方认证机构的实际情况，细化每一个二级指标评分标准。满分 100 分，可分为 80 分、60 分、40 分、20 分和 0 分五个级别，如果实际情况处于所给评分标准的中间状态，可相应地取中间值，如 90 分、70 分、50 分、30 分、10 分。

最终可得对第三方认证机构的打分：

$$\begin{aligned} \text{score} &= a_{11} \times b_{11} + a_{12} \times b_{12} + \cdots + a_{21} \times b_{21} + a_{22} \times b_{22} + \cdots + a_{43} \times b_{43} \\ &= \sum_i \sum_j a_{ij} \times b_{ij} \end{aligned} \qquad (5.14)$$

以上所得 score 即为度量模型对第三方认证机构的综合打分，结合综合得分和表 5.6，大致得到该第三方认证机构的公信力，以此作为一种参考，帮助读者选择合适的第三方认证。注意，表 5.2 中的一级指标和二级指标仅作为参考，可根据实际情况对一级指标和二级指标进行适当的增加和删减，本书主要提供一种评价第三方认证机构的方法。

表 5.6　第三方认证机构等级评价表

分数（score，100 分制）	第三方认证机构等级
[90，100]	优秀
[80，90)	良好
[70，80)	中等
[60，70)	合格
[0，60)	差

5.5 本章小结

对于科技大数据的价值评估，本章将传统的机器学习方法与最新的深度学习技术相结合，提出了基于指标定量评估和内容价值评估的双面评价机制。这种评价机制能够针对不同种类的科技大数据做出相应调整，在具体评价过程中自适应调整侧重点，以获得更加公正公平的评价。对于几种常见的科技大数据，本章给出了具体的基于机器学习的价值评估操作步骤，当面对新的科技大数据种类时，能够轻易地将现有评价方法迁移过去。另外，科技大数据的价值评估模型并非一成不变的，可以结合最新的机器学习与深度学习的研究进展，更新模型系统的算法。也可以不断结合新的计量评估指数，选取更具有代表性、认可范围更广的指标来更新价值评估模型。本章 5.4 节补充分析了第三方认证机制在科技大数据价值评估中的重要作用和其本身存在的不足，并构建了一个从独立性、专业性、程序性、安全性等方面综合考虑，对第三方认证机制进行考核评定的解决方案。

参 考 文 献

陈培颖, 陈倩, 李娜, 等. 2016. 国内学术期刊同行评议现状的调研——基于国内自动化领域作者群和评审专家群. 中国科技期刊研究, 27(1): 3-9.

程燕林. 2017. 如何保证第三方评估的独立性. 中国科技论坛, (7): 14-18.

东方人. 2003. 第三方认证的特殊作用. 科技创业, (9): 71.

樊根耀. 2007. 第三方认证制度及其作用机制研究. 生产力研究, (2): 18-20.

冯登国, 张敏, 李昊. 2014. 大数据安全与隐私保护. 计算机学报, 37(1): 246-258.

何清, 李宁, 罗文娟, 等. 2014. 大数据下的机器学习算法综述. 模式识别与人工智能, 27(4): 327-336.

李静芳, 张龙, 谢丹萍, 等. 2020. 国内科技成果第三方评价研究综述. 甘肃科技, 36(16): 77-80.

刘淼, 曾德超, 熊雯雯, 等. 2019. 我国第三方科技成果评价体系现状与对策分析研究. 企业技术开发, 38(3): 1-3.

刘伍堂, 王晓冉, 肖霖之, 等. 2019. 科技成果知识产权评估指标体系及评估方法. 中国资产评估, (6): 30-39.

刘召栋, 周亿城. 2021. 科技大数据资源及分类分级研究. 科技与创新, (18): 123-126.

吕博. 2020. 高校管理第三方评估的理论价值及公信力构建途径. 公关世界, (12): 115-117.

谭华霖, 吴昂. 2018. 我国科技成果第三方评价的困境及制度完善. 暨南学报(哲学社会科学版), 40(9): 32-40.

王兴刚, 齐继扬, 刘文予. 2021. 一种基于注意力机制的论文引用量预测方法与系统: 中国, CN112668305A.

徐双敏. 2015-06-16. 提高第三方评估的公信力. 人民日报, (7).

杨建林, 钱玲飞. 2013. 基于关键词对逆文档频率的主题新颖度度量方法. 情报理论与实践, 36(3): 99-102.

杨京, 王芳, 白如江. 2018. 一种基于研究主题对比的单篇学术论文创新力评价方法. 图书情报工作, 62(17): 75-83.

中华人民共和国国家科学技术委员会. 1994. 科学技术成果鉴定办法.

周航. 2020. 信息时代大数据技术安全发展趋势思考——评《大数据安全与隐私保护》. 安全与环境学报, 20(5): 2044.

Baldridge J, Osborne M. 2004. Active learning and the total cost of annotation. Barcelona: The 2004 Conference on Empirical Methods in Natural Language Processing.

Blei D M, Ng A Y, Jordan M I. 2003. Latent dirichlet allocation. Journal of machine Learning research, 3: 993-1022.

Cortes C, Vapnik V. 1995. Support-vector networks. Machine Learning, 20(3): 273-297.

Dai A M, Le Q V. 2015. Semi-supervised Sequence Learning. Cambridge: MIT Press.

Devlin J, Chang M W, Lee K, et al. 2018. BERT: pre-training of deep bidirectional transformers for language understanding. https://arxiv.org/abs/1810.04805[2019-05-24].

Harris Z S. 1954. Distributional structure. Word, 10(2/3): 146-162.

Jones K S. 1972. A statistical interpretation of term specificity and its application in retrieval. Journal of Documentation, 28(1): 11-21.

Kingma D P, Welling M. 2013. Auto-encoding variational Bayes. https://arxiv.org/abs/1312.6114[2014-05-01].

Saaty T L. 1988. What is the analytic hierarchy process?//Saaty T L. Mathematical Models for Decision Support. Berlin: Springer: 109-121.

Shannon C E. 1948. A mathematical theory of communication. The Bell System Technical Journal, 27(3): 379-423.

Vaswani A, Shazeer N, Parmar N, et al. 2017. Attention is all you need. Long Beach: The 31st International Conference on Neural Information Processing Systems.

Yang Z L, Dai Z H, Yang Y M, et al. 2019. XLNet: generalized autoregressive pretraining for language understanding. Red Hook: The 33rd International Conference on Neural Information Processing Systems.

第 6 章　科技大数据增值点识别方法

科技大数据包含科技项目、科技成果、科技队伍、科技机构、实验设备、实验数据、科技政策、科技资讯等各类数据，数据量大，数据类型多，什么数据节点在科技大数据价值链中发挥着增值作用，是数据使用者在搜索、发现自己期望的数据节点的过程中面临的重要挑战（Ren et al.，2014）。一个研究领域的专家、拥有丰富研究领域相关知识的高级研究人员，可能已经查阅、使用过很多科技大数据资源，他们知道哪些数据节点更有价值，但对于一个没有相关领域工作经验的研究人员来说，搜寻其期望的科技大数据可能要困难得多。随着科学技术的进步，互联网的普及与发展给科研人员来了大量的科技大数据资源，满足了科研工作的需求，但科技大数据这种爆发性的增长，导致研究人员发现可以匹配他们搜索关键字的结果很多，但其中大多数与他们潜在的信息需求在很大程度上是无关的。这让科研人员在面对大量科技数据时无法在短时间内从中获得对自己科研工作真正有用的数据资源，这就使得科研人员在搜寻支持科技创新的资源时会耗费大量的精力去筛选适合的数据。如何在较短时间内从海量的科技大数据中筛选出满足用户需求的高增值数据节点成为一大现实挑战。但我们也知道，科技大数据之间并不是完全独立的，它们存在着各种关联关系，例如，科技文献与科技文献之间存在引用关系，科技文献与科技专家之间存在主客关系，科技专家与科技专家之间存在合作关系，科技设备与科技文献之间存在应用关系等，这些普遍存在的各种关系将科技大数据节点连接成了一个复杂的数据节点网络。本章将聚焦于如何表示该复杂网络，如何从网络中识别出科技数据增值节点，并将满足用户需求的增值节点推荐给用户。

本章的安排如下：6.1 节介绍包含 MDS、LE、IsoMap、LLE、DeepWalk、LINE、Node2Vec 以及 SDNE 和 TriDNR 等在内的网络表示学习方法。6.2 节介绍了基于内容的过滤和协同过滤各自的优缺点以及专家学者针对这些问题提出的解决方法；此外 6.2 节还介绍了传统的推荐方法和基于图结构的推荐原理及不同学者对原有方法的改进、优化发展过程。

6.1　科技大数据连续化表示方法

网络结构的数据在现实世界中普遍存在，如社交网络、快递网络和引文网络等，各种网络通过科学模型描述后可被应用于许多不同的场景，科研应用场景如节点分类、链接预测、社区发现和信息传播等；生活应用场景如优化快递分发，推荐新书、好友、引文或者找出某个政党的潜在选民等。对于科技大数据，若设节点表示各种科技大数据对象文档，如一篇科技文献、一个科技实验数据集、一名科技人员、一家科技机构等，边表示这些节点之间存在的联系，则我们可以使用网络来表示科技大数据，增值节点的识别任务就可转化为节点推荐任务。

形式化地，若用 $G = (V, E)$ 表示一张网络，其中 V 表示节点集，E 表示边集，$|V| = N$，$|E| = M$，$(v_i, v_j) \in E$ 表示节点 v_i 到节点 v_j 的一条边。G 的邻接矩阵 $A \in \mathbb{R}^{N \times N}$ 是对网络的一种最简单的表示方法，其中第 i 行 $R_{v_i} \in \mathbb{R}^N$ 即表示节点 v_i 与其余节点的邻接关系，可用这一行作为节点 v_i 的一个 N 维特征表示。这种模型简单易懂，但 A 的存储空间复杂度达到了 $O(N^2)$，这对于现实世界里动辄千百万甚至上亿的节点网络（如万维网上的社交网络）是难以接受的，于其上计算的消耗更甚。

事实上，现实世界里的网络虽然巨大，但实际十分稀疏，例如，科技大数据节点之间的关系是非常稀疏的，这使得统计学习方法在其上的应用十分困难。因此，科研人员开始研究为网络提供低维稠密的向量表示。网络表示学习（network representation learning）的目标就是通过对每个节点 $v \in V$ 学习一个 d 维潜在特征空间中的实数向量 $R_v \in \mathbb{R}^d$，该向量的维度 d 远远小于网络中节点的总个数 N。学习到的表示不仅可以作为后续机器学习方法的输入，完成传统的机器学习任务，如网络节点与边的分类或预测；也可以转化成空间坐标，用于网络属性的可视化。

6.1.1　特征向量法

早期的网络表示学习方法大多是基于矩阵特征向量计算的谱聚类方法。这种方法一般通过对关系矩阵做特征向量和奇异向量的计算来得到低维表示，包括 MDS（multi-dimensional scaling，多维缩放）、LE（Laplacian eigenmaps，拉普拉斯特征映射）、LLE（locally linear embedding，局部线性嵌入）、IsoMap（isometric mapping，等距特征映射）。

1. MDS

MDS 是一种经典的降维方法，可以将 m 维度的数据表示在 k（$k \ll m$）维度的空间中，同时也是数据可视化的一种手段。其主要思想是构造低维空间的内积矩阵，使得该内积矩阵中所表达的任意两点之间的距离与高维空间的相应两点距离相等，然后通过对该内积矩阵进行正交特征值分解，得出两个矩阵相乘（即矩阵与矩阵的转置进行相乘）的形式，获得最终的变换矩阵（Cox T and Cox M，2000）。

计算所有原空间中样本相互之间的距离平方矩阵 Dist，然后根据 Dist 推算出目标降维后的内积矩阵 B，$B[i][j]$ 就是降维后第 i,j 个向量的内积，再将 B 分解成 $B = U \times U^{\mathrm{T}}$ 的形式。对 B 做特征分解得到 $B = V \times \mathrm{diag} \times V^{\mathrm{T}}$，取最大的 k 个特征值及其对应的特征向量构成 diag_k 和 V_k，$U = V_k \times \mathrm{diag}_k^{0.5}$ 即为降维后的 n 个行向量组成的矩阵。

2. LE

拉普拉斯矩阵也叫导纳矩阵、基尔霍夫矩阵或离散拉普拉斯算子，主要应用在图论中，作为一个图的矩阵表示（Belkin and Niyogi，2001）。给定一个有 K 个顶点的图 G，它的拉普拉斯矩阵 $L = (l_{i,j})_{n \times n}$ 定义为 $L = D - W$。其中，D 为图的度矩阵，是对角线元素为度数的对角矩阵；W 为图的邻接矩阵，也叫权重矩阵，若两个顶点相连，则对应的元素为 1，乘以权重 $w_{i,j}$ 即为权重函数。对拉普拉斯矩阵 $L = (l_{i,j})_{n \times n}$，当 $i = j$ 时，$l_{i,j} = \deg(v_i)$，$\deg(v_i)$ 为顶点 v_i 的度数；当 $i \neq j$ 时，但顶点 v_i 与顶点 v_j 相连，则 $l_{i,j} = -1$；其他情况，$l_{i,j} = 0$。拉普拉斯矩阵为对称矩阵，每行或每列元素和为 0，其特征向量成了一组正交向量积，被大量用于学习问题。

LE 的基本思想就是用一个无向有权图来描述一个流形，然后用图的嵌入（graph embedding）来找低维表示。换言之，就是保持图的局部邻接关系的情况，把这个图从高维空间中重新画在一个低维空间中。

LE 算法具体步骤如下：构建邻接图，计算每条边的权重（不相连的边权重为 0）将权重 $w_{i,j}$ 代入拉普拉斯矩阵中得到矩阵 L，然后求解特征向量方程：$L_y = \lambda D_y$，将点 x_i 映射到 $y_i(y_1(i), y_2(i), \cdots, y_d(i))$。

3. IsoMap

IsoMap 就是改进的 MDS 方法，高维空间中对两个样本用欧氏距离求直线距离，在很多时候并不可取（如实验案例取的是流形空间），两点之间应该用"测地线"距离。IsoMap 是把任意两点的测地距离作为流形的几何描述，用 MDS 理论框架保持点与点之间的最短距离（Roweis and Saul，2000）。

具体算法实现如下：先构建近邻图 G，若样本点 i 和样本点 j 之间的距离小于设定的距离阈值，或为 K 近邻，则连接样本点 i 与 j 为相邻点。通过计算图 G 中的最短路径距离 $G(i,j)$ 来估计所有点对之间的测地距离 $d_M(i,j)$，建立测地距离矩

阵 $D_G = d_G(x_i, x_j)$。然后将 MDS 应用到图距离矩阵，构建数据在 d 维欧几里得空间 Y 中的嵌入，目标为最小化式（6.1）：

$$E = \left\| \tau(D_G) - \tau(D_Y) \right\|_{L^2} \tag{6.1}$$

式（6.1）的最小值可通过求解矩阵 $\tau(D_G)$ 的 d 个最大特征值对应的特征向量来实现。

4. LLE

LLE 很好地利用了内在的流形维数 d，并且不需要嵌入空间的离散网格。随着更多的维度被添加到嵌入空间中，现有的维度不会改变，因此 LLE 不必重新运行来计算更高维度的嵌入（Tenenbaum et al.，2000）。

其具体的算法实现过程如下：先构建邻域图。对于原始空间中任一给定的样本点 x_i，用 K 近邻法得到它的一组邻域点 x_j；然后计算权重，由局部线性假设，样本点 x_i 可用 K 个邻域点 x_j 线性表示出来，用权重描述每一样本点与其邻域点之间的关系，权重 $W_{i,j}$ 是使得样本点 x_i 用其 K 个邻域点 x_j 重构误差最小的解的系数。重构误差由成本函数来衡量：

$$\varepsilon(W) = \sum_i \left| XX_i - \sum_j W_{i,j} X_j \right|^2 \tag{6.2}$$

使 $\varepsilon(W)$ 的值最小，则 $W_{i,j}$ 即为各样本点最优的线性表示参数，即权重。在算法的最后一步，选择三维坐标来最小化嵌入代价函数，将每个高维观察点映射成一个低维向量，以此表示流形上的全局内部坐标的目标。

$$\Phi(Y) = \sum_i \left| Y_i - \sum_j W_{i,j} Y_j \right|^2 \tag{6.3}$$

与 IsoMap 相比，两种算法从不同的角度出发来实现同一个目标，它们都能从某种程度上发现并在映射的过程中保持流形的几何特征，但 IsoMap 希望保持任意两点间的测地距离；LLE 希望保持局部线性关系。IsoMap 具有 LLE 的许多优点，已成功应用于非线性降维中的类似问题。然而，IsoMap 的嵌入是优化的，以保持一般数据点对之间的测地距离，这只能通过计算通过大数据子格的最短路径来估计。LLE 采取了不同的方法，分析局部对称性、线性系数和重建误差，而不是全局约束、成对距离和应力函数。因此，LLE 避免了解决大型动态规划问题的需要，并且还倾向于积累非常稀疏的矩阵，其结构可以被利用来节省时间和空间。

6.1.2　基于深度学习的方法

由于使用特征向量法进行网络表示学习的计算复杂度过高，并不适合应用在大规模网络中。受到近年来深度学习技术的启发，Perozzi 等（2014）首次将深度学习技术引入网络表示领域中，提出 DeepWalk 方法，该方法充分利用了网络结构中的随机游走序列信息。Tang 等（2015）提出一种可适用于大规模有向带权图的网络表示学习算法——LINE（large-scale information network embedding，大规模信息网络嵌入），该算法用直接相连节点间的关系定义一阶相似度，通过其他中介节点相连的节点间关系定义二阶相似度，因此该方法保存了网络结构的局部信息和全局信息。Grover 和 Leskovec（2016）提出的 Node2Vec 方法，类似于 DeepWalk方法，但 Node2Vec 改进了随机游走的策略，通过最大化保存节点周边网络邻居来学习节点表示。Wang 等（2016）提出了 SDNE（structural deep network embedding，结构化深度网络嵌入）学习方法。Pan 等（2016）提出的 TriDNR（tri-party deep network representation，第三方深度网络表示）方法，将网络结构、节点属性和节点标签融入网络表示中。

1. DeepWalk

Perozzi 等（2014）首次将深度学习（无监督特征学习）技术引入网络分析，提出了一种学习网络中顶点潜在表示的新方法——DeepWalk。DeepWalk 将一个图形作为输入，输出为网络中顶点的向量表示。通过模拟一系列短随机游走获得的局部信息来学习网络中顶点的向量表示，在网络标注顶点很少的情况也能得到比较好的效果。

DeepWalk 方法可以捕捉邻域相似性和相邻顶点的潜在特征。这些潜在的表示将邻域关系编码在一个具有相对较少维数的连续向量空间中，这很容易被统计模型所利用。

网络嵌入所寻求的表示具有如下几个特征。

（1）适应性。真实的网络不断演变；新的关系不应该要求重复学习过程。

（2）可扩展性。真实网络通常很大，因此网络嵌入算法应该能够在短时间内处理大规模网络。

（3）社区感知。潜在表示之间的距离应表示用于评估网络的相应成员之间的相似性的度量。这就要求同质网络能够泛化。

（4）低维。当标记数据稀缺时，低维模型能更好地推广并加速收敛和推理。

（5）持续。需要潜在的表示来模拟连续空间中的部分成员资格。

　　满足这些要求需要使用最初为语言建模设计的优化技术，从一串短的随机游走中学习顶点的表示。随机游走被用作内容推荐和社区检测中各种问题的相似性度量，与局部结构的联系促使作者使用一系列短暂的随机游走作为从网络中提取信息的基本工具。使用随机游走作为 DeepWalk 方法的基础提供了另外两个理想的属性：一方面是局部探索易于并行化，几个随机游走模块（在不同的线程、进程或机器中）可以同时探索同一图形的不同部分；另一方面，依赖于从短暂的随机游走中获得的信息，使得在不需要全局重新计算的情况下适应图形结构的微小变化成为可能。

　　之前在表征学习方面的工作集中在使用概率神经网络来建立词的一般表征，这将语言建模的范围扩展到其最初的目标之外。Perozzi 等（2014）提出了一种语言建模的推广，通过一系列短的随机游走来探索图形。这些游走可以被认为是一种特殊语言的短句和短语。

　　DeepWalk 的目的是学习一个潜在的表示，而不仅是节点共现的概率分布，因此我们引入了一个映射函数 φ: $v \in V \rightarrow R^{|V| \times d}$。这个映射中，$\varphi$ 表示与图中每个顶点 V 相关联的潜在表示。然而，随着游走长度的增加，计算这个目标函数变得不可行。通过结合截断随机游走（truncated random walk）和神经语言模型，最终形成了 DeepWalk 方法，该方法可以生成低维的网络的表示，并且存在于连续的向量空间中。它的表示对成员的潜在形式进行编码，并且因为该方法输出有用的中间表示，所以它可以适应不断变化的网络拓扑。

　　提到网络嵌入，可能会让人联想到自然语言处理中的 Word2Vec，也就是词嵌入（word embedding）。网络嵌入是将网络中的节点用向量表示，词嵌入是将词用向量表示。因为大多数机器学习的方法的输入往往都是一个向量，算法也都基于对向量的处理，从而将不能直接处理的数据转化成向量表示，这样就能利用机器学习的方法对其分析。本章处理网络节点的表示（node representation）就是利用了词嵌入的思想。词嵌入的基本处理元素是词，对应网络节点表示的处理元素是网络节点。词嵌入是对构成一个句子的词序列进行分析，那么网络节点的表示中节点构成的序列就是随机游走。随机游走就是在网络上不断重复地随机选择游走路径，最终形成一条贯穿网络的路径。从某个特定的端点开始，游走的每一步都从与当前节点相连的边中随机选择一条，沿着选定的边移动到下一个顶点，不断重复这个过程。以 V_i 为根节点生成的一条随机游走路径为 W_{V_i}，其中路径上的点分别标记为 $W_{V_i}^1$、$W_{V_i}^2$、$W_{V_i}^3$……截断随机游走就是长度固定的随机游走。DeepWalk 把一组短截断随机游走看作自己的语料库，把图顶点看作自己的词汇。

　　选择了随机游走作为捕获图形结构的原语，现在还需要一种合适的方法来捕获这些信息。值得注意的是：网络中随机游走的分布规律与自然语言处理中句子序列在语料库中出现的规律有着类似的幂律分布特征。既然网络的特性与自然语言处理中的特性十分类似，那么就可以将自然语言处理中词向量的模型用在网络表示中，即用于自然语言建模的技术可以被重新用于网络结构建模。

首先来看词向量模型：$w_i^u = (w_0, w_1, w_2, \cdots, w_n)$ 是一个由若干单词组成的序列，其中 $w_i \in V$，V 是词汇表，也就是所有单词组成的集合。在整个训练集上需要优化的目标是：$\Pr(w_n | w_0, w_1, w_2, \cdots, w_{n-1})$。如果将单词对应成网络中的节点 v_i，句子序列对应成网络的随机游走，那么对于一个随机游走 $(v_0, v_1, v_2, \cdots, v_n)$ 要优化的目标就是：$\Pr(v_n | v_0, v_1, v_2, \cdots, v_{n-1})$

当知道 $(v_0, v_1, v_2, \cdots, v_{i-1})$ 游走路径后，游走的下一个节点是 v_i 的概率是多少？可是这里的 v_i 是顶点本身，无法计算。于是引入一个映射函数 $\varphi : v \in V \to R^{|V| \times d}$，它的功能是将顶点映射成向量，转化成向量后就可以对顶点 v_i 进行计算了。映射函数对网络中每一个节点映射成 d 维向量，实际上是一个矩阵，总共有 $|V| \times d$ 个参数，这些参数就是我们需要学习的内容。之后 v_i 就是一个可以计算的向量了，这时原先的优化目标可以写成：$\Pr(v_i | v_0, v_1, v_2, \cdots, v_{i-1})$。然后借用词向量中使用的 Skip-gram 模型（跳字模型）计算此概率。应用 Skip-gram 模型后，优化目标如下：

$$\min_{f} - \log \Pr(\{v_{i-w}, \cdots, v_{i-1}, v_{i+1}, \cdots, v_{i+w}\} | f(v_i)) \tag{6.4}$$

其中，上下文窗口大小为 w，根据条件独立假设，节点 v_i 的上下文节点为窗口中节点的概率可进行如下近似：

$$\Pr(\{v_{i-w}, \cdots, v_{i-1}, v_{i+1}, \cdots, v_{i+w}\} | f(v_i)) = \prod_{j=i-w, j \neq i}^{i+w} \Pr(v_j | f(v_i)) \tag{6.5}$$

按照 DeepWalk 的学习体系结构，在随机游走序列中共享相似上下文顶点的顶点在新的嵌入空间中应该拥有紧密靠近的表示。考虑到上下文顶点随机游走序列描述邻域结构，DeepWalk 实际上表示嵌入空间中共享相似邻域（直接或间接）的顶点，因此保留了二阶或更高阶的邻近性。

Skip-gram 模型不使用上下文预测缺失词（missing word），而是使用缺失词来预测上下文。因为 $((v_0), (v_1), (v_2), \cdots, (v_{i-1}))$ 这部分计算较为困难，但是如果只计算一个 (v_k)，其中 (v_k) 是缺失词，就会相对容易计算。模型同时考虑左边窗口和右边窗口，且不考虑顺序，只要是窗口中出现的词都算进来，而不管它具体出现在窗口的哪个位置。

可以发现，忽视顶点的顺序更好地体现了在随机游走中顶点的邻近关系，并且只需要计算一个顶点的向量，减少了计算量。所以 DeepWalk 是将截断随机游走与神经语言模型结合形成的网络表示方法，它具有低维、连续和适应性特征。

DeepWalk 的算法由两个主要部分组成：首先是随机游走生成器，其次是更新过程。随机游走生成器获取一个图 G，构建分层 Softmax 函数，再对每个节点做 γ 次随机游走，然后打乱网络中的节点，以每个节点为根节点生成长度为 t 的随机游走，根据生成的随机游走使用 Skip-gram 模型利用梯度的方法对参数进行更新。

2. LINE

DeepWalk 为社交网络嵌入部署了截断随机游走，但缺乏为网络嵌入定制的明确目标函数，没有清晰地说明怎样的网络属性被保留下来。Tang 等（2015）提出了一种新的模型——LINE，该模型的目标函数保持了图形的属性，采用了有效的优化技术，可以实现数百万个节点的嵌入。

LINE 将信息网络定义为 $G=(V,E)$，其中 V 是顶点的集合，每个顶点代表一个数据对象，E 是顶点之间的边的集合，每个顶点代表两个数据对象之间的关系。每个边 $e \in E$ 是一个有序对 $e=(u,v)$，并且与权重 $w_{uv}>0$ 相关联，表示关系的强度。如果 G 是无向图，则 $(u,v) \equiv (v,u)$ 且 $w_{uv} \equiv w_{vu}$；如果 G 是有向图，则 $(u,v) \not\equiv (v,u)$ 同时 $w_{uv} \not\equiv w_{vu}$。

LINE 模型适合任意尺寸的网络，不论是有向图还是无向图，或是带权图。优化后的目标函数既保留了局部网络结构，又保留了全局网络结构。局部网络结构由网络中观察到的连接来表示，这些连接捕捉顶点之间的一阶相似度。但一阶相似度不足以保持全局网络结构，因此需要探索顶点之间的二阶相似度，二阶相似度不是通过观察得到的联系强度，而是通过顶点的共享邻域结构来确定的。通俗解释为：如果两个顶点之间有一条强连接的边（权重很大的边），那么这两个顶点就是相似的，目标顶点之间具有高的一阶相似度，它们在嵌入空间中的表示应该彼此接近。如果两个顶点共享了很多相同的邻居顶点，那么这两个顶点也是相似的，目标顶点之间具有高的二阶相似度，因此也应该彼此接近地表示。二阶相似度可以有效地补充一阶相似度的稀疏性，并且更好地保持网络的全局结构。

在许多网络中，边是加权的，并且权重通常呈现高方差。例如，一个词共现网络，其中词对的权重范围可以从一到几十万。边缘的这些权重将被乘以梯度，导致梯度爆炸，从而影响性能。为了解决这个问题，LINE 模型用与权重成比例的概率对边缘进行采样，然后将采样的边缘作为二值边缘进行模型更新，目标函数保持不变，边缘的权重不再影响梯度。新的边缘采样方法解决了经典随机梯度下降算法的局限性，提高了推理的有效性和效率。

嵌入时必须保留局部网络结构和全局网络结构。局部网络结构即顶点之间的

一阶相似度。对于有边 (u,v) 连接的每对顶点，该边的权重 w_{uv} 表示 u 和 v 之间的一阶相似度。如果 u 和 v 之间没有观察到边，认为它们的一阶相似度为0。一阶相似通常意味着现实网络中两个节点的相似性。例如，在社交网络中彼此是朋友的人倾向于分享相似的兴趣；万维网中相互链接的页面倾向于谈论相似的主题。现实世界的信息网络中，仅一阶相似度不足以保持网络结构，还需要解决一阶相似度的稀疏性问题。在此前提下，提出利用二阶相似度补充一阶相似度并保留网络结构。二阶相似度是邻域网络结构之间的相似性，用 $p_u = (\text{w}_{u,1},\cdots,\text{w}_{u,|V|})$ 表示 u 与其他所有顶点的一阶相似度。u 和 v 之间的二阶相似度由 p_u 和 p_v 之间的相似度决定，如果 u 和 v 之间没有顶点连接，则 u 和 v 的二阶相似度为0。

LINE 模型可以在几个小时内学习到一个具有数百万个顶点和数十亿条边的网络的嵌入，给定大网络 $G = (V, E)$，大规模信息网络嵌入是将每个顶点 $v \in V$ 表示为低维空间 R^d 中的向量（其中 $d << |V|$），学习得到一个函数 $f_G : V \to R^d$。在空间 R^d 中，顶点之间的一阶相似度和二阶相似度都被保留。

对于每个无向边 (i, j)，定义顶点 v_i 和 v_j 之间的相似性概率如下：

$$p_1(v_i, v_j) = \frac{1}{1 + \exp\left(-u_i^{\mathrm{T}} \cdot u_j\right)} \qquad (6.6)$$

其中，$u_i \in R^d$ 为顶点 v_i 的低维向量表示。

一阶相似度的经验概率就是边 (i, j) 的权重 w_{ij} 所占权重之和的比例，以公式形式表示为 $\hat{p}_1(i, j) = \dfrac{w_{ij}}{W}$，其中 $W = \displaystyle\sum_{(i,j)\in E} w_{ij}$。一阶相似度优化的目标就是缩小两个概率分布的距离，即使得两个概率分布尽量相似。为了保持一阶相似度，需要优化目标函数：

$$O_1 = d(\hat{p}_1(\cdot,\cdot), p_1(\cdot,\cdot)) \qquad (6.7)$$

其中，$d(\cdot,\cdot)$ 为两个分布之间的距离。最小化概率分布的 KL 散度（Kullback-Leibler divergence），用 KL 散度代替 $d(\cdot,\cdot)$ 并省略一些常数，得到：

$$O_1 = -\sum_{(i,j)\in E} w_{ij} \log p_1\left(v_i, v_j\right) \qquad (6.8)$$

通过式（6.8），我们可以表示 d 维空间中的每个顶点。但一阶相似仅适用于无向图，不适用于有向图。

二阶相似度既适用于有向图也适用于无向图。给定一个网络，假设它是有向的（若为无向图，可将其中的无向边看作两个方向相反、权重相等的有向边）。二阶相似假设与其他顶点共享许多连接的顶点彼此相似。在这种情况下，每个顶点也被视为一个特定的"上下文"，并且在"上下文"上具有相似分布的顶点被认为是相似的。因此，每个顶点扮演两个角色：顶点本身和其他顶点的特定"上下文"。因此引入两个向量 u_i 和 u_i'，u_i 是被视为顶点时的表示，u_i' 是被视为特定"上下文"时的表示。每个有向边 (i, j) 二阶相似度的公式如下：

$$p_2(v_j|v_i) = \frac{\exp(u_j'^{\mathrm{T}} \cdot u_i)}{\sum_{k=1}^{|V|} \exp(u_k'^{\mathrm{T}} \cdot u_i)} \tag{6.9}$$

为了保持二阶相似，应该使低维表示所指定的上下文 $p_2(\cdot|v_i)$ 的条件分布接近经验分布 $\hat{p}_2(\cdot|v_i)$，所以需要最小化目标函数：

$$O_2 = \sum_{i \in V} \lambda_i d(\hat{p}_2(\cdot|v_i), p_2(\cdot|v_i)) \tag{6.10}$$

其中，$d(\cdot, \cdot)$ 为两个分布之间的距离。由于网络中顶点的重要性可能不同，在上述的目标函数中引入 λ 来表示顶点 i 在网络中的权重，将 λ 定义为顶点 i 的度，得到最终的目标函数：

$$O_2 = \sum_{(i,j) \in V} w_{ij} \log p_2(v_j|v_i) \tag{6.11}$$

通过优化上述两个相似度可以得到顶点的两个向量表示，其分别度量了一阶相似度和二阶相似度，在使用时将两个向量结合起来作为该顶点的最终表示。

相较于 DeepWalk 期望具有较高二阶相似度的节点产生相似的低维表示，LINE 保留了一阶相似度和二阶相似度。DeepWalk 使用随机游走来扩展顶点的邻域，这类似于深度优先搜索。LINE 使用广度优先搜索，这是一种更合理的二阶相似方法。DeepWalk 只适用于未加权的网络，而 LINE 适用于具有加权边和未加权边的网络。

3. Node2Vec

很多节点在网络中往往有一些类似的结构特征。一种结构特征是很多节点会聚集在一起，内部的连接远比外部的连接多，我们称之为社区，也称同质性。另一种结构特征是网络中两个可能相距很远的点，在边的连接上有着类似的特征，也称结构相似性。那么要设计的网络表示学习方法必须可以学习遵守以下两个原则的节点表示：①学习将来自同一网络社区的节点紧密嵌入在一起表示的能力；②学习共享相似角色的节点具有相似嵌入表示的能力。Grover 和 Leskovec（2016）提出了一个有效的、可扩展的表示学习算法 Node2Vec，可以体现网络特征和节点邻居特征。

Node2Vec 的思想同 DeepWalk 一样：生成随机游走，对随机游走采样得到的节点进行组合，然后用处理词向量的方法对该组合进行建模，得到网络节点表示。不过在生成随机游走过程中做了一些创新，使用二阶随机游走方法为节点生成（样本）网络邻域，返回的特征表示最大限度地保留了三维特征空间中节点的网络邻域。

受 Skip-gram 模型的启发，可以通过将网络表示为"文档"来建立网络的类比。就像文档是有序的词序列一样，我们可以从底层网络中抽取节点序列，然后将网络转化为有序的节点序列。然而，节点有许多可能的采样策略，导致会有不同的学习特征表示。事实上，没有一个明确的采样策略适用于所有网络和所有预测任务。这是以前工作的一个主要缺点，以前的工作在从网络中采样节点时没有提供任何灵活性。Grover 和 Leskovec（2016）认为探索邻域的额外灵活性是学习更丰富表示的关键，因此在 Node2Vec 方法中定义了一个灵活的节点网络邻居概念，它可以有效地探索不同的邻居。除了设计一个不依赖于特定采样策略的灵活目标，Node2Vec 算法还提供参数来调整探索的搜索空间。通过选择合适的邻域概念，Node2Vec 可以学习基于节点的网络角色和所属社区来组织节点的表示。通过开发一个有偏随机游走族来选择合适的邻域，它可以有效地探索给定节点的不同邻域。

定义 $N_S(u) \subset V$ 为通过邻域采样策略 s 生成的节点 u 的网络邻域，$f(u)$ 就是当前节点将 Skip-gram 架构扩展到网络。试图优化以下目标函数，该函数根据节点 u 的特征表示，最大化观察节点 u 的网络邻域 $N_S(u)$ 的对数概率，由 f 给出：

$$\max_f \sum_{u \in V} \log \Pr(N_S(u) \mid f(u)) \tag{6.12}$$

为了让结果更容易计算，引入了条件独立性假设、特征空间对称性假设。条件独立性假设：观察一个邻域节点的可能性独立于观察给定源特征表示的任何其他邻域节点，即条件独立假设中采样每个邻居是相互独立的，所以如果要计算采样所有邻居的概率只需要将采样每个邻居的概率相乘即可。公式表示为

$$\Pr(N_S(u) \mid f(u)) = \prod_{n_i \in N_S(u)} \Pr(n_i \mid f(u)) \tag{6.13}$$

特征空间对称性假设：源节点和邻域节点在特征空间中彼此对称。比如一条边连接了 a 和 b，那么映射到特征空间时，a 对 b 的影响和 b 对 a 的影响应该是一样的。因此，我们将每个源节点–邻域节点对的条件似然性建模为一个最大单位，由它们特征的点积参数化：

$$\Pr(n_i \mid f(u)) = \frac{\exp(f(n_i) \cdot f(u))}{\sum_{v \in V} \exp(f(v) \cdot f(u))} \tag{6.14}$$

结合以上假设，最终要优化的结果为

$$\max_f \sum_{u \in V} \left(-\log Z_u + \sum_{n_i \in N_S(u)} f(n_i) \cdot f(u) \right) \tag{6.15}$$

其中，$Z_u = \sum_{u \in V} \exp(f(u) \cdot f(v))$ 为每个节点的分区函数。给定文本的线性性质，邻域的概念可以自然地使用连续词上的滑动窗口来定义。然而，网络不是线性的，因此需要更丰富的邻域概念。为了解决这个问题，Grover 和 Leskovec（2016）提出了一个随机过程，对给定源节点 u 的许多不同邻域进行采样。邻域 $N_S(u)$ 不仅限于近邻，而是可以根据采样策略 s 具有非常不同的结构。

将对源节点的邻域进行采样的问题视为局部搜索的一种形式。将邻域集的大小限制为 k 个节点，然后对单个节点 u 的多个集合进行采样，对比两种采样策略：随机游走方式中的深度优先游走（depth-first sampling，DFS）和广度优先游走（breadth-first sampling，BFS），游走的路径就是采样后得到的随机游走。BFS 倾向于在初始节点的周围游走，可以反映出一个节点的邻居的微观特性；而 DFS 邻域由距离源节点越来越远的顺序采样的节点组成，可以反映出一个节点邻居的宏观特性。但网络节点上的预测任务经常在同质性和结构等价性这两种相似性之间穿梭。在同质假设下，高度互连且属于相似网络集群或社区的节点应该紧密嵌入在一起；相比之下，在结构等价假设下，在网络中具有相似结构角色的节点应该紧密嵌入在一起。需要注意的是：结构等价不强调连通性；网络中的节点可能相距很远，但仍然具有相同的结构角色。通过将搜索限制在附近的节点，BFS 实现了结构等价性，并获得了每个节点的邻域的微观视图，对于任何给定的 k，图中只有很小一部分被探索。相较之下，DFS 可以探索网络的更大部分，采用更准确的反映邻域的宏观视图，这在基于同质性推断社区中是必不可少的。DFS 存在的问题是移动到更深的深度会导致复杂的依赖关系，因为采样节点可能远离源，并且可能不太具有代表性。

基于 BFS 和 DFS 邻域的特点，Node2Vec 采用了一个灵活的邻域采样策略，通过开发一个灵活的有偏随机游走程序来允许在 BFS 和 DFS 之间平滑变化，即该程序可以 BFS 和 DFS 的方式探索邻域。

Node2Vec 改进了 DeepWalk 中随机游走的方式，引入了两个参数用来控制随机游走产生的方式，使随机游走综合了 DFS 和 BFS 的特性。Node2Vec 用返回概率 p 和出入参数 q 定义了一个 2 阶随机漫步。如图 6.1 所示，考虑一个随机游走，刚游走过边 (t,v)，目前位于节点 v，需要决定随机游走的下一步，Node2Vec 中一个节点到它的不同邻居的转移概率如下：

$$\alpha_{pq}(t,x) \begin{cases} \dfrac{1}{p}, & d_{tx} = 0 \\[2mm] 1, & d_{tx} = 1 \\[2mm] \dfrac{1}{q}, & d_{tx} = 2 \end{cases} \tag{6.16}$$

式（6.16）可以理解为：如果 t 与 x 相等，那么采样 x 的概率为 $\frac{1}{p}$；如果 t 与 x 相连，那么采样 x 的概率 1；如果 t 与 x 不相连，那么采样 x 的概率为 $\frac{1}{q}$。

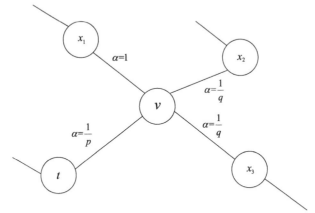

图 6.1　Node2Vec 中随机游走过程图示

如果 $p > \max(q,1)$，那么采样会尽量不往回走，对应图 6.1 的情况，就是下一个节点不太可能是上一个访问的节点 t；如果 $p < \max(q,1)$，那么采样会更倾向于返回上一个节点，这样就会一直在起始点周围某些节点来回转来转去。如果 $q > 1$，那么游走会倾向于在起始点周围的节点之间跑，可以反映出一个节点的 BFS 特性。如果 $q < 1$，那么游走会倾向于往远处跑，反映出 DFS 特性。当 $p=1$，$q=1$ 时，游走方式就等同于 DeepWalk 中的随机游走。

使用 Node2Vec 方法生成向量需要根据 p、q 和式（6.16）计算一个节点到它的邻居的转移概率，将这个转移概率加到图 G 中形成 G'。定义 walks 用来存储随机游走，先初始化为空，外循环 r 次表示每个节点作为初始节点要生成 r 个随机游走，然后对图中每个节点生成一条随机游走 walk，将 walk 添加到 walks 中保存，然后用随机梯度下降（stochastic gradient decent，SGD）的方法对 walks 进行训练。

Node2Vec 思想跟 DeepWalk 是一样的，不过改进了 DeepWalk 中随机游走的生成方式，使得生成的随机游走可以反映深度优先和广度优先两种采样的特性，从而提高网络嵌入的效果。

4. SDNE

之前的网络嵌入方法如 DeepWalk、LINE 等算法几乎都采用浅层模型，并不能学习到高阶的非线性的网络结构，导致次优网络表示。如何找到一种既能有效捕捉高度非线性网络结构，又能保持全局和局部结构的方法是一个尚未解决的重要问题。

学习网络面临高度非线性、网络结构保持、稀疏性等挑战。网络的底层结构是高度非线性的。设计一个模型来捕捉高度非线性的结构是相当困难的，顶点的相似性取决于局部和全局网络结构。因此，如何同时保持局部和全局结构一直以来都是难以解决的问题。除此之外，现实世界的网络往往十分稀疏，仅利用非常有限的观测链路难以达到较好的性能。

因此 Wang 等（2016）提出了一个半监督深度模型来学习网络的顶点表示，该模型具有多层非线性函数，多层非线性函数的组合可以将数据映射到高度非线性的潜在空间中，从而能够捕捉高度非线性的网络结构。同时为了保持 LINE 中提到的一阶相似度和二阶相似度这样的网络结构特征和稀疏性问题，联合利用一阶相似度和二阶相似度来保持网络结构。一阶相似度是仅由边连接的顶点之间的局部成对相似性，其表征了局部网络结构，但由于网络的稀疏性，一阶相似度不足以表示网络结构，需要能够表示顶点邻居结构的二阶相似度，二阶相似度的引入能够在表征网络结构方面提供更多的信息。利用一阶相似度和二阶相似度，可以更好地表示局部和全局网络结构。

SDNE 将一个图表示为 $G=(V,E)$ ，其中 $V=\{v_1,\cdots,v_n\}$ 表示顶点，$E = e_{i,j}(i,j=1,2,\cdots,n)$ 表示顶点 v_i 与顶点 v_j 间的边。每一条边 $e_{i,j}$ 与一个权重 $s_{i,j}\geq 0$ 相关联，对于没有边相连的 v_i 和 v_j ，$s_{i,j}=0$ 。对于未加权图 $s_{i,j}=1$ ，对于加权图 $s_{i,j}>0$ 。

对于任意一对顶点，如果 $s_{i,j}>0$ ，则 v_i 和 v_j 之间存在正的一阶相似。否则，v_i 和 v_j 之间的一阶相似度为 0。这意味着如果现实世界网络中的两个顶点通过观察到的边连接，则它们总是相似的。利用 $N_u=\{s_{u,1},\cdots,s_{u,|V|}\}$ 表示 v_u 和其他顶点之间的一阶相似度，然后通过 N_u 和 N_v 的相似性来确定二阶相似度。二阶相似度优化目标是 $L=\sum_{i=1}^{n}\|\hat{x}_i-x_i\|^2$ 。使用图的邻接矩阵进行输入，对于第 i 个顶点，有 $x_i=s_i$ ，每一个 s_i 都包含了顶点 i 的邻居结构信息，所以这样的重构过程能够使得结构相似的顶点具有相似的嵌入式表示向量。但由于图的稀疏性，邻接矩阵 S 中的非零元素是远远少于零元素的，那么对于神经网络来说只要全部输出 0 也能取得一个不错的效果，这不是我们想要的。此处给出的一个方法是使用带权的损失函数，它对于非零元素具有更高的惩罚系数。修正后的损失函数为

$$L_{2\mathrm{nd}}=\sum_{i=1}^{n}\|(\hat{x}_i-x_i)\odot b_i\|_2^2=\|(\hat{X}-X)\odot B\|_F^2 \tag{6.17}$$

其中，$\odot$ 为逐元素积；$b_i=\{b_{i,j}\}_{j=1}^{n}$ 。如果 $s_{i,j}=0$ ，则 $b_{i,j}=1$ ，否则 $b_{i,j}=\beta>1$ 。

一阶相似度的损失函数定义为

$$L_{1st} = \sum_{i,j=1}^{n} s_{i,j} \| y_i^{(K)} - y_j^{(K)} \|_2^2 = \sum_{i,j=1}^{n} s_{i,j} \| y_i - y_j \|_2^2 \qquad (6.18)$$

该损失函数可以让图中相邻的两个顶点对应的向量在隐藏空间接近。L_{1st} 还可以表示为

$$L_{1st} = \sum_{i,j=1}^{n} \| y_i - y_j \|_2^2 \qquad (6.19)$$

其中，L 为图对应的拉普拉斯矩阵；$L=D-S$，其中 D 为图中顶点的度矩阵，S 为邻接矩阵，$D_{i,j} = \sum_j s_{i,j}$。

简言之，为了在深度模型中同时保持局部和全局网络结构，Wang 等（2016）提出了一种半监督结构。无监督组件使用二阶相似度来捕获全局网络结构，而一阶相似度被用作监督组件中的监督信息，以保持本地网络结构。通过在半监督深度模型中对它们进行联合优化，SDNE 可以同时保持局部和全局网络结构，并且对稀疏网络具有鲁棒性。

5. TriDNR

从整体上考虑网络时，学习网络节点潜在表示的主要挑战有两个方面：一方面是学习包含链接和丰富文本信息的网络的节点嵌入，并进一步为带有标签样本的任务学习定制表示；另一方面需为网络化数据设计有效的神经网络模型，以获得深度网络表示结果。

在已有研究的基础上，潘世瑞等提出了一个三方深度网络表示模型，即 TriDNR，它使用一个耦合的神经网络架构来利用来自三方的网络信息：节点结构、节点内容和节点标签（Pan et al.，2016）。在网络结构层次上，TriDNR 利用节点间的关系，最大化观察随机游走序列中给定节点 v_i 的周围节点的概率，这很好地保留了网络中的节点间关系。在节点内容和节点标签两个层次上，TriDNR 最大化给定节点的词序列共现和给定标签的词序列共现，准确捕捉节点–词的相关性和标签–词的对应关系。三方信息相互增强以获得最佳的节点表示。

TriDNR 定义信息网络表示为：$G = (V,E,D,C)$。其中 $V = v_i (i=1,2,\cdots,n)$ 是一组节点的集合，$e_{i,j} = (v_i,v_j) \in E$ 是对节点之间边关系进行编码的边，$d_i \in D$ 是与每个节点 v_i 相关联的文本文档，$C = L \cup U$ 是网络的类标签信息，L 表示已标记的节点，U 是未标记的节点。潘世瑞等假设网络有部分标记节点。如果标签集 $L = \varnothing$，表示变成纯无监督的，则 TriDNR 仍然有效。

TriDNR 算法包括随机游走序列生成和耦合神经网络模型学习两个步骤。使

用网络结构作为输入，并在节点上随机生成一组游走，每次游走都从一个节点开始，每次都随机跳转到其他节点，随机游走语料库可以捕捉节点关系。将每个节点嵌入连续空间时考虑以下信息：①随机游走语料库，其捕获节点间的关系；②文本语料库，其建模节点–内容相关性；③标签信息，其编码标签–节点对应关系。

TriDNR 算法中的耦合神经网络模型体系结构具有以下特性：①节点间关系建模。在假设连接的节点在统计上相互依赖的情况下，TriDNR 的上层从随机游走序列中学习结构关系；②TriDNR 的下层模拟了文档中单词的上下文信息，即语义相关性；③用节点 v_1 连接 1（随机游走序列）和 2（节点内容信息）的模型，则 v_1 的嵌入式表示同时被 1 和 2 影响；④利用每个节点的标签信息，直接在节点标签和上下文之间建模，即利用每个文档的标签作为输入，学习输入标签向量和输出单词向量。

TriDNR 模型的目标是最大限度地实现以下目标似然函数：

$$L = (1-\alpha)\sum_{i=1}^{N}\sum_{s \in S}\sum_{-b \leqslant j \leqslant b, j \neq 0} \log P(v_{i+j}|v_i) + \alpha\sum_{i=1}\sum_{-b \leqslant j \leqslant b} \log P(w_j|v_i) \times (w_j|c_i) \quad (6.20)$$

其中，α 为权重，第 1 项是随机游走和 Skip-gram 的概率表达，也就是在当前点 v_i 作为输入时，输出得到的向量要更大可能地表示它的邻居。第 2 项是在当前节点的输入下，输出的向量要更大可能地表示此节点的论文标题中的词。第 3 项是在当前节点的标签的输入下，输出的向量要更大可能地表示此节点的论文标题中的单词。

综合来看，在标签相似的前提下，学习到的点的表示不仅可以使得邻居节点的表示相似，也可以使得论文文本相似的节点相似。

6.2　面向用户全过程交易的核心增值节点识别方法

传统的方法主要是基于关键词的搜索引擎如谷歌、百度等方法，优点是操作简单，得到的科技数据相关性较高，缺点是备选数据节点仍然很大，无法适应日趋个性化与定制化的用户需求，一般需要科研人员进行二次筛选。因此，应用个性化推荐技术可在较短的时间内自动地为科研人员识别出相关性高、增值大的科技数据节点，以满足用户的使用需求。

个性化推荐技术可根据用户的兴趣特点和使用行为，向用户推荐其感兴趣的信息，因此个性化推荐成为解决"信息超载"问题的重要方法，是工业和学术领域关注的热点问题。在商用领域，国外著名的个性化推荐系统有 GroupLens，它具有新闻推荐的功能，根据用户评分自动推送给用户其可能喜爱的内容（Konstan et al.，1997）。Fab 系统结合协同过滤推荐和基于内容推荐的优点，采用混合推荐技术向用户推荐其感兴趣的网页（Balabanovic and Shoham，1997）。美国麻省理工学院媒体实验室开发的 Ringo 系统，可向用户推荐他们感兴趣的音乐，同时预测用户不喜欢的音乐（Shardanand and Maes，1995）。CiteSeer 系统提供一种通过引文链接检索文献的方式，来预测用户对论文的喜好程度并进行推荐（Bollacker et al.，1998）。国内个性化推荐系统近年也发展迅速，主要应用于京东、淘宝、当当等电子商务网站，依据消费者购物过程中的兴趣偏好为消费者提供成熟的推荐服务。在学术领域，中国知网的知识网络服务平台为读者提供相似文献链接及推荐文献阅读等个性化服务。林鑫等（2019）提出资源特征选择与权值计算优化策略，从而改善个性化推荐的效果，构建了一种基于用户决策机理的个性化推荐模型。该模型以用户决策机理为背景知识进行资源特征选择、用户兴趣模型构建与语义表示、用户决策函数构建。Meng 等（2013）提出基于统一图模型的个性化参考文献推荐模型，该模型基于文献、文献的文本内容、作者以及作者之间的合作关系建立一个图，文献中的词汇和由 LDA 生成的主题与图中的引用链接、协作链接集成在一起；当用户提交一条查询语句，该模型用随机游走方式在图中找出相关文献并推荐给该用户。

已有的个性化推荐方法并未同时考虑用户信息和数据节点相关信息，因此在识别增值节点的准确度方面还存在一定的差异，同时对于推荐结果的相关性计算也过于简单，未考虑异构网络蕴含丰富的信息。个性化推荐涵盖了传统的信息检索、主题建模、受限玻尔兹曼机、协同抖动、统计机器翻译和神经网络等多种方法。在 1998～2013 的 16 年里，有超过 200 篇关于科技文献推荐的研究论文出版，多于半数的推荐方法采用基于内容的过滤，18%为协同过滤，16%为基于图的推荐。McNee 等（2002a）应用了四种协同过滤方法来推荐研究论文的引文；Yang 等（2009）开发了一种面向排序的协同过滤方法，基于用户的访问日志来推荐论文；Chandrasekaran 等（2008）根据用户对以前发表的论文的作者身份创建了用户档案，通过计算集合中论文的档案和用户档案之间的相似性来推荐相关论文；Kang 等（2016）使用低秩假设填充了评级矩阵中缺失的元素，然后根据恢复的矩阵提出建议。综上分析，我们将已有的全过程交易的核心增值节点识别方法概括为基于内容过滤的方法、协同过滤方法以及基于图的方法。

6.2.1　基于内容的过滤

基于内容的过滤（content-based filtering，CBF）是应用、研究最广泛的推荐技术之一。在广义的推荐任务中，基于内容的过滤的一个核心组件是用户建模过程，在这个过程中，用户的兴趣是从用户交互的项目中推断出来的。项目通常是文本，如一篇论文或一篇科技资讯。交互通常是通过诸如下载、购买、创作或标记项目等操作来建立的。项目由包含项目特征的内容模型表示，特征通常是基于单词的，如单个单词、短语或 N-gram 模型。一些推荐系统也使用非文本特征，如写作风格、布局信息和 XML 标签等。通常，只有最具描述性的特征才用于对项目和用户建模，这些特征通常是加权的，一旦识别出最具鉴别性的特征，它们就被存储起来，通常以一个包含特征及其权重的向量的形式存储。用户模型通常由用户项的特性组成，为了生成推荐，对用户模型和推荐候选对象进行比较，如使用向量空间模型和余弦相似系数。

在科技大数据推荐中，项目即为科技数据节点，用户和项目之间的交互通常是建立在个人收藏、添加标签或下载、阅读和浏览的基础上的。大多数方法使用词作为特征，有些使用 N-gram、主题，以及通过 LDA 推断出的概念，并通过机器学习方法分配给数据节点。这些方法从数据节点的标题、摘要、简介、关键词以及数据主体等内容中提取词，有些方法进一步从诸如社交标签等外部来源提取词。有一些方法利用了非文本特征，如果他们使用了这些非文本特征，那么通常是作为文本的补充（Giles et al.，1998）。

基于内容的过滤具有许多优点，基于内容的过滤允许基于用户的个性化，以便推荐系统可以单独地为每个用户确定最佳推荐，而不是受到刻板印象的限制，如果用户兴趣爱好发生变化，基于内容的过滤可以在短时间内调整其推荐结果。用户可以在不共享其个人信息的情况下获得推荐结果，这一点大大确保了个人隐私的安全性。即使没有用户提供评级，基于内容的过滤也可以向用户推荐新信息。因此，即使数据库中不包含用户兴趣爱好，也不会影响推荐结果的准确性。此外，基于内容的过滤技术还可以提供关于如何向用户生成推荐的解释。在缺点方面，主要在于内容的过滤计算消耗大，必须分析每个项目的特征，必须构建用户模板，并且必须执行相似性计算。如果有许多用户和许多项目，那么这些计算需要大量的资源。

然而，基于内容的过滤技术取决于项目的元数据。也就是说，在向用户推荐之前，系统需要丰富的项目内容描述和完整的用户画像，即有限内容分析。因此，基于内容的过滤的有效性取决于描述性数据的可用性，且基于内容的过滤的低随机发现和过度专业化，导致它推荐尽可能与用户已知的项目相似的项目，用户只能获得与其自身画像中的项目类似的推荐结果。基于内容的过滤的另一个缺点是它依赖于对项目特征的访问。基于内容的过滤方法可使用 TF-IDF 模型对文档中的重要词进行排序。每个文档可以表示为 n 维的向量 v。向量 v 中的元素是从文档集合中选择的词 t 的权重 TF-IDF。基于内容的过滤方法不考虑集合中两个不同出版物之间的潜在联系，即共同参考或共同引用关系。

6.2.2　协同过滤

协同过滤也称为社会过滤，它计算用户间偏好的相似性，在相似用户的基础上自动地为目标用户进行过滤和筛选。其基本思想是：具有相同或相似价值观、知识水平、兴趣爱好的用户喜欢的内容也相似，两个用户对项目的评价类似时被认为是志趣相投的。对于科技大数据推荐来说，用户阅读、收藏或引用过相同的科技数据即是志同道合的。当找到志同道合的用户时，一个用户评价为积极的项目会被推荐给另一个用户，反之亦然。

常用的协同过滤算法有基于内存的协同过滤推荐和基于模型的协同过滤推荐。基于内存的协同过滤推荐又分为两类：基于用户的协同过滤推荐、基于项目的协同过滤推荐。

基于用户的协同过滤通过用户对项目的评分来评测用户之间的相似性，基于用户做出推荐。假设如果一些用户对某一类项目的打分比较接近，则他们对其他类项目的打分也比较接近（相似用户对某一项目的打分相似，即先计算用户相似性找到最相似的 K 个用户，再从中找到对指定项目预测过的用户，根据相似用户的评分估算出该用户对此商品的可能评分，然后做出预测）。协同过滤推荐系统采用统计计算方式搜索目标用户的相似用户，并根据相似用户对项目的打分来预测目标用户对指定项目的评分，最后得出可能的预测评分比较高的项目，并推荐给用户。这种算法不仅计算简单且精确度较高，被现有的协同过滤推荐系统广泛采用。基于用户的协同过滤推荐算法的核心就是通过相似性度量方法计算出最近邻居集合，并将最近邻居的评分结果作为参考，预测该用户对此项目的可能评分。

基于项目的协调过滤思想是通过用户对不同项目的评分来评测项目之间的相似性，基于项目的相似性做出推荐。基于项目的协同过滤算法认为一个人会喜欢"和他以前喜欢的东西"相似的东西。与基于用户的协同过滤算法不同，基于项目的协同过滤算法对目标用户所评价的一组项目进行研究，并计算这些项目之间的相似性，然后选择 K 个相似性最大的项目输出。所以该算法的主要工作是最近邻居查询和产生推荐两个阶段。最近邻居查询阶段是要计算项目与项目之间的相似性，搜索目标项目的最近邻居；产生推荐阶段是根据用户对目标项目的最近邻居的评分信息，来预测用户对目标项目的评分，最后产生前 K 个推荐信息。

在协同过滤中，将科技数据用户和科技数据节点分别视为用户和项目。相似的用户很可能引用相同的科技数据。科技数据间的相似性根据它们被共同引用的用户来计算。例如，Liu 等（2015）在为用户推荐学术文献时，认为如果两篇将被推荐的科技文献共同出现在另一篇科技文献的参考文献列表中，则这两篇将被推荐的科技文献是相似的，提出了一种基于引文上下文的协同过滤方法用于推荐科技文献，基于引文上下文的协同过滤方法首先使用引文上下文，运用关联挖掘技术来确定共同出现的引用论文。然后，通过比较成对的论文表示来计算引用论文之间的相似性。最后，将与目标文献相似的科技文献作为预测目标的引用文献。这是一种不使用论文内容信息的全局推荐方法。在引用矩阵 C 中，如果论文 i 引用了一篇论文 j，则 $C_{ij}=1$；否则 $C_{ij}=0$。C_{ij} 的值为引用分数，某篇论文是否应该推荐给一篇论文的参考文献，应该取决于 i 对 j 的预测引用分数。

在为新研究者生成阅读列表的任务中，协同过滤方法优于基于内容的过滤方法。首先，协同过滤通过收集用户对项目的反馈来工作，并基于用户档案之间显示的相似性来推荐项目。因此，它是"域独立的"，即不需要容易出错的项目特征处理。其次，因为人工专家做了评级，协同过滤考虑了真实的质量评估。最后，协同过滤被认为可以提供偶然随机的推荐，因为推荐不是基于项目相似性而是基于用户相似性。

基于用户和基于项目的协同过滤推荐算法难以实现大数据量下的实时推荐，因此发展出了使用基于模型的协同过滤算法。矩阵分解（matrix factorization）就是其中的一种。具体实现步骤为首先导入数据并矩阵化，然后利用梯度下降对矩阵分解得到模型输出分解后的矩阵 P 和 Q，预测时，利用得到的分解矩阵 P 和 Q 以及一定的公式，可得到某用户所有未打分商品的打分，然后排序输出。

虽然协同过滤已经成功地应用于各个领域，但它同时存在稀疏性和第一性问题，协同过滤的计算时间往往高于基于内容的过滤。协同过滤通常不太可扩展，当有新项目或新用户加入推荐系统时，由于没有用户的历史评分数据以及没有用户对新项目进行过评价，无法对新用户和新项目进行准确推荐。人工评级也是一个问题：因为协同过滤是基于用户意见的，所以学术不端者可能会试图操纵评级来提高他们的论文评级，这样他们就会得到更多的推荐。

因此，已经提出了几种混合方法来综合协同过滤和基于内容的过滤方法的优点。Torres 等（2004）开发了结合协同过滤和基于内容的过滤的混合方法来推荐研究论文。协同过滤使用了 K 最近邻算法输出输入引文的有序列表作为推荐，而基于内容的过滤通过计算当前论文和集合中的论文之间的余弦相似度来推荐论文，然后通过组合协同过滤和基于内容的过滤生成混合推荐方法，发现混合方法比单独方法表现更好。麦克尼通过结合协同过滤和基于内容的过滤技术的混合方法生成论文推荐。

研究论文推荐系统中协同过滤的一个普遍问题是稀疏性问题。在许多领域，用户数量不断增加，而项目数量保持相对稳定。在研究论文推荐领域，用户（研究者）的数量远远少于项目（文章）的数量。协同过滤系统在研究论文领域面临两大挑战：对高维数据的可扩展性和数据稀疏性。Vellino（2013）比较了 Mendeley

（研究论文）和 Netflix（电影）的隐含评级，发现 Netflix 上的稀疏度比 Mendeley 低三个数量级。这是用户和项目的比例不同造成的。在电影推荐等领域，通常只有很少的项目和很多用户，而引文网络恰恰相反。基于用户的方法允许我们利用相对较少的用户来创建一个高效的算法，该算法可以很好地适应每年发表的大量研究论文。早期协同过滤算法使用的一个直观的解决方案是找到与当前用户有相似偏好的用户，并推荐用户评价较高的其他项目。然而，即使用户数量相对较少，这种方法在计算上也很复杂。

McNee 等（2002b）研究了在网络交互中建模用户兴趣的大量上下文源。假设用户已经浏览了网页，任务是利用上下文来预测他们未来的兴趣。评估当前页面和五个不同上下文源的使用如下。①交互：当前页面之前的最近交互行为。②收藏：与当前网页有超链接的网页。③任务：通过共享相同的搜索引擎查询与当前页面相关的页面。④历史性：当前用户的长期利益。⑤社交：访问当前页面的其他用户的综合兴趣。McNee 等（2002b）提出了一种推荐引文的方法。他们的方法将协同过滤应用于社交网络，以创建一个由研究论文之间的引用形成的图表。这些数据可以映射到协同过滤的框架中，用于克服冷启动问题。研究结果表明，表现最好的上下文源取决于预测窗口之间的持续时间和结束时间。这对使用上下文信息来支持查询后导航和一般浏览行为的系统有影响。例如，这些系统不能平等对待所有上下文源。应根据系统是否推荐与当前情况、当前工作任务或用户总体兴趣相关的网页，为每个源分配权重。所定义的上下文可以使用服务器端查找（任务、收藏和社交）或客户端代码（交互和历史性）来实现。

Torres 等（2004）扩展了 McNee 等（2002b）的方法，提出了一种通过结合协同过滤和基于内容的过滤来推荐研究论文的方法。

Sugiyama 和 Kan（2013）通过对潜在的引用论文及其片段进行建模，并利用自动识别的潜在引用论文来增强引用网络，从而更有效地利用学术论文。与引用链接预测不同，应用协同过滤来发现潜在的引用论文，帮助建模目标论文进行推荐。内容链接检测主要集中在如何最好地利用可用的学术语料库而不是集中在寻找一个有效的学习框架。具体分为以下三个步骤：首先从研究人员的已发表论文列表中构建用户档案 P_{user}，其次计算其学术论文知识库中每篇论文的特征向量 $F^{P_j}(j=1,\cdots,t)$，最后计算 P_{user} 与 F^{P_j} 之间的余弦相似度，向目标推荐相似度高的论文。可观察到的、明确的且高质量的引用网络只是"冰山一角"，其中冰山是指目标论文的隐含的相关作品集。协同过滤通常用于直接向用户推荐物品，然而 Sugiyama 和 Kan（2013）在论文中间接地使用协同过滤，通过使用协同过滤来发现潜在的引用论文，然后用它们来表示要推荐的论文。如果可以预测这些隐含的相关论文，就可以获得更多的内容来代表一篇学术论文，这反过来提高了推荐的准确性。重要的是，对协同过滤的使用是在论文引用矩阵上进行的，这与它在用户项目矩阵中的传统使用有明显的不同——使用引用网络两次。两次都是通过引用和参考文献直接代表目标论文，以及寻找潜在的引用论文。算法实现步骤如下：首先根据与目标论文的相似性对所有论文进行加权。与原始的协同过滤算法一样，论文相似度是使用引用向量之间的皮尔逊相关系数来度量的。然后选择与目标论文相似度最高的论文，这些论文构成了目标的邻域。最后使用合适的相似性分数，根据邻居值的加权组合计算预测。

McNee 等（2002a）提出为了对研究论文领域进行协同过滤，将引文网络映射到一个协同过滤评分矩阵上。从研究论文之间的引用网站创建协同过滤等级矩阵有以下两种方法：一种方法是考虑类比电影和其他当前的协同过滤系统。在这样的系统中，引用将是矩阵中的项目，而真实的人将是给论文评分的用户。这种方法不仅使用引用网站，而且在收集初始评级时会遇到启动问题。另一种方法是让论文作者成为用户，并将引文作为条目保留下来。在这个评分矩阵中，每个作者都会为其引用的论文投票。通过使用引用网站来填充矩阵，这种映射不会遇到启动问题。上述方法存在的问题是：许多作者在其职业生涯中可能曾涉及过几个不同领域的论文，很难找到一组作者完全符合要求。针对此问题，该论文的解决方法是：使用单个论文的引用列表。在这里，一篇论文代表矩阵中的一个用户，一条引文代表一个项目。然后，每篇论文将对其参考文献列表中的引文进行投票。这种映射使用引文网络来填充评级矩阵，因此不会出现冷启动问题。这种映射也不会遭受作者–引文映射可能出现的特异性损失。通过让论文成为用户，可以保证系统中的每个用户都以投票的形式提供评级信息。这使得作者能够创建想要的评级矩阵，且没有任何启动问题。这些用户也永远不会在论文第一次输入后增加更多的投票。这与大多数协同过滤环境形成对比。在协同过滤环境中，随着时间的推移，预计用户会添加更多的评级信息，并且可以预见引文列表将是高质量的，这将使系统免受评级一致性和"流氓用户"问题的困扰。

6.2.3　基于图的推荐

前面提到，基于科技论文间存在的内在联系，16％的方法构建了图形网络。这些内在联系包括共同作者、会议、出版年份和引用等，通常科技论文会通过引用关系相互连接，形成网络图结构。根据图中的实体，连接可以是引用、购买、"发表于"关系以及作者之间的相关性等。一些研究基于非固有关系将实体联系起来。例如，计算科技资讯之间的相似性，并使用文本相似性连接图表中的论文。构建网络后，基于网络的评价指标被用于推荐候选论文。通常，给出一个或几个输入文件，并且从该输入进行随机游走，以找到图中最受欢迎的项目或最相似的项目进行推荐。

此外，还可以将引文推荐视为链接预测问题，构造一个引用推荐系统，通过文本特征和引用图特征的线性组合来测量两个文档之间的相关性（Strohman et al.，2007）。其思想是将每篇论文表示为一个顶点，引用关系表示为顶点之间的链接，新论文表示为一个顶点，没有任何内部链接和外部链接。实现过程为先检索与查询文档最相似的前 100 篇论文，并把它们添加到初始空集文档 R 中，然后将 R 中任何论文引用的所有论文添加到 R 中。论文一般使用相同种类的词汇，基于文本特征有利于发现最近的相关工作，但不利于找到使用不同词汇的概念相关的工作，也无法判断相似种类中哪个论文更具有权威性，这些问题可以被引用特征所解决，但引用特征可能会忽略最新的论文。所以 Strohman 等（2007）根据文本特征和引用特征的线性组合来对 R 中的文献进行排名，使用发表年份和引用次数的结合作为特征。使用 Katz 指标度量两个文本之间的相似性，如果两个图节点之间有许多段路径，则这两个图节点被认为是相似的，衡量公式如下：

$$\sum_i \beta^i N_i \tag{6.21}$$

其中，N_i 为两个节点之间长度为 i 的唯一路径的数量；β 为介于 0 和 1 之间的衰减参数。假设所有路径都从查询文献开始，然后经过一组基本的文本相似的文献，到达基本文献引用的文献。

Zhou 等（2008）使用多个关于同一项目组的图，除文献引用图外，还有对作者身份进行编码的作者二分图、指示文献发布位置的论文地点二分图，结合作者–论文图、论文–引文图和地点–论文图等多个图中学习模型，通过寻找一个单一的低维嵌入项来测量论文相似性。设 D、A、V 分别是论文、作者、地点的集合，$|D|$、$|A|$、$|V|$ 为它们的大小，所拥有的三个图分别为：D 上的有向图 G_D；D 和 A 之间的一个二元图 G_{DA}；以及描述论文与论文之间、论文与作者之间、论文与地点之间的二元图 G_{DV}。设 G_D、G_{DA}、G_{DV} 的邻接矩阵为 D、A、V，并假设所有关系都用非负数值来表示，G_D 描述 D 之间的引用关系，如果 d_i 引用了 d_j 则 $D_{i,j}=1$（否则 $D_{i,j}=0$）。G_A 可以认为是作者之间的关系或引用关系。引用矩阵 D 包含共现和被共现两种关系，一组论文的共现关系指它们引用同一篇论文，被共现指几篇文献被另一篇论文一起引用，使用共现和被共现来推断文档之间的相似性。作者矩阵 A 是二分图 G_{DA} 的邻接矩阵，编码作者和文献之间的关系。为编码作者身份，令 $A \in \mathbb{I}^{|D| \times |A|}$（$\mathbb{I} \in \{0,1\}$），其中 $A_{i,j}$ 表示第 i 篇论文是否由第 j 作者撰写；为对作者引文进行编码，令 $A \in \mathbb{R}^{|D| \times |A|}$，其中 $A_{i,j}$ 表示作者 j 引用文献 i 的次数。矩阵 V 中的每一行最多有一个非零元素，因为一个文档最多可以在一个地点进行。通过将一些已知的引用视为正标签并在组合图上应用半监督学习来推荐引

用，克服了单一图的不足，通过联合因子分解将多个信息源结合起来，学习所讨论项目的丰富且紧凑的表示。

Gori 和 Pucci（2016）开发了一种基于引用图和随机游走的方法来推荐研究论文的算法。定义 u 为用户，其正在写一篇包含参考文献的论文，p 为正在进行的论文编写，假设用户 u 可以访问一个数字图书馆来查阅与他当前正在研究的主题相关的材料。给定数字图书馆中的文档集为 $\mathcal{D} = p_i (i = 1, \cdots, n)$，对于每篇论文中的 p_i，集合 $\mathcal{R}_{p_i}$ 包含 p_i 引用的每篇论文的集合。假设用户 u 已经在其当前的论文参考列表中引用了 $\mathcal{D}$ 中的论文，所以 $\mathcal{R}_{\bar{p}} \neq \phi$。基于引用图和随机游走的推荐系统的目的是为每一个 $p_i \in \mathcal{D}$ 计算一个有意义的分数 $s(p_i)$，论文 p_i 的分数越高，其与论文 p 的主题相关性越高。

Meng 等（2013）提出了一种个性化的引文推荐方法，将论文内容、作者、引文等不同类型的信息整合到一个统一的图模型中。Pan 等（2015）提出了一种基于包含各种特征的异构图的学术论文推荐方法，先构建一个异构图来表示论文中的引用和内容信息，然后应用基于图的相似性学习算法来完成论文推荐任务。论文引用图是一个描述了引用论文之间关系的无向图，用二元组 $G_P = (V_P, E_P)$ 表示。每个节点代表一篇论文，每条边代表两篇论文之间的引文或参考文献。如果论文 p_i 引用了论文 p_j，则边 w_{ij} 的初始权重等于 $\text{context}(p_i, p_j)$。

$$\text{context}(p_i, p_j) = \text{con}(p_i, p_j) = \frac{\|p_i \cdot p_j\|}{\|p_i\| \times \|p_i\|} \tag{6.22}$$

构造关键词图 $G_t = (V_t, E_t)$，提取一些关键词作为节点，每个节点代表一个关键词，每个边代表一个相似度。使用基于知识的方法计算两个关键词之间的相似度，然后将论文引用图和关键词图进行连接。利用基于图的相似性实现论文推荐任务需要定义一个单独的图 $G(V, E, w)$，节点表示为 $V = \{(x_1, x_2, \cdots, x_n)\}$，边 w_{ij} 表示 x_i 和 x_j 之间的相似性。

Jiang 等（2016）假设用户在不同时间段搜索论文时用户信息需求可能发生变化，提出了一种考虑年代属性的年代引文推荐方法，采用了一个有监督的文档影响模型来描述内容的"时变"动态，并构建了一个新的异构图，该图封装了动态的基于主题的信息、时间衰减的论文/主题引用信息和基于单词的信息；对不同的排序假设应用了多个元路径，这些假设在不同的时间段携带不同类型的引用推荐信息，并伴随着信息需求的转移。此外，他们还使用了多个学习–排名模型来优化不同策略的特征权重，以生成最终的"时序分类推荐"排名。

Wang 等（2015）认为累积引文推荐模型是一个二元分类问题。通过模拟每个实体在隐藏实体类中的分布，并将其与逻辑回归模型相结合，形成最终的判别模型。它将相关的实体–文档对视为正实例，将不相关的实体–文档对视为负实例。将实体–文档建模为分类任务，然后提出了两个区分模型，即全局模型和实体类相关混合模型，避免了时序流语料库中不太流行的实体的训练数据不足。Wang 等（2015）为所有实体建立了一个全局实体非特定模型，而不管实体之间的关系信息如何，引入一个中间潜在实体类层，并定义了基于观察的实体–文档对和潜在类的联合分布，目的是通过学习一个混合模型来实现相关性估计，同时保持揭示实体和实体类之间隐藏的相关性的能力。该模型可被视为区分性组件和混合组件的分层组合，因此需要两种类型的特征：区分性组件的实体文档特征和混合组件的实体类特征。对于混合组件，Wang 等（2015）探索了两种类型的实体类特征来建模实体和隐藏类之间的相关性，包括基于概要文件的特征和基于类别的特征。基于配置文件的要素是根据实体在知识库中的配置文件构建的，而基于类别的要素依赖于实体在知识库中的现有类别标签。

Chakraborty 等（2015）受社交网络分析中社区发现的启发，提出了一个多样化的引用推荐框架 DiSCern，在框架中使用了一个新颖的关键词扩展步骤，以确保语义相关的文章也包含在结果中。Chakraborty 等（2015）提出的方法主要建立在顶点增强随机游走的基础上，以平衡推荐引用中的声望和多样性，不利用文章的任何潜在信息。Chakraborty 等（2015）提出的引文推荐系统的关键要素如下：首先，给定一个科学查询，系统首先扩展查询，以便通过利用关键词–关键词图来覆盖尽可能多的相关主题空间，该图是使用文章中关键词的共现来构建的；其次，收集对应于扩展查询的文章，以从原始引用网络中确定归纳子图；最后，在诱导子图上运行一个有效的基于增强随机游走的算法，以提出引用推荐。

用户与物品交互的时间顺序可以揭示许多推荐系统中时间演变和顺序的用户行为。用户即将交互的项目可能取决于过去访问的项目。但是，用户和项目的大量增加使得顺序推荐系统仍然面临着短期用户兴趣建模难度大、难以吸引长期用户兴趣、物品共现模式的有效建模大等挑战，为了应对这些挑战，Ma 等（2020）提出了一种内存增强图神经网络（memory augmented graph neural network，MA-GNN），以捕获长期和短期的用户兴趣。具体来说，Ma-GNN 模型应用图神经网络在短期内为项目上下文信息建模，并利用共享内存网络捕获项目之间的长期依赖关系。除了对用户兴趣进行建模外，该模型还采用了双线性函数来捕获相关项目的共现模式。整体框架为：在建模短期兴趣时，首先是将三个一组的项目进行第一层图神经网络聚合，之后再将整体的一个滑动窗口的表示再做一次图神经网络聚合构成用户的短期兴趣。在建模长期兴趣时，Ma 等（2020）首先将用户交互的连续项使用多维注意力生成 query 嵌入，结合 key 和 value 值，生成注意力系数，再将查询嵌入和注意力系数主元素加起来生成用户的长期兴趣。之后作者使用了一个类似门循环单元（gated recurrent unit，GRU）的门层将用户的长期兴趣和短期兴趣集合起来。Ma 等（2020）先使用项目序列构建了一个可以输入网络中的图。因为在将图数据输入模型之前，传统的图数据是没有顺序的。接下来 Ma 等（2020）采用了两层的图神经网络来聚合邻域，第一层图神经网络聚合的是每个项目的三个连续项，而第二层图神经网络聚合一个子序列中所有的项目的邻域，并用来表示用户的短期兴趣。但是这样做只能聚合一个用户在一个子序列中的兴趣，用户的短期兴趣并不能体现出在所有项目序列中用户的长期兴趣，Ma 等（2020）使用 GRU 来将用户的短期兴趣和长期兴趣结合起来。Ma 等（2020）使用双线性函数建模一个滑动窗口中的项目与其他项目之间的成对关系，最后将生成的最终三个表示结合起来进行预测。

近几年，由于网络嵌入表示方法的热度持续高涨，基于图的推荐研究也在不断涌现。基于图的引文推荐相较于协同过滤与基于内容的过滤，具有更好的可扩展性和计算效率，能够利用更加多样的信息特征提高推荐的效果与质量。

6.2.4　科技大数据增值节点的探究

互联网上的大量信息使得寻找信息成为一项困难的任务。研究人员发现很难获得和跟踪他们感兴趣的最相关的科技资讯。在搜索相关出版物时，最简单、最常用的方法是发送一条查询消息，从而要求网络为研究人员提供特定信息。然而，除了不能个性化搜索结果之外，这种方法还有更大的弊端。比如，基于关键词的引用推荐中的一个问题是，如果这些科技资讯不使用完全相同的关键词，搜索结果通常不包括语义相关的科技文献。大多数研究人员使用的另一种经典方法是遵循他们已经拥有的文献中的参考文献列表，尽管这种方法可能在一些情况下非常有效，但它不能保证推荐研究论文的完全覆盖。此外，参考文献列表可能不公开，因此研究人员很难访问。

在过去的十年里，出现了为所有替代方案提供最佳建议的科技资讯推荐者，以帮助研究人员在信息的网络海洋中找到他们感兴趣的科技资讯信息。协同过滤是推荐系统中最成功的技术之一，已被用于各种应用，如推荐电影，音频光盘、电子商务、音乐、Usenet 新闻以及研究论文等。一些研究人员并不赞同使用这种技术来推荐科技资讯。他们指出：协同过滤只有在寻求推荐的用户数量高于要推荐的项目数量的域中有效，这种域包括电影、音乐、新闻等。而 Torres 等（2004）认为，研究人员不愿意花宝贵的时间为他们消费的科技资讯提供明确的评级，这导致研究人员对研究论文的评级不足。然而，为了让用户接收到有用的推荐，需要一定数量的评级。

　　Agarwal 等（2005）提出了一种研究论文推荐系统，通过在现有的搜索引擎中添加基于其他人在实验室中进行的搜索结果的推荐，从而避免耗时的搜索。大多数的推荐系统都是为拥有数百万用户的商业领域开发的。其指出与大量的在线研究论文相比，研究论文领域的用户相对较少。使用这类数据的两个主要挑战是维数多和数据稀疏。Agarwal 等（2005）提出了一种可扩展的子空间聚类算法来解决这些问题，并通过综合数据集和基准数据集对聚类算法进行评价，证明该算法在推荐论文时优于传统的协同过滤方法。

　　为了提供更准确和相关的推荐，推荐系统结合了用户的上下文信息和项目的上下文信息，如论文引用列表（McNee et al.，2002a）、作者撰写的论文列表（Sugiyama and Kan，2013）、部分论文正文（Sugiyama and Kan，2015）、论文标题和摘要（Nascimento et al.，2011）等。Nascimento 等（2011）开发了一个学术论文推荐系统，他们使用标题来构建用户简档，并使用标题和摘要来生成候选论文的特征向量来推荐。然而 Sugiyama 和 Kan（2015）认为如此小的文本跨度并不能有效地代表用户的兴趣和候选论文，且摘要在构建推荐候选论文的特征向量时并不有效，从而提出了一种基于部分论文正文的推荐方法。但该方法的主要限制是它们假设推荐论文的全部内容都是可自由访问的，由于版权限制等因素，这并不总是正确的。为了解决这个问题，Liu 等（2015）认为如果两篇引用论文与同一篇引用论文显著地同时出现，它们应该在某种程度上是相似的，可应用协作方法的概念来挖掘存在于目标论文和其参考文献之间的隐藏关联，以提供作为建议的独特且有用的研究论文列表。

　　Yang 等（2009）提出了一个基于用户访问日志的面向排名的协同过滤方法进行推荐的科技文献推荐系统，使用基于随机游走的算法来生成个性化的图书排名，避免了缺乏用户评分的问题。虽然他们的系统通过利用从用户访问日志中提取的隐含行为克服了冷启动问题，但用于选择有效数据的参数的预定义设置是不合理的，也没有详细研究。在 Sibaroni 等（2015）进行的一项调查中，研究论文之间的关系分为直接关系和间接关系。有学者基于论文来源的角度提出了三种检测论文之间关系的方法，即引用上下文、引用分析和基于内容（Haruna et al.，2017）；同时指出基于内容的方法在检测科技文献之间的关系时变得不太合适，因为它无法适应科技文献中存在的一些特定特征，如作者和引用，因此它只适用于识别常规文档之间的相似关系。另外，引用分析的使用可以在科技文献之间产生更多的关系，但不能从语义文本中产生关系。可通过使用基于引用上下文的方法来解决这个问题，该方法描述了在文本分类过程中更加强调确定一些重要特征以提高分类性能。Sibaroni 等（2015）提出了一个基于上下文的合作框架，它只使用容易获得的引用关系作为源数据。该框架采用关联挖掘技术来获得科技文献引用上下文的文献表示，然后进行两两比较，计算科技文献之间的相似程度。McNee 等

（2002a）也探讨了协同过滤的使用，通过在科技文献之间使用引文网络来创建一个评级矩阵，目的是使用科技文献引用关系来推荐一些对输入文献的附加参考。Sugiyama 和 Kan（2010）假设作者以前出版的科技文献及著作构成了研究者潜在兴趣的明确信号，基于此假设，构建了一种直接使用来自研究者以前出版的文献和著作以及引用他们的论文的信息的模型来刻画用户的兴趣偏好。然而，该方法增加了众所周知的稀疏性问题。为了帮助研究人员提出相关建议，推荐系统已经开始利用研究人员自己的文献简介中的潜在兴趣。虽然使用这样的文献引用网络已被证明可以提高性能，但网络通常很稀疏，使得推荐变得困难。为了缓解这种稀疏性，Sugiyama 和 Kan（2013）通过使用协同过滤，使用估算的相似性来挖掘潜在的引用论文，此外还改进了引用论文的使用，使用引用和潜在引用论文中的片段来表征目标候选论文。在协同过滤中应用基于邻域的算法来发现潜在的引用论文，用论文代替用户，用项目代替引用。高层次上，可以把论文想象成可以互相推荐引文的项目，其中协同过滤让与目标论文更相似的论文（从引文角度）推荐权重更大的引文。虽然这种方法对单一学科的研究人员来说效果很好，但对多学科的研究人员来说效果却很差。为了克服这个问题，Sugiyama 和 Kan（2015）提出了一种自适应邻居选择方法，以克服基于插补的协同过滤问题以及用户与候选论文匹配的核心问题。通过对潜在的引用文献及其片段进行建模，并利用自动识别的潜在引用文献来增强引用网络，从而更有效地利用学术文献。不为每篇论文推荐相关的引文，而是应用协同过滤来发现潜在的引用文献，以帮助建立目标文献的推荐模型。虽然引用网络是一个丰富的信息来源，但它受到某些限制，削弱了它对目标文献建模的有效性。而且，引用网络是在不断扩大的，因为随着每一个新的出版物的出现，新的引用链接会被添加到旧的文献中。在完全依赖引文网络的研究中，前沿工作被边缘化，因为它们还没有任何引文；这是学术推荐系统中的一种"冷启动问题"，与常规推荐系统中的问题类似。此外，由于论文中的参考文献和引文是静态的，永远不会改变，新出版的相关文献对已出版时间较长的文献有"责任"在它们之间建立引文链接。引用网络的静态性质加剧了缺失和嘈杂的引用。引用网络是物理学术文献的产物。在大多数情况下，列出所有相关工作是不可行的，因为参考列表可能会变得太长。许多地方都有版面限制，表面上是为了帮助鼓励作者列出最相关的参考文献。然而，这也可能导致作者从他们的参考文献中删除潜在相关的引用文献受用户的社会特征、基于标签的推荐器和群体特征分析的启发。Asabere 等（2015）提出了一种新的算法，该算法旨在基于对社交关系的计算，使活跃的会议参与者能够向在同一个会议上有共同社会关系和类似偏好的其他参与者宣传和推荐他们的研究论文。该算法的核心思想是可以通过明确收集关于物理接触持续时间和频率以及单个参与者的研究兴趣的信息，来确定参与者之间的社会联系强度以及研究论文偏好的相似性。Huynh 等（2012）

提出了一种新的方法来解决可利用的科技文献过多的问题，即通过对更相关但规模非常有限的一组适当的文献合并各种引用关系。Jiang 等（2016）提出了一种将与问题最相关的论文或与解决方案最相关的论文分别推荐给用户的方法，以满足用户特定的阅读目的。对于目标论文，他们使用论文引用图来生成一组潜在相关的文献。

以上研究的挑战是：来自推荐、参考和引用论文的所有上下文信息必须对推荐者完全可访问，由于版权限制等因素，这些信息并不总是免费提供的。现有研究科技数据推荐技术的另一个主要问题是它们对先验用户的依赖程度高，这使得该技术只有在已经有大量注册用户时才能很好地工作，这是构建新推荐系统的主要障碍。当前大多数科技文献推荐者的推荐覆盖范围被限制在某个研究领域，这是因为推荐科技文献是预先存储的，因此系统不能有效地扫描整个数据库来寻找科技文献之间的联系。此外，大多数现有的科技文献框架都是为单一学科设计的，因此不能用于解决多学科及跨学科文献推荐的问题。虽然通过搜索引擎使用基于关键词的查询信息检索技术能够扫描所有文档中的相关文本，但它也提供了很多不相关的文档，不能向研究人员提供个性化的结果。因此 Haruna 等（2017）提出了一种基于协同过滤的新方法，该方法只利用公开的上下文元数据进行个性化基于研究论文之间隐藏关联的文献推荐。该方法不仅提供个性化的推荐，而且还能处理多学科文献推荐的问题。

科技文献推荐研究也在数据挖掘中出现。Wang 和 Blei（2011）提出了基于概率主题建模的协同主题回归模型，该模型结合了协同过滤和内容分析的思想。他们使用科技文献的摘要和标题来为用户建模，为用户和文献提供了一个可解释的潜在结构，并且可以形成关于现有的和新发表文献的推荐，这种方法相对于传统的矩阵分解方法工作得很好，对完全未评级的文章做出了很好的预测。将协同过滤和主题建模相结合的第一种方法是拟合一个模型，该模型使用潜在的主题空间来解释观察到的评级和观察到的单词。这个模型的局限性在于它不能区分解释建议的主题和解释内容的主题。也有研究人员提出将查询定义为与当前研究任务相关的一组文献，而不是一串关键词。EI-Arini 和 Guestrin（2011）通过基于文档间影响的细粒度概念优化目标函数，有效地选择一组高度相关但又多样化的科技文献，即给定一组查询文献集 Q，寻求返回一组与查询定义的概念相关的科技文献 A。但是，用户需要提前准备可信度较高的文献，才能发现相关且多样的其他科技文献。

在引文推荐中，引用上下文和文献内容表现出不同的语言属性，使得引文推荐任务的建模问题可以由翻译模型进行建模。文献内容和引用语境之间也存在词汇差距，因此采用翻译模型来解决引用推荐问题是合适的。Berger 和 Lafferty（1999）将翻译模型引入信息检索，其主要思想是可以将文档中的单词翻译成查询词，从而可以弥合查询和文档之间的词汇鸿沟。Lu 等（2011）观察到翻译模型比语言模型和语境感知关联模型表现更好。这首先表明了利用翻译模型解决引文推荐问题的有效性；其次，摘要和全文的翻译模型都优于相应的查询可能性语言模型。此外，当他们使用摘要而不是全文作为构建翻译模型的文档内容时，翻译模型工作得更好。相反，语言模型在全文上比在摘要上表现更好。摘要可能会遗漏一篇文献的一些信息，引文上下文可能会遗漏一些信息。对于语言模型来说，它不能从摘要中生成缺失的信息，但是对于翻译模型来说，仍然有可能通过翻译生成这样的信息。全文包含有助于生成引文上下文的所有信息，因此有利于语言模型，但由于翻译矩阵中引入了过多的噪声，可能会损害翻译模型。Huynh 等（2012）也使用翻译模型来推荐科技文献。他们首先定义了描述性语言和参考性语言，其分别表示论文中参考部分之前的引用词和参考文献，其中每个被引用的文献都被认为是一个"词"，实验结果证明他们的方法提高了查找给定文献的相关参考文献的性能。

6.3　本　章　小　结

本章主要介绍了包括 MDS、LE、LLE 和 IsoMap 在内的传统科技大数据连续化表示方法，以及包括 DeepWalk、LINE、Node2Vec、SDNE、TriDNR 在内的基于深度学习的网络节点表示方法，传统方法的计算机复杂度过高，不适合应用于大规模网络之中，将深度学习技术引入该领域不仅降低了复杂度，而且能充分利用网络结构的信息从网络中识别出科技数据增值节点，同时将满足用户需求的增值节点推荐给用户。

参　考　文　献

林鑫, 桑运鑫, 龙存钰. 2019. 基于用户决策机理的个性化推荐. 图书情报工作, (2): 99-106.

Asabere N Y, Xia F, Meng Q X, et al. 2015. Scholarly paper recommendation based on social awareness and folksonomy. International Journal of Parallel, Emergent and Distributed Systems, 30: 211-232.

Agarwal N, Haque E, Liu H, et al. 2005. Research paper recommender systems: a subspace clustering approach//Fan W F, Wu Z H, Yang J. Advances in Web-Age Information Management. Heidelberg: Springer: 475-491.

Balabanovic M, Shoham Y. 1997. Fab: content based collaborative recommendation. Communications of the ACM, 40(3), 66-72.

Belkin M, Niyogi P. 2001. Laplacian eigenmaps and spectral techniques for embedding and clustering. Vancouver: The 14th International Conference on Neural Information Processing

Systems: Natural and Synthetic.

Bollacker K, Lawrence S, Giles C. 1998. CiteSeer: an autonomous web agent for automatic retrieval and identification of interesting publications. Minneapolis: 2nd International Conference on Autonomous Agents.

Berger A, Lafferty J. 1999. Information retrieval as statistical translation. The 22nd Annual International ACM SIGIR Conference on Research and Development in Information.

Chakraborty T, Modani N, Narayanam R, et al. 2015. DiSCern: a diversified citation recommendation system for scientific queries. ICDE Conference 2015.

Chandrasekaran K, Gauch S , Lakkaraju P, et al. 2008. Concept-based document recommendations for CiteSeer authors//Nejdl W, Kay J, Pu P, et al. Adaptive Hypermedia and Adaptive Web-Based Systems. Berlin: Springer: 83-92.

Cox T, Cox M. 2000. Multidimensional Scaling. New York: CRC Press.

El-Arini K, Guestrin C. 2011. Beyond keyword search: discovering relevant scientific literature. San Diego: The 17th ACM SIGKDD International Conference on Knowledge Discovery and Data Mining.

Giles C L, Bollacker K D, Lawrence S. 1998. CiteSeer: an automatic citation indexing system. Houston: The 3rd ACM Conference on Digital Libraries.

Gori M, Pucci A. 2006. Research paper recommender systems: arandom-walk based approach. Hong Kong: 2006 IEEE/WIC/ACM International Conference on Web Intelligence.

Grover A, Leskovec J. 2016. Node2vec: scalable feature learning for networks. San Francisco: The 22nd ACM SIGKDD International Conference on Knowledge Discovery and Data Mining.

Haruna K, Akmar I M, Damiasih D, et al. 2017. A collaborative approach for research paper recommender system. Plos One, 12(10): e0184516.

Huynh T, Hoang K, Doc L, et al. 2012. Scientific publication recommendations based on collaborative citation networks. Denver: The IEEE International Conference on Collaboration Technologies and Systems.

Jiang Y C, Jia A X, Feng Y S, et al. 2012. Recommending academic papers via users reading purposes. Dublin: The 6th ACM International Conference on Recommender Systems.

Jiang Z R, Liu X Z, Gao L C. 2016. Chronological citation recommendation with information-need shifting. Melbourne: 24th ACM International Conference on Information and Knowledge Management.

Kang Z, C Peng, Q Cheng. 2016. Top-N recommender system viamatrix completion. Phoenix: The 30th AAAI Conference on Artificial Intelligence.

Konstan A, Miller B, Maltz D, et al. 1997. GroupLens: applying collaborative filtering to usenet news. Communications of the ACM, 40(3): 77-87.

Liu H F, Kong X J, Bai X M, et al. 2015. Context-based collaborative filtering for citation recommendation. IEEE Access, 3: 1695-1703.

Lu Y, He J, Shan D D, et al. Recommending citations with translation model. The 20th ACM International Conference on Information and Knowledge Management.

Ma C, Ma L, Zhang Y, et al. 2020. Memory augmented graph neural networks for sequential recommendation. The Thirty-Fourth AAAI Conference on Artificial Intelligence (AAAI-20).

McNee S M, Albert I, Cosley D, et al. 2002a. On the recommending of citations for research papers. New Orleans: the 2002 ACM Conference on Computer Supported Cooperative Work.

McNee S M, Albert I, Cosley D, et al. 2002b. Predicting user interests from contextual information. New Orleans: the 2002 ACM Conference on Computer Supported Cooperative Work.

Meng F Q, Gao D H, Li W J, et al. 2013. A unified graph model for personalized query-oriented reference paper recommendation. San Francisco: 22nd ACM International Conference on Information and Knowledge Management.

Nascimento C, Laender A H F, da Silva A S, et al. 2011. A source independent framework for research paper recommendation. Ottawa: The 11th Annual International ACM/IEEE Joint Conference on Digital Libraries.

Pan L L, Dai X Y, Huang S J, et al. 2015. Academic paper recommendation based on heterogeneous graph//Sun M S, Liu Z Y, Zhang M, et al. Chinese Computational Linguistics and Natural Language Processing Based on Naturally Annotated Big Data. Berlin: Springer: 381-392.

Pan S R, Wu R, Zhu X Q, et al. 2016. Tri-party deep network representation. The 25th International Joint Conference on Artificial Intelligenc.

Perozzi B, Al-Rfou R, Skiena S. 2014. Deepwalk: online learning of social representations. New York: The 20th ACM SIGKDD International Conference on Knowledge Discovery and Data Mining.

Ren X, Liu J L, Yu X, et al.2014. ClusCite: effective citation recommendation by information network-based clustering. New York: The 20th ACM SIGKDD International Conference on Knowledge Discovery and Data Mining.

Ricci F, Rokach L, Shapira B. 2011. Recommender Systems Handbook. Berlin: Springer: 1-35.

Roweis S, Saul L. 2000. Nonlinear dimensionality reduction by locally linear embedding. Science, 290(5500): 2323-2326.

Shardanand U, Maes P. 1995. Social information filtering: algorithms for automating "word of mouth". Denver: The SIGCHI Conference on Human Factors in Computing Systems.

Sibaroni Y, Widyantoro D H, Khodra M L. 2015. Survey on research paper's relations. Bandung: International Conference on Information Technology Systems and Innovation (ICITSI).

Strohman T, Croft W, Jensen D. 2007. Recommending citations for academic papers. Amsterdam: The 30th SIGIR Conference.

Sugiyama K, Kan M Y. 2010. Scholarly paper recommendation via user's recent research interests. Gold Coast: The 10th Annual Joint Conference on Digital Libraries.

Sugiyama K, Kan M Y. 2013. Exploiting potential citation papers in scholarly paper recommendation. Indianapolis: The 13th ACM/IEEE-CS Joint Conference on Digital Libraries.

Sugiyama K, Kan M Y. 2015. A comprehensive evaluation of scholarly paper recommendation using potential citation papers. International Journal on Digital Libraries, 16: 91-109.

Tang J, Qu W, Wang M, et al. 2015. Line: large-scale information network embedding. In Proc. of 24th WWW, 1067-1077.

Tenenbaum J B, de Silva, Langford J C. 2000. A global geometric framework for nonlinear dimensionality reduction. Science, 290(5500): 2319-2323.

Torres R, McNee S M, Abel M, et al. 2004. Enhancing digital libraries with TechLens. Tucson: ACM/IEEE Joint Conference Digital Libraries.

Vellino A. 2013. Usage-based vs. citation-based methods for recommending scholarly research articles. ACM Recommender Systems Workshop 2012, Dublin, Ireland.

Wang C, Blei D M. 2011. Collaborative topic modeling for recommending scientific articles. San Diego: The 17th ACM SIGKDD International Conference on Knowledge Discovery and Data Mining.

Wang D X, Cui P, Zhu W W. 2016. Structural deep network embedding. San Francisco: The 22nd ACM SIGKDD International Conference on Knowledge Discovery and Data Mining.

Wang J G, Song D D, Wang Q F, et al. 2015. An entity class-dependent discriminative mixture model for cumulative citation recommendation. Santiago: The 38th International ACM SIGIR Conference On Research And Development In Information Retrieval.

Yang C X, Wei B G, Wu J, et al. 2009. Cares: a ranking-oriented CADAL recommender system. Austin: The 9th ACM/IEEE-CS Joint Conference on Digital libraries.

Zhou D, Zhu S G, Yu K, et al. 2008. Learning multiple graphs for document recommendations. Beijing: The 17th International Conference on World Wide Web.

第7章　科技大数据网络增值路径规划方法研究

　　科技大数据的数据体量巨大,数据类型繁多,人们想要快速地从中获取有用的信息是相当困难的,需要消耗大量的时间和精力。科技大数据彼此之间并不是独立的,其中存在很多关联,与现实世界中地点与地点之间的通路非常类似。本章借鉴路径规划的相关技术,聚焦如何从网络中规划合理的增值路径并快速找到目标数据,在很大程度上缩减获取信息所消耗的时间和精力。本章提出两种科技大数据增值路径规划的方法,分别利用相似度排序和链接预测方法实现科技大数据增值路径规划,并详细阐述具体的实现过程。

　　第6章已经介绍了对于科技大数据的连续化表示以及面向用户全过程交易的科技大数据核心增值节点识别问题,本章将在可表示的科技大数据网络上完成核心增值路径规划任务,对实现科技大数据增值路径规划的具体方法进行阐述,并与现有的方法进行比较。

　　本章的内容安排如下:7.1节对科技大数据网络增值路径规划的相关工作进行介绍,并介绍图神经网络的相关研究;7.2节基于图神经网络方法,创新地提出两种科技大数据核心增值路径规划模型,并分别对两种模型进行详细的阐述;7.3节分别介绍两种模型的具体实现过程,根据不同的评价指标对两种模型进行有效性评价,并与其他模型进行对比;7.4节是本章小结。

7.1　相关工作简介

7.1.1　路径规划相关研究

　　路径规划是运动规划(motion planning)的主要研究内容之一。运动规划主要由路径规划和轨迹规划两部分组成。将连接起点位置和终点位置的节点序列或曲线称为路径,而构成路径的策略就称为路径规划。路径本质上是从具体的人类生活中抽象出来的一个概念。无论身处熟悉或者陌生的地方,无论总时间的长短,想要规划出一条最优的路径都不是一件容易的事情。人们需要从海量的信息当中筛选出合适的地点,花费大量的时间和精力对其进行排列组合,并按照特定的任务需求来制订计划。为了缓解信息过载问题带来的影响,向人们推荐符合其兴趣而又合理的路径是非常必要的,因此平台需要考虑如何省时省力地完成路径规划任务。根据位置信息、对应的时间信息以及其他语义信息可以构造出不计其数的路径，这些历史路径中包含的用户偏好、路径构造规律等隐藏信息奠定了路径规划任务的基础。

20 世纪三四十年代，路径规划的相关问题被首次提出来。路径规划问题的雏形是 Hassler Whitney（哈斯勒·惠特尼）提出的旅行商问题（Alexander，2005），该问题旨在找出由某地出发而最终回到出发点的一条最短路径。之后，许多研究者从问题内涵、应用场景、解决方案等多种角度入手，针对路径规划的相关问题展开了深入的研究。在路径规划相关问题所具有的现实意义和抽象拓展的应用范围上，针对该问题的研究有了显著的进展。

根据对环境信息的掌握程度不同，可以把路径规划划分为基于先验完全信息的全局路径规划和基于传感器信息的局部路径规划。其中，从获取所处环境信息是静态或是动态的角度看，全局路径规划属于静态路径规划（又称离线路径规划），局部路径规划属于动态路径规划（又称在线路径规划）。全局路径规划需要掌握所有的环境信息，根据环境地图网络中包含的所有信息进行路径规划；局部路径规划只需要实时采集环境信息，了解环境地图网络信息，然后确定出所在位置及其局部的环境网络节点分布情况，经过计算，可以选择出从当前节点到某一子目标节点的局部最优路径。

根据所研究环境的信息特点，路径规划还可以分为离散域范围内的路径规划和连续域范围内的路径规划。离散域范围内的路径规划属于一维静态优化问题，相当于对环境信息进行简化后的离线路径规划；而连续域范围内的路径规划则是连续性的多维动态环境下的路径优化。我们研究的科技大数据网络增值路径规划问题属于离散域范围内的路径规划，是其中一种应用方向。

路径规划技术在应用方面有多种场景，我们将其应用于科技大数据网络中增值节点的增值路径规划问题，该问题旨在从科技大数据网络中识别出核心增值节点，并生成增值路径列表，实现增值路径规划。

7.1.2　网络增值路径规划方法

增值路径规划方法目前主要存在两种分类方式，第一种划分标准是从使用层面进行划分，分为全局路径规划和局部路径规划；第二种划分标准是从方法本身的角度出发，按照算法的原理进行分类。第一种分类方式的出发点是应用的角度，然而实际上如今许多增值路径规划方法可以通过变形或者调整参数等手段从局部路径规划转化为全局路径规划，或从全局路径规划转化为局部路径规划。因此，在讨论增值路径规划方法时，从算法的原理出发可以更加清晰地对各种方法进行分类，并对比其中的优劣。从算法的原理角度出发，可以将路径规划方法分为基于采样的方法、基于节点的方法、基于数学模型的方法、基于生物启发的方法以及多融合的方法。

基于采样的路径规划算法通常以一组节点、元组或其他形式对网络进行采样，然后映射网络或随机搜索，最后得到一条最终可行的路径。随机初始化猜测可以保证部分局部最小值的逃逸可能性，并且不依赖于网络环境。无论使用何种算法，在初始化时都具有随机性的特点，其不同之处在于如何进行后续的处理，确保路径的完整性和最优性。这种方法需要整个网络的一些已知信息，得到网络信息的向量表示。基于采样的路径规划算法可以分为主动算法和被动算法两种类型，其中主动算法可以自动地寻找到最优路径，而被动算法不能。主动算法，如快速探索随机树（rapidly exploring random tree，RRT）（杨瑶等，2020）及其变种，都可以通过其自身的延拓过程实现到目标节点的最优可行路径（阙嘉岚等，2003）。被动算法，如概率道路图（probabilistic road maps，PRM）（Zhao and Peng，2006）等算法，只能生成从起点到终点的路网，不能独立地找到最优路径。通过与搜索算法的结合，被动算法可以在存在多条可行路径的路网图中选取出最优的可行路径，实现路径规划。基于采样的路径规划算法适合用于在线实现，因为这类方法具有较高的时间效率，能够及时处理网络的动态变化。

基于节点的路径规划算法是在处理节点和边的权重信息后，根据网络进行路径规划。这类方法通过探索节点来计算成本，从而找到最优路径。这类算法也被称为基于网络的扩展算法，即通过节点及其连接边组成的网络进行搜索，进而实现路径规划。但是，由于节点和边构型的网络结构在一些情况下不够完整，基于节点的路径规划算法在处理节点和边的信息时受网络表示形式的限制较大，只能在理想状态下达到最佳效果，而非实际情况中的最佳。

基于数学模型的路径规划算法主要以多项式组合的形式描述整个规划问题。这类方法往往需要依靠十分复杂的数学计算，需要对于实时的路径规划问题进行算法层面的优化。通过数学建模，可以将路径规划问题变形成为一种最优控制问题。最优控制可以基于一组微分方程找到状态和有控制方向的路径。最优控制可以理解为线性算法中扩展到无限个变量的情况，具有更加强大的处理非线性的能力。基于数学模型的方法保持了一种完整描述状态和环境变量的方式，应用这些方法可以根据网络环境使用更多的约束条件来适应规划函数。对于繁杂的计算，可以通过优化过程中的离散决策方案来解决。这类方法通过设计网络环境，可以较为灵活地解决在线问题。

基于生物启发的路径规划算法起源于对人类或其他自然生物的行为或思考方式的模仿学习，并形成了一系列可以解决 NP 困难问题并生成近似最优路径的算法。生物启发算法有两大类：一类是遗传算法，它来源于分析特定的物种的行为；另一类是神经网络算法，它遵循内部神经元处理信息的方式。这两种算法分别属于不同的层次。其中，遗传算法定义了一个适应度函数来评估潜在的解决方案。按照类似于遗传学的方法将所有的可行解作为种群中的个体，根据代价繁殖出新一代种群。然而，如果种群过于相似，丧失了种群多样性，往往会导致过早地收敛，而且遗传算法需要反复地评估当前一代的适应度，这也造成了较高的计算负担。神经网络算法是一种受生物的神经应对周围环境所做出的反应启发而产生的算法，是模拟人直观思维的算法，具有很强的自适应性以及泛化能力（朱大奇等，2019）。在确定好目标函数后进行最优解的方程求解并且不断更新迭代，使最终的目标路径不断趋向于最优的结果。

多融合的路径规划算法的应用通常是由于在某些特定的条件下，单一的方法不能独立地寻找到最优的路径，因此需要采用多融合的手段（郝冬和刘斌，2009）。面对复杂的网络环境，并不是所有传统的单一路径规划方法都可以实现成本最小或者收敛速度较快的路径规划任务并且满足计算效率。例如，基于采样的路径规划算法自身无法在众多可行路径中找出最优路径；对于基于节点的路径规划算法而言，网络环境信息往往是阻碍其计算的难点，在没有充足的先验知识的情况下很难进行；基于数学模型的路径规划算法对于复杂问题的解决需要消耗大量的时间成本，效率较为低下；基于生物启发的路径规划算法具有很大的时间复杂性，而且其效果往往在很大程度上取决于模型的质量。因此，需要将各种方法策略的优点融合起来，形成快速搜索并且得到全局最优的路径规划算法。

随着技术的发展，特别是各种新兴算法的不断涌现，路径规划技术也已经取得了丰硕的研究成果。从研究成果来看，路径规划领域研究的发展有以下趋势：①智能化的算法将会不断地涌现。模糊控制、神经网络、遗传算法以及它们的相互结合也是研究热点之一。智能化方法能够模拟人处理事情的经验，逼近非线性，更加符合现实情况，而且具有自组织、自学习的功能，具有一定的容错能力。②路径规划的性能指标将会不断提高。如何使得性能指标更加优化是路径规划的各种算法研究的一个重要方向。③多规划体的路径规划。协调路径规划已经成为新的研究热点，随着应用范围的不断扩大，规划体工作环境的复杂度和任务量加重，对其要求也不再局限于单一规划体，而是要求在动态环境中实现多规划体的合作与单一规划体路径规划的协调统一。随着科技的不断发展，路径规划的应用领域还将不断地扩大。

综上所述，采用单一的方法进行全局或局部的路径规划将会不可避免地出现各种弊端，例如，陷入局部极值最优、计算消耗大、难以应对动态网络环境等。通常情况下，多融合的方法可以扬长避短，对算法进行改进和融合的策略往往会取得更好的效果。尤其是针对一些特定领域出现的复杂问题，单一的算法显然无法高效地解决，这就需要多学科知识的交叉融合，将具有不同优势的算法有效地结合成为更加高效的复合型路径规划算法，这也是目前的主流研究方向。

7.1.3　图神经网络相关研究

将深层次的神经网络应用于机器学习中，是深度学习的内涵。"深度"一词最早出现在深度置信网络（deep belief network，DBN）中，其出现使得原本由于计算力水平不匹配而沉寂多年的神经网络重新焕发了青春。GPU 使得深层网络的随机初始化训练成为可能，残差网络（residual network，ResNet）的出现打破了层次限制的魔咒，使得训练更深层次的神经网络成为可能。一般来说，神经网络的网络函数通过赋予权值来对输入层与输出层之间的关系进行描述。根据不同的情形适当地调整权值，使得损失函数最小化，就可以解决各种各样的机器学习下游任务。

2006 年，加拿大多伦多大学教授、机器学习领域的泰斗 Geoffrey Hinton（杰弗里·辛顿）和他的学生 Ruslan Salakhutdinov（鲁斯兰·萨拉赫丁诺夫）在 Science 上发表了一篇文章（Hinton and Salakhutdinov，2006），掀起了机器学习领域继 20 世纪末的浅层学习以来的第二次浪潮，开启了深度学习在学术界和工业界的生涯。区别于传统的浅层学习，深度学习强调了模型结构的深度，通常模型设置多层隐含层；明确地突出了特征学习的重要性，通过逐层特征变换，将样本在原始空间的特征表示转换到一个新的特征空间，从而更适合分类、预测等下游任务。

深度学习早期被应用于语音识别，自 2012 年首次应用于图像识别领域以来开始真正发力，至今被广泛应用于自然语言处理、计算机视觉、增强学习等多个领域。2013 年，Mikolov 和 Zweig（2013）使用 RNN 实现了基于内容的语言模型；2014 年，Dong 等（2014）在欧洲计算机视觉国际会议中发表的论文使用 CNN 实现了图像的超分辨率；2016 年，Duan 等（2016）通过深度增强学习实现了机器人在连续时间下的控制。目前，虽然深度学习在其可解释性方面仍存在很多不足，但对其相关结构和优化方法的广泛研究使得它具有很强的实用性。

在深度学习的神经网络结构方面，最早研究者使用的是全连接层（fully connected layer）。全连接层是最普遍的神经网络构造，在该层中，输入层的节点和输出层是全连接的，这样可以确保节点之间全局关系的表达。但是这种神经网络需要的参数过多，因此在深度学习中不宜过多地使用全连接层，否则会造成巨大的运算代价。目前，这种结构依然被频繁使用，用于神经网络的最后一至两层，构建隐含层到输出的映射。

由于全连接层需要计算的神经网络参数过多，难以训练，神经网络模型在刚提出的一段时间内极少被采用，直到现代神经网络中广泛使用卷积层（convolution layer）这一结构。卷积层相当于一系列具有自适应参数的大小相同的空域滤波器，在图像二维空间数据上进行滤波后生成的一系列图像即该卷积层的输出。卷积层的思想是受到人眼的"局部感受野"的启发而提出的,人眼对于图像信息的处理具有局部性,图像空域的每个部分都被一组感受器所接收,而不同的位置对应的感受器是一样的。这种平移不变性在神经网络里可以通过权值共享实现,即对于神经网络的卷积层,输入图像对应滤波器大小的每个矩形区域内,输入到输出的网络连接权值是一致的。由卷积层和普通神经网络中的全连接层组合而成的神经网络被称为 CNN。LeCun 和 Bengio(1995)将 CNN 应用于银行钞票数字的识别,是 CNN 最成功的工业应用案例之一。Krizhevsky 等(2012)和 Karpathy 等(2014)使用 CNN 进行通用图像识别和视频识别,证实了 CNN 能够实现更加复杂的特征表示,这是以 SVM、多层感知器等为代表的传统机器学习模型无法做到的。每个层都是卷积层的神经网络称为全卷积神经网络(fully convolutional neural network,FCN)(Long et al.,2015)。CNN 被证实在处理图像数据时非常有效(Milletari et al.,2016;Zeiler and Fergus,2013),而 FCN 相对于 CNN 保留了图像的空间信息,是目前用于图像分割、目标检测领域最好的模型之一。

在 CNN 中,池化层(pooling layer)通常与卷积层搭配使用。池化层可以看作一种特殊的卷积层,它没有可变化的权值,而是对于每个感受野定义了一个计算公式,如求输入的局部最大值或均值等。根据公式选择的不同可以将池化层分为最大池化(max pooling)、平均池化(average pooling)等。池化可以看作对输入信息的采样过程,能够有效减少神经网络的参数,避免很多不必要的计算,大大减小了复杂度,能够处理过拟合问题。

RNN 填补了一般的前向神经网络在处理序列任务上的空白。不具备反馈连接的一般神经网络统称为前向型神经网络。RNN 和一般神经网络不同,它具有反馈连接,即不仅具有从输入到隐含层到输出的映射,还包含隐含层到输入、输出到隐含层等的映射。RNN 往往被用于构建序列到序列模型,在语音识别、机器翻译等自然语言处理领域中有广泛应用(Gregor et al.,2015)。一般的 RNN 通常不易训练,因此出现了其变体,即 LSTM,并被广泛使用。LSTM 是一种特殊的 RNN,可以看作对 RNN 的改进(Hochreiter and Schmidhuber,1997)。它向传统 RNN 中引入了一系列门结构,使得 RNN 对序列信息产生选择性记忆功能,同时 LSTM 能够有效解决传统 RNN 在反向传播(back propagation,BP)时的梯度爆炸和梯度消失问题。最近的研究中传统 RNN 几乎已被 LSTM 取代。

除了对于神经网络模型的改进,深度学习的发展也体现在算法的优化上。目前深度学习的优化算法基本上是基于反向传播算法(Rumelhart et al.,1986)。深度学习中最常用也是最有效的参数更新方式是通过反向传播求取参数梯度,再结合一些启发式优化算法思想对参数进行更新。反向传播算法的核心思想是将链式求导这一过程看作神经网络误差的反向传播。反向传播算法的原理十分简单,即对目标函数求导,再通过链式法则对每个参数求导(LeCun et al.,1989;Ahmad et al.，2004）。当今流行的深度学习框架都提供了基于计算图和反向传播算法的自动求导功能。

为了应对训练样本数据量大的机器学习任务，神经网络一般使用随机梯度下降进行权重优化。随机梯度下降是一种广泛用于深度学习的优化算法。在普通的优化问题中，人们一般将所有训练数据放入模型计算，对参数进行迭代更新。但当训练样本数太大时，系统硬件资源很难应付这种计算，而且每一步迭代的计算成本都很高，这些原因导致模型训练缓慢。而随机梯度下降的每一步只随机取训练集中的一个样本进行计算，大大提高了大规模机器学习的效率（Bottou，2010）。实际应用中经常把训练集分为多个小批，对分批数据进行梯度下降，既降低了计算成本，又兼顾了稳定性。

在神经网络权重更新的计算方式上，研究者普遍希望神经网络模型的训练能够稳定并且最终收敛。Adam 优化算法（Kingma et al.，2014）是一种可以替代传统随机梯度下降过程的一阶优化算法，它能基于训练数据迭代地更新神经网络权重。Adam 优化算法最开始是由 OpenAI 的大脑科学家 D.P. Kingma（D.P.金玛）和多伦多大学教授 J.Lei Ba（J. 雷巴）在 2015 年的国际学习表征会议（International Conference on Learning Representations，ICLR）上提出的。Adam 的名称来源于适应性矩估计（adaptive moment estimation）。Adam 算法和传统的随机梯度下降不同。随机梯度下降保持单一的学习率即 alpha，并使用它来更新所有的权重，学习率在训练过程中并不会改变。而 Adam 通过计算梯度的一阶矩估计和二阶矩估计，为不同的参数设计独立的自适应性学习率。Adam 算法的提出者描述其为两种随机梯度下降扩展式的优点集合。适应性梯度（adaptive gradient，AdaGrad）算法（Zeiler，2012）为每一个参数保留了一个学习率以提升在稀疏梯度（即自然语言和计算机视觉问题）上的性能；均方根传播（root mean square prop，RMSProp）算法是一种基于梯度的参数更新策略，它参考了动力学理论，在 AdaGrad 算法基础上进行了改进，用衰减的累积惯性量对参数进行更新，与其他优化算法相比具有卓越的稳定性。RMSProp 算法可以基于权重梯度最近量级的均值为每一个参数适应性地保留学习率，这意味着该算法在非稳态和在线问题上有很优秀的性能。Adam 算法同时获得了 AdaGrad 和 RMSProp 算法的优点。Adam 算法不仅如 RMSProp 算法那样基于一阶矩均值计算适应性参数学习率，它同时还充分利用了梯度的二阶矩均值（即有偏方差，uncentered variance）。具体来说，Adam 算法计算了梯度的指数移动均值（exponential moving average），超参数 beta1 和 beta2 控制了这些移动均值的衰减率。移动均值的初始值和 beta1、beta2 值接近于 1，即推荐值，因此矩估计的偏差接近于 0，该偏差通过首先计算带偏差的估计而后计算偏差修正后的估计而降低。综上所述，Adam 算法目前被公认为是最好的优化算法之一。我们后文所提出的方法分别使用了 RMSProp 算法和 Adam 算法对模型进行优化。

图神经网络中"图"的概念即为由节点和节点之间的连接边所组成的网络。尽管传统的深度学习方法被应用在提取欧氏空间数据的特征方面已经取得了巨大的成功，但许多实际应用场景中的数据是从非欧氏空间中生成的，传统的深度学习方法在处理非欧氏空间数据上的表现却仍然难以使人满意。例如，在电子商务中，一个基于图的学习系统能够利用用户和产品之间的交互来做出非常准确的推荐，但图的复杂性使得现有的深度学习算法在处理时面临着巨大的挑战。这是因为图是不规则的，其中包含很多节点，节点之间的连接边也包含着丰富的现实含义，每个图都有一个大小可变的无序节点，图中的每个节点都有不同数量的相邻节点，这些特点导致虽然一些重要的操作在图像上是很容易计算的，但不再适合直接用于图。此外，现有的深度学习算法的一个核心假设是数据样本之间彼此独立。然而，对于图来说，情况并非如此，图中的每个数据样本（即节点）都会存在连接边与图中其他实数据样本（即其他节点）相关，这些信息也是用于捕获实例之间的相互依赖关系的重要依据信息。

近年来，人们对深度学习方法在图上的扩展越来越感兴趣。在多方因素的成功推动下，研究人员借鉴了 CNN、RNN 和深度自动编码器的思想，定义和设计了用于处理图数据的神经网络结构，由此一个新的研究热点——图神经网络应运而生。

图神经网络可以划分为五大类：GCN（Kipf and Welling，2016）、图注意力网络（graph attention network，GAT）（Veličković et al.，2017）、图自编码器（graph auto-encoder，GAE）（Kipf et al.，2016）、图生成网络（graph generative network）（Wu and Chen，2020）和图时空网络（graph spatial-temporal network）（Yan et al.，2018）。

GCN 将卷积运算从传统数据推广到图数据上，其核心思想是学习一个函数映射，图中的节点通过该映射聚合其本身的特征及其邻居的特征，以生成新的节点表示。GCN 是许多复杂的图神经网络模型的基础，包括自动编码器模型、生成模型和时空网络等。GCN 可以分为两大类：基于谱图（spectral-based）的 GCN 和基于空间域（spatial-based）的 GCN。

作为最早的 GCN，基于谱图的模型在许多与图相关的分析任务中取得了令人印象深刻的结果。这些模型在图信号处理方面有一定的理论基础。通过设计新的图信号滤波器，我们可以从理论上设计新的 GCN。然而，基于谱图的模型有着一些难以克服的缺点，下面我们将从效率、通用性和灵活性三个方面来阐述。

在效率方面，基于谱图的模型的计算成本随着图大小的增加而急剧增加，因为它们要么需要执行特征向量计算，要么同时处理整个图，这使得它们很难适用于大型图。基于空间域的模型有潜力处理大型的图数据，因为它们通过聚集相邻节点直接在图域中执行卷积。计算可以在一批节点中执行，而不是在整个图中执行。当相邻节点数量增加时，可以引入采样技术来提高效率。在一般性方面，基于谱图的模型假定一个固定的图，使得很难在图中添加新的节点。另外，基于空间域的模型在每个节点本地执行图卷积，可以轻松地在不同的位置和结构之间共享权重。在灵活性方面，基于谱图的模型仅限于在无向图上工作，有向图上的拉普拉斯矩阵没有明确的定义，因此将基于谱图的模型应用于有向图的唯一方法是将有向图转换为无向图。基于空间域的模型更灵活地处理多源输入，这些输入可以合并到聚合函数中。因此，近年来基于空间域的模型越来越受到关注，基于空间域的模型在各种各样的下游任务上的应用也更加广泛。

注意力机制如今已经被广泛地应用到了基于序列的任务中，它的优点是能够放大数据中最重要的部分的影响。这个特性已经被证明对许多任务都是非常有用的，例如，机器翻译和自然语言理解任务。如今融入注意力机制的模型数量正在持续增加，图神经网络也受益于此。图神经网络在聚合过程中使用注意力机制，整合多个模型的输出，并生成面向重要目标的随机游走。GAT 是一种基于空间域的 GCN，它的注意力机制是在聚合特征信息时，将注意力机制用于确定节点邻域的权重。为了学习不同子空间中的注意力权重，GAT 还可以使用多注意力，比如，门控注意力网络（gated attention network，GAAN）采用了多头注意力机制来更新节点的隐藏状态，但是 GAAN 并没有给每个注意力头部分配相等的权重，而是引入了一种自注意力机制，该机制为每个注意力头部计算不同的权重。图注意力模型（graph attention model，GAM）提供了一个 RNN 模型，以解决图的分类问题，通过自适应地访问一个重要节点的序列来处理图的信息。

除了在聚合特征信息时将注意力权重分配给不同的邻居节点，还可以根据注意力权重将多个模型集成起来，以及使用注意力权重来引导随机游走。GAT 和 GAAN 的优势在于，它们能够自适应地学习邻居节点的重要性权重。然而，计算成本和内存消耗会随着每对邻居之间的注意力权重的计算而迅速增加。

GAE 是一类图嵌入方法，其目的是利用神经网络结构将图的节点表示为低维向量。典型的解决方案是利用多层感知机作为编码器来获取节点嵌入，其中解码器重建节点的邻域统计信息，如正逐点互信息（positive pointwise mutual Information，PPMI）或一阶和二阶相似值。最近，研究人员已经探索了将 GCN 作为编码器的用途，将 GCN 与 GAN（generative adversarial network，生成式对抗网络）结合起来，或将 LSTM 与 GAN 结合起来设计 GAE。GAE 的一个挑战是邻接矩阵 A 的稀疏性，这使得解码器的正条目数远远小于负条目数。为了解决这个问题，DNGR（deep neural networks for learning graph representations，用于学习图表示的深度神经网络）重构了一个更密集的矩阵，即 PPMI 矩阵，SDNE 对邻接矩阵的零项进行惩罚，GAE 对邻接矩阵中的项进行重加权，NetRA（network representations with adversarially regularized autoencoders，具有对抗正则化自编码器的网络表示）将图线性转化为序列。

图生成网络的目标是在给定一组观察到的图的情况下生成新的图。图生成网络的许多方法都是特定于领域的。例如，在分子图生成中，一些工作模拟了称为 SMILES（simplified molecular input line entry system，简化分子线性输入规范）的分子图的字符串表示；在自然语言处理中，生成语义图或知识图通常以给定的句子为条件。最近，人们提出了几种通用的方法。一些工作将生成过程作为节点和边的交替形成因素，而另一些则采用生成对抗训练。这类方法或使用 GCN 作为构建基块，或使用不同的架构。

图时空网络同时捕捉时空图的时空相关性。时空图具有全局图结构，每个节点的输入随时间变化。例如，在交通网络中，每个传感器作为一个节点连续记录某条道路的交通速度，其中交通网络的边由传感器对之间的距离决定。图时空网络的目标可以是预测未来的节点值或标签，或者预测时空图标签。最近的研究仅仅探讨了 GCN 的使用、GCN 与 RNN 或 CNN 的结合，以及根据图结构定制的循环体系结构。

本文所阐述的方法主要是基于 GCN 和 GAT 的，针对这两种图神经网络的研究变体以及在各个领域的应用也相对比较广泛。

7.2　科技大数据核心增值路径规划方法

科技大数据网络属于一种异构网络，其中包含不同类型的节点和不同类型的连接边，具有比较丰富的信息多样性。现有的基于网络嵌入的增值路径规划方法大多综合考虑了科技大数据网络的结构信息及其包含的文本信息，却忽略了科技大数据网络中客观存在的其他信息，如合著者信息等。而且，现有的方法将科技大数据核心增值路径规划问题视为一个链接预测问题，查询节点必须存在于网络中，即训练集中必须存在一个已知的科技大数据网络中的节点类型，否则模型将无法正常训练。这种前提条件在现实生活中往往较难满足。

本章以科技文献大数据网络为例，提出两种科技大数据增值路径规划模型，分别是基于注意力的序列到序列网络表示（attention-based sequence to sequence network representation，AS^2NR）模型与互增强网络嵌入（mutual reinforcement network embedding，MRNE）模型。其中，AS^2NR 模型可以同时学习网络中节点的内容信息和结构信息，避免了手动组合分离的内容向量和结构向量，是一种基于注意力机制的增值路径方法；MRNE 模型基于网络嵌入进行科技文献增值节点挖掘，以整合合著作者信息、文本信息以及网络结构信息，是一种基于互增强模型的增值路径规划方法。

7.2.1　基于注意力机制的增值路径规划方法

我们首先构造一个科技文献数据网络，生成包含节点标识序列以及对应内容序列的平行序列，然后将网络表示任务看作一个机器翻译问题，采用序列到序列（Seq2Seq）神经网络来学习网络中每个节点的向量表示。上述过程即为 AS^{2}NR 模型的整个工作流程，该模型的整体框架如图 7.1 所示。

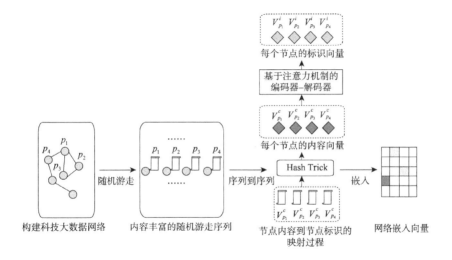

图 7.1　AS^{2}NR 模型的整体框架图
Hash Trick 即哈希方法

后文将详细介绍 AS^{2}NR 模型的各个模块以及具体的工作方式。

1. 科技文献数据网络的构建

以科技文献节点为核心来抽象整个科技大数据网络的网络关系，构建科技文献数据网络 $G(V, E)$，其中 $V = \{p_1, p_2, \cdots, p_n\}$ 是所有科技文献节点的集合，n 是科技文献节点的个数，E 是这些节点之间连接边的集合。每个节点 p_i 都包含自身的标识信息和内容信息，每个边 $e(p_i, p_j)$ 都表示节点 p_i 和节点 p_j 之间存在参考引用等交互关系。

2. 生成平行序列

我们将随机游走算法应用于构造科技文献数据网络 G 的过程中。利用随机游走算法，我们可以生成 K 对随机的平行序列 $((S_1^i,S_1^c),(S_2^i,S_2^c),\cdots,(S_K^i,S_K^c))$。对于每一对平行序列 (S_j^i,S_j^c) 来说，它是由节点标识序列 $S_1^i=\{p_j^i,p_2^i,\cdots,p_T^i\}$ 和对应的节点内容序列 $S_j^c=\{p_j^c,p_2^c,\cdots,p_T^c\}$ 共同组成的。

3. AS²NR 方法

我们提出了一种 AS²NR 方法。该算法的核心思想是利用基于注意力机制的编码器–解码器模型，将内容序列映射到对应的标识序列，从而得到网络嵌入向量。整个过程如图 7.2 所示。

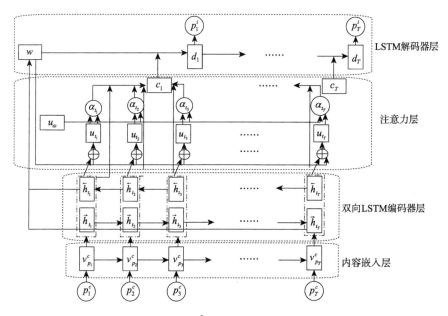

图 7.2　AS²NR 模型的整体流程

AS²NR 模型可以划分为四个层次：内容嵌入层、双向 LSTM 编码器层、注意力层和 LSTM 解码器层。

1）内容嵌入层

对于采样得到的节点内容序列 $S_1^c=\{p_1^c,p_2^c,\cdots,p_T^c\}$，$p_1^c$ 是节点 p_i 的原始内容，如科技文献的标题和摘要，这些原始内容节点需要经过预处理操作形成向量表示。我们利用内容嵌入层来学习这种端到端的映射：

$$v_{p_i}^c = \text{Fun}_{\text{Emb}}(v_{p_i}^c) \qquad (7.1)$$

其中，Fun_{Emb} 为一个嵌入函数，使用了全连接层和哈希（Weinberger et al., 2009）。后文将根据步骤顺序对编码器单元的工作流程进行说明，其中编码层的第 q 个单元实际上是指编码层单元在第 q 步处执行的一系列操作。

2）双向 LSTM 编码器层

仅仅捕捉局部的网络结构信息来进行网络表示学习可能会丢失一些重要的信息，从全局的角度来看，通过捕捉全局网络结构信息来学习网络表示可以产生更加精确的节点表示，而且可以包含网络中的重要信息。由于双向 LSTM 结构可以捕获较长范围的上下文信息和全局网络结构，因此我们采用它作为编码器。

在第 t 步，LSTM 用于对内容嵌入向量 $\{v_{p_1}^c, v_{p_2}^c, \cdots, v_{pT}^c\}$ 进行编码，即

$$h_{tq} = \text{Gate}(v_{p_i}^c, h_{t(q-1)}) \qquad (7.2)$$

$$w = Q(\{h_{t1}, h_{t2}, \cdots, h_{tT}\}) \qquad (7.3)$$

其中，h_{tq} 为第 q（$q=1,2,\cdots,T$）个单元隐藏状态在第 t 步时的输出向量；w 为解码器的初始输入向量。

LSTM 是一种处理序列数据的门控循环神经网络，它利用门控函数和细胞状态克服了 RNN 带来的梯度消失问题。在 RNN 中，随着梯度计算的传播，梯度被近距离梯度所主导，从而导致模型难以学习到远距离的信息。而 LSTM 的门机制可以明确建立长期记忆以来的模型，远距离梯度不会完全消失，其存储单元可以存储和访问长期上下文信息。在第 t 步时，LSTM 编码器的第 q 个单元的单元存储器结构如图 7.3 所示。

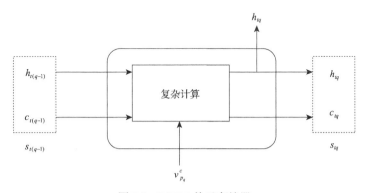

图 7.3　LSTM 单元存储器

在图 7.3 中，h_{tq}、c_{tq} 和 s_{tq} 分别是编码器中第 q 个单元的隐藏输出向量、单元状态输出向量和单元输出向量；$v_{p_q}^c$ 是第 t 步处编码器中第 q 个单元的内容。

LSTM 的门函数由输入门函数、输出门函数、遗忘门函数和存储单元激活向

量组成。编码器第 q 个存储单元在第 t 步处的门函数 Gate 如下:

$$i_{tq} = \sigma(W_{vi}v_{p_q}^c + W_{hi}h_{t(q-1)} + W_{ci}c_{t(q-1)} + b_i) \qquad (7.4)$$

$$f_{tq} = \sigma(W_{vf}v_{p_q}^c + W_{hf}h_{t(q-1)} + W_{cf}c_{t(q-1)} + b_f) \qquad (7.5)$$

$$o_{tq} = \sigma(W_{vo}v_{p_q}^c + W_{ho}h_{t(q-1)} + W_{co}c_{t(q-1)} + b_o) \qquad (7.6)$$

$$\tilde{c}_{tq} = \tanh(W_{vc}v_{p_q}^c + W_{hc}h_{t(q-1)} + b_c) \qquad (7.7)$$

$$c_{tq} = f_{tq} \otimes c_{t(q-1)} + i_{tq} \otimes \tilde{c}_{tq} \qquad (7.8)$$

$$h_{tq} = o_{tq} \otimes \tanh(c_{tq}) \qquad (7.9)$$

其中, σ 为逻辑 sigmoid 函数; $\otimes$ 为向量的点积; i_{tq}、f_{tq}、o_{tq}、$\tilde{c}_{tq}$ 和 c_{tq} 是第 q 个单元的输入门向量、遗忘门向量、输出门向量、临时单元存储向量和第 t 步中解码器的单元存储向量。我们采用双向 LSTM 编码器层来获取前向和后向的上下文信息,即

$$\vec{h}_{tq} = \text{Gate}^{fw}(v_{p_q}^c \vec{h}_{t(q-1)}) \qquad (7.10)$$

$$\overleftarrow{h}_{tq} = \text{Gate}^{fw}(v_{p_q}^c \overleftarrow{h}_{t(q-1)}) \qquad (7.11)$$

在第 t 步时,我们应用函数 Q 来连接前向 LSTM 的最后一个隐藏状态向量和后向 LSTM 的第一个隐藏状态向量:

$$w = Q(\vec{h}_{t1}, \vec{h}_{t2}, \cdots, \vec{h}_{tT}, \overleftarrow{h}_{t1}, \overleftarrow{h}_{t2}, \cdots, \overleftarrow{h}_{tT}) \qquad (7.12)$$

我们采用 w 作为解码器的初始输入。

3) 注意力机制

对于编码器的输出序列,不同的向量表示可能对节点的标识序列产生不同的影响,因此我们在框架中增加了一个注意力机制,以便区分不同节点的重要性。附加注意力机制考虑到编码器中的内容向量序列在每个时间步对解码器输出向量表示的不同影响,在当前时间步给内容节点序列的节点内容向量分配不同的权重(权重是自动学习的),从而使解码器的输出向量在每个时间步长上都具有不同的权重,因此解码器可以凭借权重更加准确地表示节点的身份。注意力机制的输入是编码器的隐藏层状态输出序列,即 $\{h_{t1}, h_{t2}, \cdots, h_{tT}\}$(其中,$h_{tq} = [\vec{h}_{tq}, \overleftarrow{h}_{tq}]$,$q = 1$,$2, \cdots, T$,$h_{tq}$ 是编码器中第 q 个单元在时间步长 t 处的正向和反向传播与全局向量 u_w 之间的隐藏状态向量链接),注意力机制的输出是每个时间步的上下文向量。注意力层在时间步骤 t 的状态如图 7.4 所示。

注意力层在第 t 步时的输出考虑编码器中所有隐藏状态输出的注意力上下文向量的贡献。

$$c_t = \sum_{q=1}^{T} \alpha_{tq} h_{tq} \qquad (7.13)$$

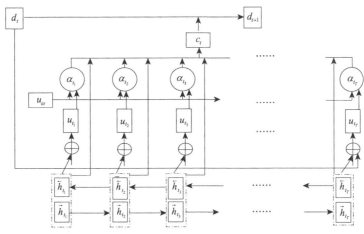

图 7.4　注意力层在第 t 步时的状态

其中，$\alpha_{tq} \in R$ 为第 t 步处编码器中第 q 个单元的隐藏状态向量 h_{tq} 在注意力向量 c_t 中的比例，将 α_{tq} 定义为

$$u_{tq} = \tanh(W_\omega h_{tq} + W_v d_{t-1}) \tag{7.14}$$

$$\alpha_{tq} = \frac{\exp(u_{tq}^{\mathrm{T}} u_\omega)}{\sum\limits_{q=1}^{T} \exp(u_{tq}^{\mathrm{T}} u_\omega)} \tag{7.15}$$

其中，u_{tq} 为第 t 步处编码器中第 q 个单元的隐藏状态向量；u_ω 为可学习参数；W_ω 为权重矩阵；d_{t-1} 为第 $t-1$ 步处解码器中单元的隐藏状态向量。

我们在注意力层得到了注意力向量，注意力向量表示输入序列中每个节点在某一时刻对输出节点的重要程度。也就是在不同的时刻，输入序列中节点的历史信息在输出序列的节点中起着不同的作用。注意力机制可以更加准确地将历史信息整合到节点的标识向量中。

4）解码器

我们采用 LSTM 作为解码器层，得到解码层的初始输入向量 w 和对应第 t 步的解码器层输出向量 d_t 的上下文向量 c_t，以 w、c_t、d_{t-1} 作为输入向量，得到解码器的一个隐藏状态序列 $D = \{d_1, d_2, \cdots, d_T\}$。

$$d_t = \varphi(w, c_t, d_{t-1}) \tag{7.16}$$

利用 LSTM 函数 φ 得到节点予以空间到节点标识空间的映射：

$$d_t = \varphi(w, c_t, d_{t-1}) = \begin{cases} \mathrm{Gate}(c_t, w) \\ \mathrm{Gate}(c_t, d_{t-1}) \end{cases} \tag{7.17}$$

解码器层从上下文向量 c_t 解码出 $D = \{d_1, d_2, \cdots, d_T\}$ 后，最后一步是使用翻译层将 D 转换为标识序列 S_n^i。我们利用全连接层将 d_t 映射为 n 维向量，其中每个维度代表一个节点的标识：

$$g_t = \sigma(W_{fc}d_t + b_{fc}) \qquad (7.18)$$

其中，W_{fc} 和 b_{fc} 分别为全连接层的权重矩阵和偏差；g_t 为每个节点的标识向量表示。

最后，使用 softmax 层将 g_t 转换为概率：

$$p_t(j) = \text{soft max}(g_t)_j \qquad (7.19)$$

5）模型优化算法

我们将交叉熵定义为模型的损失函数：

$$L = -\sum_{n=1}^{N} \sum_{v_q \in S_n} \sum_{j=1}^{|V|} \rho(v_q^i, j) p_t(j) \qquad (7.20)$$

其中，N 为随机游走序列的数量；网络中的 $|V|$ 节点为随机游走序列的根节点，即 $N=|V|$；n 为第 n 个随机游走序列；v_q 为第 n 个随机游走序列的第 q 个节点；S_n 为第 n 个随机游走序列；ρ 为一个二元函数，如果 v_q^i 等于 j 则 ρ 取值为 1，否则 ρ 取值为 0。

采用带动量的 RMSProp 可以加速神经网络的训练过程，通过梯度的一阶矩估计和二阶矩估计来动态地调整各参数的学习速率，并加入偏差校正。值得注意的是，由于一阶矩估计和二阶矩估计的初值被设置为零，因此会出现零偏移的问题，这将减小校正之后零偏移的影响。表 7.1 列出了 AS^2NR 方法的伪代码。

表 7.1 AS^2NR 方法的伪代码

输入：科技大数据网络 $G(V, E)$
输出：解码器层的隐藏状态序列 $D = \{d_1, d_2, \cdots, d_T\}$
1：随机游走生成 K 个并行序列 $((S_1^i, S_1^c), (S_2^i, S_2^c), \cdots, (S_K^i, S_K^c))$ ；
2：将内容序列映射到对应的内容节点向量序列，如 $S_1^c = \{p_1^c, p_2^c, \cdots, p_T^c\} \rightarrow \{v_{p_1}^c, v_{p_2}^c, \cdots, v_{pT}^c\}$ ；
3：**for each** (S_K^i, S_K^c) do
4：   **for each** $v_{p_t} = (S_K^i, S_K^c)$ do
5： $h_{tq} = \text{Gate}(v_{p_t}^c, h_{t(q-1)})$
6： $w = Q(\{h_{t1}, h_{t2}, \cdots, {}_{tT}\})$ ，$t=1$
7：   **end for**
8：   **for** $t \in \text{range}(T)$ do
9：   **for** $q \in \text{range}(T)$ do
10： $u_{tq} = \tanh(W_\omega h_{tq} + W_v d_{t-1})$
11： $\alpha_{tq} = \dfrac{\exp(u_{tq}^T u_\omega)}{\sum\limits_{q=1}^{T} \exp(u_{tq}^T u_\omega)}$
12：   **end for**
13： $c_t = \sum\limits_{q=1}^{T} \alpha_{tq} h_{tq}$
14： $d_t = \varphi(w, c_t, d_{t-1})$
15：   **end for**
16：**end for**

4. 基于 AS²NR 的核心增值路径规划方法

最后，我们将得到的编码器的隐藏层状态向量 h 作为每个科技文献节点的向量表示。对于给定的查询文献，我们提出了一种基于 AS²NR 的科技大数据核心增值路径规划方法。该方法首先利用 AS²NR 模型获取科技文献节点的向量表示，然后计算训练文献与查询文献之间的相似度得分，再根据相似度对训练文献进行排序，最后选择得分较高的科技文献生成增值路径所包含的增值节点列表。

7.2.2　基于互增强模型的增值路径规划方法

我们首先构建一个科技文献–作者网络 G, 其中科技文献节点之间依据引用关系进行有向的连接，每个科技文献节点与相应的作者进行连接，合著作者的关系用作者集合表示，如图 7.5 所示。

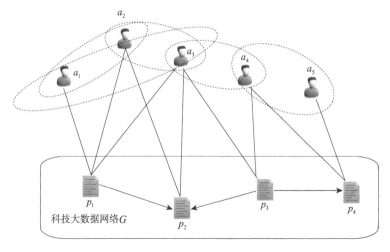

图 7.5　科技大数据网络 G

图 7.5 中，增值节点表示科技文献，增值节点之间的连接边表示科技文献之间的参考引用关系。每篇科技文献可以有多个合著作者，即每个文献节点可以与多个作者节点之间存在边；每个作者可以发表多篇文献，即每个作者节点可以与多个文献节点之间存在边。

为了充分利用网络结构信息、文本信息以及作者信息等关键信息，MRNE 模型针对增值节点 p_i 提出了两种节点嵌入方法，即基于结构的合著作者信息嵌入方法 $v_{p_i}^{sa}$ 和基于结构的文本信息嵌入方法 $v_{p_i}^{st}$。基于结构的合著作者信息嵌入方法需要获取网络中的结构信息以及作者节点与作者节点之间存在的合著关系，而基于结构的文本信息嵌入方法需要获取网络中的结构信息和节点相关的文本信息。为了使这两种嵌入方法在语义上的意义更加丰富，我们采用相互增强原理对其进行交互式的迭代更新。最后，将两个嵌入方法连接起来，得到节点 p_i 的最终向量表示。接下来我们将详细介绍 MRNE 模型。

1. 基于结构的合著作者信息嵌入方法

一个文献节点 p_i 可能与多个作者节点相互关联，那么这些作者就是这篇文献的共同作者，即这些作者节点之间存在合著关系。对于作者节点 a_m 和 a_n，它们的向量嵌入可以分别表示为 v_{a_m} 和 v_{a_n}。可以将表示两个合著作者节点 a_m 和 a_n 之间的共同作者对的向量表示为

$$v_{a_{mn}} = v_{a_m} \circ v_{a_n} \tag{7.21}$$

其中，$\circ$ 表示哈达玛积。

文献节点 p_i 的基于结构的合著作者表示是所有相关合著作者向量表示的哈达玛积的平均和，即

$$v_{p_i}^{sa} = \frac{1}{|E_{a_m a_n}|} \sum_{(a_m, a_n) \in E_{a_m a_n}} v_{a_{mn}} \tag{7.22}$$

其中，$E_{a_m a_n}$ 为文献 p_i 的合著作者对集合。

随着科技大数据网络的不断发展与完善，基于结构的合著作者信息嵌入方法的目标被定义为

$$L_p^{sa}(e) = w_{p_i, p_j} \log p(v_{p_i}^{sa} \mid v_{p_j}^{sa}) \tag{7.23}$$

其中，$w_{p_i p_j}$ 为文献节点 p_i 和 p_j 之间连接边的权重。在 LINE 模型中，由 v_{p_i} 生成的 v_{p_j} 条件概率定义为

$$p(v_{p_i}^{sa} \mid v_{p_j}^{sa}) = \frac{\exp(v_{p_i}^{sa} \cdot v_{p_j}^{sa})}{\sum\limits_{k=1}^{n_p} \exp(v_{p_i}^{sa} \cdot v_{p_j}^{sa})} \tag{7.24}$$

其中，n_p 为文献的数目。

2. 基于结构的文本信息嵌入方法

科技大数据网络中的文献节点中包含着相关的文本内容信息。因此，我们提出了一种基于结构的文本信息嵌入方法，将文本内容信息与网络结构信息结合起来用节点向量进行表示。

利用 CNN 实现基于内容信息的节点嵌入。对每个词汇的输入序列进行卷积和基于节点的卷积运算，得到每个单词的卷积以及查找序列。得到的基于结构的文献节点 p_i 的文本嵌入表示为 $v_{p_i}^{st}$。为了与 $L_p^{sa}(e)$ 兼容，将基于结构的文本嵌入目

标 $L_p^{st}(e)$ 定义如下。

$$L_p^{st}(e) = w_{p_i,p_j} \log p(v_{p_i}^{st} \mid v_{p_j}^{st}) \qquad (7.25)$$

可以使用 softmax 函数来计算式（7.24）中的概率。

文献节点向量表示的总体目标可以定义为

$$L_p = \alpha L_p^{sa}(e) + \beta L_p^{st}(e) = \alpha \cdot w_{p_i p_j} \log p(v_{p_i}^{sa} \mid v_{p_j}^{sa}) + \beta \cdot w_{p_i p_j} \log p(v_{p_i}^{st} \mid v_{p_j}^{st}) \qquad (7.26)$$

上述方程中的两个条件概率分别将基于结构的合著作者信息嵌入方法与基于结构的文本信息嵌入方法映射到同一向量空间中。然后使用 softmax 函数来计算概率，类似式（7.24）。

3. 模型优化算法

根据式（7.26），我们的目标是最大化 $v_{p_i} \in \{v_{p_i}^{sa}, v_{p_i}^{st}\}$ 与 $v_{p_j} \in \{v_{p_j}^{sa}, v_{p_j}^{st}\}$ 之间的各种条件概率。但是，使用 softmax 函数来优化条件概率的过程在计算上的成本较高。因此，我们采用负采样方法，并将基于结构的合著作者信息嵌入目标转换为以下形式。

$$L_p^{sa'} = \log \sigma(v_{p_i}^{sa\mathrm{T}} \cdot v_{p_j}^{sa}) + \sum_{l=1}^{K} E_{v_{p_i}^{sa} - P(v)} \left[\log \sigma \left(-v_{p_i}^{sa\mathrm{T}} \cdot v_{p_l}^{sa} \right) \right] \qquad (7.27)$$

其中，$\sigma(x) = 1 / (1 + \exp(-x))$ 为 sigmoid 函数；K 为负样本数。$P_n(v) \propto d_v^{3/4}$ 的设置方式与 Kobayashi 等（2018）的研究中相同，其中 d_v 为节点 v 的向外度。采用同样的方式，可以得到基于转换结构的文本嵌入目标 L_p^{st}。因此，我们的总体目标是

$$L_p' = \alpha L_p^{sa'}(e) + \beta L_p^{st'}(e) \qquad (7.28)$$

使用 Adam 函数对 L_p' 进行优化，分别得到文献 p_i 的基于结构的合著作者信息向量表示 $v_{p_i}^{sa}$ 以及文献 p_i 的基于结构的文本信息向量表示 $v_{p_i}^{st}$。

然后，使用相互增强的方式对得到的向量表示 $v_{p_i}^{sa}$ 和 $v_{p_i}^{st}$ 进行细化。

4. 两种嵌入表示的相互增强方法

我们针对上文提出的两种嵌入表示方法提出了相互增强的方法，其基本原理是：如果整合了文本信息，那么基于结构的合著作者信息嵌入方法应该具有更加丰富的语义；而如果整合了合著作者信息，那么基于结构的文本信息嵌入方法也可以具有更加丰富的语义。

基于这一原理，我们的 MRNE 方法提出了一个相互增强的目标，使两个嵌入方法能够相互学习和更新，从而使两个嵌入方法都具有更加丰富的语义意义。

我们构造了一个作者–文本的关系矩阵 $W_{\mathrm{AT}} = [w_{a_i t_j}]_{n_a \times n_p}$，其中 n_a 是作者数，

n_p 是文献数。如果作者 a_i 是文献 p_j 的作者，则 $w_{a_i t_j}$ 定义为 1，否则 $w_{a_i t_j}$ 为 0。$V_P^{sa}(0)$ 和 $V_P^{st}(0)$ 表示基于结构的合著作者信息嵌入和基于结构的文本信息嵌入的初始矩阵。矩阵 $V_P^{sa}(0)$ 和 $V_P^{st}(0)$ 的第 i 行表示 p_i 的基于结构的合著作者信息嵌入向量以及 p_i 的基于结构的文本信息嵌入向量，它们是由 $v_{p_i}^{sa}$ 和 $v_{p_i}^{st}$ 直接派生出来的。然后根据合著作者和文献文本之间的链接关系进行多次迭代，相互更新。

$$\begin{cases} V_P^{sa}(k+1) = \theta V_P^{sa}(0) + (1-\theta)L_{AT}^{\ T}L_{AT}V_P^{st}(k) \\ V_P^{st}(k+1) = \theta V_P^{st}(0) + (1-\theta)L_{AT}^{\ T}L_{AT}V_P^{sa}(k) \end{cases} \tag{7.29}$$

其中，L_{AT} 为归一化矩阵 W_{AT}；$V_P^{sa}(k)$ 和 $V_P^{st}(k)$ 为第 k 次迭代后的 $V_P^{sa}(0)$ 和 $V_P^{st}(0)$；θ 是取值范围从 0 到 1 的权重参数。

$$L_{AT} = D_{ATR}^{\ -1}W_{AT}D_{ATC}^{\ -1} \tag{7.30}$$

其中，D_{ATR} 为对角线矩阵，其 i 行 i 列的元素等于 W_{AT} 的第 i 行之和；相应地，D_{ATC} 也是对角线矩阵，其 i 行 i 列元素等于 W_{AT} 的第 i 列之和。

式（7.29）中的 $L_{AT}^{\ T}L_{AT}V_P^{st}$ 和 $L_{AT}^{\ T}L_{AT}V_P^{sa}$ 是蕴含了基于结构的文本信息嵌入对于基于结构的合著作者信息嵌入的影响，以及基于结构的合著作者信息嵌入对于基于结构的文本信息嵌入的影响。因此，式（7.29）中的第一行表示由 V_P^{st} 增强的 V_P^{sa} 的更新，第二行表示由 V_P^{sa} 增强的 V_P^{st} 的更新。该算法在一定程度上保持了原有的基于结构的合著作者信息嵌入结果 $V_P^{sa}(0)$ 和基于结构的文本信息嵌入结果 $V_P^{st}(0)$ 的可信度。

矩阵 $V_P^{sa}(k)$ 和 $V_P^{st}(k)$ 分别收敛到 $[I-(1-\theta)^2(L_{AT}^{\ T}L_{AT})^2]^{-1}[\theta V_P^{sa}(0) + \theta(1-\theta)L_{AT}^{\ T}L_{AT}V_P^{st}(0)]$ 和 $[I-(1-\theta)^2(L_{AT}^{\ T}L_{AT})^2]^{-1}[\theta V_P^{st}(0) + \theta(1-\theta)L_{AT}^{\ T}L_{AT}V_P^{sa}(0)]$。严格的证明见式（7.29）。这里我们只介绍如何获得这种闭式表达式。假设 $V_P^{sa}(k)$ 和 $V_P^{st}(k)$ 分别收敛于 $V_P^{sa*}(k)$ 和 $V_P^{st*}(k)$。使用 V_P^{sa*} 代替式（7.29）中的 $V_P^{sa}(k+1)$ 和 $V_P^{sa}(k)$，同样地，使用 V_P^{st*} 代替式（7.29）中的 $V_P^{st}(k+1)$ 和 $V_P^{st}(k)$，可以得到下式

$$\begin{cases} V_P^{sa*} = \theta V_P^{sa}(0) + (1-\theta)L_{AT}^{\ T}L_{AT}V_P^{st*} \\ V_P^{st*} = \theta V_P^{st}(0) + (1-\theta)L_{AT}^{\ T}L_{AT}V_P^{sa*} \end{cases} \tag{7.31}$$

可以转化为

$$\begin{cases} [I-(1-\theta)^2(L_{AT}^{\ T}L_{AT})^2]V_P^{sa*} = \theta V_P^{sa}(0) + (1-\theta)L_{AT}^{\ T}L_{AT}V_P^{st}(0) \\ [I-(1-\theta)^2(L_{AT}^{\ T}L_{AT})^2]V_P^{st*} = \theta V_P^{st}(0) + (1-\theta)L_{AT}^{\ T}L_{AT}V_P^{sa}(0) \end{cases} \tag{7.32}$$

由于 $0 < \theta < 1$，并且 $(L_{AT}^{\ T}L_{AT})^2$ 的特征值取值范围为 $[-1,1]$，因此当它们是基于行正规化和列正规化 L_{AT} 的正规化对称矩阵时，可以得到：

$$\begin{cases} V_P^{sa*} = [I-(1-\theta)^2(L_{AT}^{\ T}L_{AT})^2]^{-1}[\theta V_P^{sa}(0) + \theta(1-\theta)L_{AT}^{\ T}L_{AT}V_P^{st}(0)] \\ V_P^{st*} = [I-(1-\theta)^2(L_{AT}^{\ T}L_{AT})^2]^{-1}[\theta V_P^{st}(0) + \theta(1-\theta)L_{AT}^{\ T}L_{AT}V_P^{sa}(0)] \end{cases} \tag{7.33}$$

可以利用收敛证明过程中得到的封闭形式，直接得到 p_i 的基于结构的合著作者信息向量表示 V_p^{sa*} 以及 p_i 的基于结构的文本信息向量表示 $V_{p_i}^{st*}$。然而，在大规模的实际问题中，由于计算效率的缘故，我们更加倾向于使用迭代算法。通常，当基于结构的合著作者信息向量表示方法或者基于结构的文本信息向量表示方法在两次连续的迭代中计算的任意点之间的最大差值低于给定阈值（在本章研究中为 0.001）时，迭代算法的收敛性就达到了。

文献节点 p_i 的最终向量表示是基于结构的合著作者信息嵌入与基于结构的文本信息嵌入的串联，即

$$v_{p_i} = v_{p_i}^{sa*} \oplus v_{p_i}^{st*} \tag{7.34}$$

至此，我们可以得到科技大数据网络中的科技文献节点的向量表示 v_{p_i}。

5. 基于 MRNE 的核心增值路径规划方法

根据查询文献和训练集中所有的科技文献之间的相似性分数生成科技文献列表，该列表即为核心增值路径。我们将查询文献视为测试数据，将其他科技文献视为训练数据，对训练集数据进行训练，以学习科技文献的向量表示和 MRNE 模型。基于训练后的 MRNE 模型，可以得到查询文献的向量表示。最后，计算查询文献和其他科技文献之间的相似性分数，选择相似性分数较高的那些科技文献来生成科技文献列表。表 7.2 总结了基于 MRNE 的核心增值路径规划的过程。

表 7.2　基于 MRNE 的核心增值路径规划的过程

输入：科技大数据网络 $G(V_p, E)$ 由训练文献顶点集 V_p 组成，如果两篇科技文献之间存在连接，则 E 是两篇科技文献顶点之间的有向边集合，训练文献的所有作者顶点 V_a，输入科技文献文本 q 和输入科技文献作者 q_a，参数 θ 负样本数 K，嵌入大小 d，批大小 b，学习率 lr，模型参数 α、β、Tre=0.001，数目 Q。

输出：一个路径节点列表

训练过程：

1：生成每篇训练科技文献的共同作者时，根据每篇科技文献的文本内容生成词序列；

2：负采样生成 G 中不存在的边；

3：使用式（7.22）计算初始矩阵 $V_p^{sa}(0)$ 和 $V_p^{st}(0)$；

4：使用式（7.30）构造矩阵 L_{AT}；

5：$k \leftarrow 0, \delta \leftarrow 0$；

6：重复

7：$V_p^{sa}(k+1) = \theta V_p^{sa}(0) + (1-\theta) L_{AT}^{\mathrm{T}} L_{AT} V_p^{st}(k)$

8：$V_P^{st}(k+1) = \theta V_p^{st}(0) + (1-\theta) L_{AT}^{\mathrm{T}} L_{AT} V_p^{sa}(k)$

9：$\delta \leftarrow \max \begin{pmatrix} \|V_p^{sa}(k+1) - V_p^{sa}(k)\|_F \\ \|V_p^{st}(k+1) - V_p^{st}(k)\|_F \end{pmatrix}$

10：$k \leftarrow k+1$；

11：直到 $\delta < \mathrm{Tre}$

续表

12:　$V_p^{st*} \leftarrow V_p^{st}(k)$, $V_p^{sa*} \leftarrow V_p^{sa}(k)$
13:　使用式（7.34）生成最终的科技文献嵌入；
14:　获取所有训练科技文献和 MRNE 模型的向量表示

核心增值路径规划过程:
1:　基于 MRNE 模型得到输入文献 q 的向量表示；
2:　计算输入文献的相似度得分 r_q，并根据 r_q 对训练科技文献进行排序；
3:　选择排名靠前的 Q 个训练文献生成路径节点列表

7.3　科技大数据核心增值路径规划方法的实验结果

科技大数据核心增值路径规划任务大致可以分为两类，即基于局部环境信息理解的路径规划（又称局部路径规划）和基于全局环境信息理解的路径规划（又称全局路径规划）。我们的研究内容是科技大数据的全局增值路径规划，因此需要找出全局最优的增值路径规划方法。

我们提出的 AS²NR 和 MRNE 两种方法都解决了相应的问题，实现了科技大数据网络中全局最优的增值路径规划任务。7.2 节已经对这两种方法的思想和算法进行了详细的阐述，本节将针对这两种方法进行深入的研究，并分别阐述两种科技大数据核心增值路径规划方法的实验结果。

7.3.1　基于注意力机制的增值路径规划方法的具体实现

1. 数据集设置

我们首先使用 Citeseer[①]和 DBLP[②]两个数据集来评估 AS²NR 方法的增值路径规划性能，然后通过维基百科数据集 Wiki[③]上的实例验证 AS²NR 模型对于网页的增值路径规划任务的鲁棒性。Citeseer 和 DBLP 数据集都是科技大数据引用关系数据集。

我们随机地选取了 Citeseer 数据集的一个子集，其中包含 3312 篇科技文献，引用关系有 4732 条。对于 DBLP 数据集，我们也随机地选取了一个子集，其中包含了 17 725 篇科技文献和 105 781 条引用关系。对于每一篇文献，其标题和摘要

---

① https://csxstatic.ist.psu.edu/downloads/data。

② https://dblp.uni-trier.de。DBLP(database systems and logic programming)是计算机领域内对研究的成果以作者为核心的一个计算机英文文献的集成数据库系统。

③ https://github.com/shenweichen/GraphEmbedding/tree/master/data/wiki。

被提取作为文献内容。利用 Wiki 数据集构建网页之间的网络，它包含 2405 个网页和 17 981 个超链接。对于每一个页面，将提取出的页面的标题和描述作为页面的内容。表 7.3 中列出了这三个数据集的统计数据。

表 7.3 三个数据集的统计数据

数据集	节点	边	单词数
Citeseer	3 312	4 732	3 703
DBLP	17 725	105 781	14 677
Wiki	2 405	17 981	4 973

2. 评估指标

在对 AS^{2}NR 方法的性能进行评估之前，我们首先对目标节点和候选节点进行说明。

目标节点：目标节点即为核心增值节点，是指规划的增值路径上包含的增值节点。例如，研究人员正在撰写的文献是一个目标节点，而当前正在浏览的网页也是一个目标节点。增值路径规划任务就是针对特定的目标节点生成增值路径中包含的增值节点的列表。

候选节点：候选节点是生成的推荐列表中的节点，直接连接到目标节点。例如，作者在撰写文献时引用的参考文献，或者用户在浏览网页时可能跳转到的页面，这些都可以被称为候选节点。

我们将数据集按照 2∶8 的比例分割成测试集和训练集。在测试的过程中，对于每个目标节点的所有节点进行排序是非常耗时的，特别是当目标节点的数量非常大的时候。因此，对于数据集中的每个目标节点，我们随机选择了 50 个与目标节点没有直接连接边的节点作为其负节点。然后，利用余弦相似度对目标节点的候选节点和负节点进行排序，即进行这些节点与目标节点之间的相似度计算，选择与目标节点相似度得分最高的 k 个节点生成推荐列表。我们使用 Precision@K、Recall@K 以及 NDCG@K（归一化贴现累积收益，normalized discounted cumulative gain）来评价该方法的效果。

（1）Precision@K：该指标度量了正确预测的候选节点数占推荐列表中目标节点总数的比例，定义为

$$\text{Precision}@K = \frac{1}{M}\sum_{i=1}^{M}\frac{|R(i)\bigcap T(i)|}{|R(i)|} \tag{7.35}$$

（2）Recall@K：该指标定义为增值路径规划结果列表中隐藏文献数目与增值文献节点的连接路径中包含的隐藏文献数目的比值，即

$$\text{Recall}@K = \frac{1}{M}\sum_{i=1}^{M}\frac{|R(i)\bigcap T(i)|}{|T(i)|} \tag{7.36}$$

（3）NDCG@K：当存在多层次的相关性判断时，该指标可以用来衡量排序结果的准确性，定义为

$$\text{DCG}_i = \sum_{j=1}^{|R(i)|}\frac{2^{\text{rel}_j}-1}{\log(j+1)} \tag{7.37}$$

$$\text{IDCG}_i = \sum_{j=1}^{|R(i)|}\frac{2^{\text{rel}_j}-1}{\log(S+1)}, \begin{cases} \text{rel}_j=1, & S=S+1 \\ \text{rel}_j=0, & S=S \end{cases} \tag{7.38}$$

$$\text{NDCG}@K = \frac{1}{M}\sum_{i=1}^{M}\frac{\text{DCG}_i}{\text{IDCG}_i} \tag{7.39}$$

其中，rel_j 为节点 j 的相关性得分。当节点 j 在 $T(i)$ 中时，$\text{rel}_j=1$，否则 $\text{rel}_j=0$；S 的初始值为 0，当 $\text{rel}_j=1$ 时，S 增加 1，否则 S 保持不变。

3. 与其他增值路径规划方法的比较

我们将提出的 AS^{2}NR 方法与其他八种方法进行了比较。

（1）DeepWalk。该方法是一种基于网络结构的网络嵌入模型，通过截断随机游走学习文献的网络表示。

（2）SDNE。该方法解决了网络表示中的结构保持以及矩阵稀疏性问题。

（3）GF。该方法将科技大数据网络视为亲和矩阵，并使用矩阵分解的方法来获得每个节点的低维向量表示。

（4）SVD。该方法是一种基于内容的网络表示方法。

（5）SVD++。该方法是一种改进的 SVD 算法。

（6）TADW。该方法是一种文本关联的深度游走方法，它在矩阵分解的框架下将节点的文本特征融入网络表示学习中。

（7）FSCNMF。该方法在学习网络中每个节点的低维表示时，同时考虑到网络结构和节点的内容。

（8）STNE。该方法利用网络上随机遍历产生的序列，将节点的内容信息转化为结构信息，得到节点的向量表示。

在使用上述方法获得每个节点的向量表示之后，就可以进行增值节点的增值路径规划。

表 7.4~表 7.6 展示了上述八种不同的基线方法和我们提出的 AS^{2}NR 方法在 Wiki、Citeseer 和 DBLP 数据集上的性能。

表 7.4　不同方法在 Wiki 数据集上的性能

模型	Precision@K			Recall@K			NDCG@K		
	K=10	K=20	K=50	K=10	K=20	K=50	K=10	K=20	K=50
AS²NR	**0.4112**	**0.2761**	**0.1348**	**0.7163**	**0.8703**	**0.9852**	**0.8511**	**0.9341**	**0.9896**
DeepWalk	0.4094	0.2693	0.1317	0.6279	0.8522	0.9825	0.7751	0.9159	0.9811
SDNE	0.2310	0.1609	0.1099	0.3171	0.4167	0.8330	0.5073	0.5945	0.9091
GF	0.4005	0.2496	0.1295	0.6946	0.7840	0.9734	0.8304	0.9057	0.9892
SVD	0.1535	0.1269	0.1124	0.2671	0.4076	0.8776	0.4790	0.6207	0.9327
SVD++	0.1536	0.1280	0.1129	0.2688	0.4078	0.8779	0.4793	0.6208	0.9327
TADW	0.4018	0.2684	0.1305	0.6955	0.8699	0.9794	0.8391	0.9172	0.9856
FSCNMF	0.1545	0.1296	0.1110	0.2690	0.4022	0.8626	0.4831	0.6164	0.9267
STNE	0.4110	0.2720	0.1338	0.7142	0.8700	0.9846	0.8506	0.9332	0.9893

注：黑体部分表示本章提出的模型在各数据集上的最优结果

表 7.5　不同方法在 Citeseer 数据集上的性能

模型	Precision@K			Recall@K			NDCG@K		
	K=10	K=20	K=50	K=10	K=20	K=50	K=10	K=20	K=50
AS²NR	**0.1300**	**0.0688**	**0.0283**	**0.5845**	**0.5886**	**0.5895**	**0.5876**	**0.5892**	**0.5896**
DeepWalk	0.1295	0.0687	0.0282	0.5832	0.5880	0.5894	0.5867	0.5890	0.5894
SDNE	0.0353	0.0299	0.0254	0.1710	0.2799	0.5643	0.2106	0.3265	0.5768
GF	0.1203	0.0667	0.0277	0.5641	0.5885	0.5891	0.5801	0.5891	0.5894
SVD	0.0254	0.0217	0.0241	0.1512	0.2458	0.5621	0.1760	0.2763	0.5672
SVD++	0.0256	0.0220	0.0249	0.1536	0.2460	0.5635	0.1773	0.2768	0.5689
TADW	0.1239	0.0668	0.0281	0.5739	0.5844	0.5892	0.5820	0.5877	0.5895
FSCNMF	0.0260	0.0230	0.0244	0.1490	0.2545	0.5624	0.1807	0.2927	0.5677
STNE	0.1297	0.0680	0.0280	0.5841	0.5883	0.5894	0.5875	0.5889	0.5895

注：黑体部分表示本章提出的模型在各数据集上的最优结果

表 7.6　不同方法在 DBLP 数据集上的性能

模型	Precision@K			Recall@K			NDCG@K		
	K=10	K=20	K=50	K=10	K=20	K=50	K=10	K=20	K=50
AS²NR	**0.1592**	**0.1357**	**0.1075**	**0.2773**	**0.4677**	**0.9688**	**0.4803**	**0.6249**	**0.9875**
DeepWalk	0.1528	0.1351	0.1015	0.2757	0.4660	0.9599	0.4269	0.6240	0.9827
SDNE	0.0958	0.0808	0.0861	0.1633	0.2594	0.8603	0.2893	0.4159	0.9390
GF	0.1501	0.1320	0.0977	0.2698	0.4604	0.9494	0.4288	0.6195	0.9794
SVD	0.1047	0.1081	0.1027	0.2255	0.4597	0.9407	0.4278	0.6244	0.9705
SVD++	0.1065	0.1083	0.1027	0.2256	0.4599	0.9410	0.4279	0.6244	0.9708
TADW	0.1525	0.1322	0.1023	0.2711	0.4605	0.9620	0.4205	0.6208	0.9817
FSCNMF	0.1440	0.1259	0.1018	0.2677	0.4528	0.9369	0.4270	0.6026	0.9689
STNE	0.1590	0.1355	0.0989	0.2771	0.4643	0.9611	0.4407	0.6246	0.9802

注：黑体部分表示本章提出的模型在各数据集上的最优结果

从表 7.4~表 7.6 中可以看出,我们提出的 AS^{2}NR 方法优于其他八个基线方法。这是由于我们提出的 AS^{2}NR 方法采用了一种更具有原则性的方法来利用有关网络的结构化和非结构化信息,以提高增值路径规划的性能。与 STNE 方法相比,AS^{2}NR 方法增加了注意力机制,使得识别序列中的节点身份向量更加准确。具体来说,在不同的时间步长下,编码器输出序列中节点的历史信息对解码器身份序列节点的影响并不相同,因此注意力机制就可以更加准确地将历史信息融合到节点的身份向量中。

大多数将内容信息和结构信息相结合的方法(如 STNE 方法和 TADW 方法)的性能都优于单纯考虑结构信息的方法(如 SDNE 方法和 GF 方法),这表明了融合结构信息和内容信息的有效性。从整体来看,在 Wiki、Citeseer 和 DBLP 三个数据集上,STNE 方法在这些基线方法中的表现都比较良好。一个直观的解释是,STNE 使用基于递归神经网络的序列到序列方法对网络节点之间非常复杂的交互关系进行建模,这意味着深度神经网络在捕捉节点向量表示的复杂交互关系方面具有一定的优越性。TADW 方法在矩阵分解的框架下,将文献节点的文本特征融入网络表示学习中,这使得该方法的性能优于 SDNE 方法和 GF 方法。SDNE 方法利用一阶和二阶相似度来保持网络的结构,以获得网络节点的向量表示,由于网络节点数分布不均,算法无法获得准确的节点向量表示。GF 方法采用矩阵分解的方法对网络邻接矩阵进行降维,为每个节点生成一个低维表示,它只捕捉网络中存在的线性关系,忽略了网络中的非线性关系,因此其性能比 TADW 方法和 STNE 方法差。FSCNMF 方法在这三种数据集上的性能都不佳,这是因为三个数据集中节点的内容信息相对较少,FSCNMF 方法学习到的特征就相对稀疏。同时,FSCNMF 方法通过非负矩阵分解将结构信息和内容信息结合起来,但是由于内容信息的缺乏,因此矩阵分解效果较差,从而影响了 FSCNMF 方法的性能。DeepWalk 方法在这三个数据集上的性能只比 AS^{2}NR 方法和 STNE 方法差。由于它具有良好的适应性和可扩展性,即使在无标度的网络或网络节点信息稀疏的情况下仍能具有很好的性能,并支持大规模在线预测以及捕捉网络非线性关系。

基于内容的方法(如 SVD 方法和 SVD++方法)在这三个数据集上的性能都不如其他两种方法,因为数据集中节点所包含的非结构化内容信息不足,这对节点表示产生了负面影响,使得这些方法无法更好地学习节点的表示向量。相比之下,SVD++方法的性能优于 SVD 方法,这是因为 SVD++方法在 SVD 方法的基础上引入了隐式反馈,以节点的历史信息作为参数,使得学习到的节点向量比 SVD 方法更加适合增值路径规划任务。

4. 具体案例研究

我们从多个增值文献节点的角度出发进行了实验,采用 AS^{2}NR 与四种不同的方法（Node2Vec、SDNE、GraRep、HOPE）分别对增值文献节点进行了细粒度分析。首先随机选取了三篇文献，题目分别为"User embedding for scholarly microblog recommendation"（Q1）、"Learning summary prior in extractive summarization"（Q2）和"Inferring topic-dependent influence roles of Twitter users"（Q3）。图 7.6 展示了这三篇文献的平均倒数排名（mean reciprocal rank，MRR），表明在随机选择一篇文献的情况下，我们提出的 AS^{2}NR 方法较其他四种网络表示方法有更好的表现。

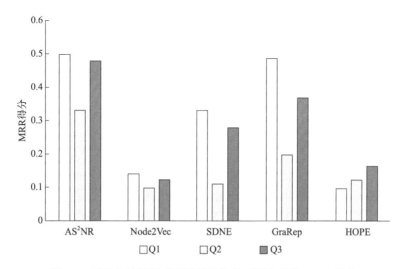

图 7.6　五种方法分别对于随机选取的三篇文献的 MRR 得分

7.3.2　基于互增强模型的增值路径规划方法的具体实现

1. 数据集设置

我们使用高能物理理论领域 HepTh[①]和 AAN[②]（Association for Computational Lingusit Anthology Network，国际计算语言学学会选集网络）两个数据集来研究 MRNE 方法实现增值节点的增值路径规划方法的有效性。第一个数据集 HepTh 是由 Leskovec 等（2005）发布的，它包含了 1993 年至 2003 年的高能物理理论文献。经过预处理后，去除掉没有摘要信息的文献，总共有 18 066 篇有效文献作为实验数据集。将该数据集分为两部分，以 2003 年以前发表的文献作为训练集，以 2003 年发表的文献作为测试集。第二个数据集 AAN 是由 Radev 和 Muthukrishnan（2009）

---

① https://snap.stanford.edu/data/cit-HepTh.html。

② http://tangra.cs.yale.edu/newaan。

发布的，它包含了计算语言学领域的文献。经过预处理后，没有摘要或标题的文献将被删除，得到 1965 年至 2014 年发表的 16 664 篇有效文献作为实验数据集。将该数据集分为两部分，以 2013 年以前发表的文献作为训练集，其余的文献作为测试集。这两个数据集的详细统计信息见表 7.7。

表 7.7　两个数据集的统计信息

数据集		HepTh	AAN
文献	训练集	16 620	14 859
	测试集	1 446	1 805
参考文献	训练集	145 110	70 616
	测试集	17 935	10 763
作者	训练集	10 026	11 896
	测试集	1 853	2 218

2. 评估指标

以下三个指标用于评估科技大数据核心增值路径规划方法的效果。

（1）Recall@N：该指标是出现在前 N 个增值路径规划列表中的测试集文献的平均分数。我们通过 N=10、30、50、80、100 来评估召回指数。

（2）MAP（mean average precision，平均精度）：该指标是一种精度度量，是指科技大数据网络中每个增值文献节点的平均精度与增值文献节点总数目的比值，强调对相关文献进行更高的排序，其中精度定义为相关文献的数量。MAP分数的计算过程如下：

$$\text{MAP} = \frac{1}{|T_p|} \sum_{p_i \in T_p} \frac{1}{|R|} \sum_{r_j \in R, \text{rank}(r_j) \neq 0} \frac{q(r_j)+1}{q(r_j)} \quad (7.40)$$

其中，T_p 为测试文献集；R 为文献 p_i 的基本真值增值路径集合；$r_j \in R$ 为正确的增值路径，如果 r_j 在 B 中，则 rank(r_j) 定义为 r_j 在 B 中的所在位置，否则 r_j 定义为 0；B 为生成的增值路径中所包含的节点列表；$q(r_j)$ 为排序高于 r_j 的基本真值文献的数目。

（3）MRR：该指标可以测量第一个增值文献节点与当前节点之间的距离，强调增值路径中的第一阶增值节点，其计算过程如下：

$$\text{MRR} = \frac{1}{|T_p|} \sum_{p_i \in T_p} \begin{cases} 1/r_{\text{first}}, & r_{\text{first}} < k \\ 0, & r_{\text{first}} \geq k \end{cases} \quad (7.41)$$

其中，r_{first} 为增值路径中第一阶增值节点的位置；k 为生成的增值路径中增值节点的个数。

3. 与基于链接预测的增值路径规划方法比较

在 MRNE 模型中，参数 θ 用于平衡初始嵌入向量和外部强化。我们将 θ 的值从 0.1 调整到 0.9，步长设置为 0.05。经过研究发现，在 AAN 数据集上的最佳结果是在当 θ=0.75 时，在 HepTh 数据集上的最佳结果是在当 θ=0.6 时。因此，在下面的实验中，在 AAN 数据集上设置 θ=0.75，在 HepTh 数据集上设置 θ=0.6。

我们将嵌入大小设置为 200。对于 MRNE 模型，将负样本 ns 的幂次设置为 0.75，设置批大小 b=64，历元个数 epoches=50，学习率 lr=0.001。我们使用数值 [0.01, 0.1, 0.2, 0.3, 0.5, 0.6, 0.8, 1.0, 1.2, 1.5, 2.0, 3.0 ,5.0]来测试参数 α，β，发现 α，β 的最佳设置在 HepTH 数据集上是[2,1]，在 AAN 数据集上是[1,2]。

由于现有的增值路径规划方法大多将增值路径规划问题视为一个链接预测问题，在第一组实验中，我们将本章提出的基于 MRNE 的增值路径规划方法与 MRNE的变体SA 方法及其他八种基于链接预测的增值路径规划方法进行了对比。纳入对比实验的方法包括以下八种。

（1）DeepWalk。该方法使用网络结构来学习节点的向量表示。

（2）LINE。该方法通过保留网络结构的局部信息和全局信息来学习节点的向量表示。

（3）Node2Vec。该方法使用半监督算法来学习节点的向量表示。

（4）GAN-HBNR。该方法结合了节点的内容信息以及整个网络的结构信息来学习节点的向量表示。

（5）Metapath2Vec。该方法保留了异构网络的结构信息和语义关联来获得节点的向量表示。

（6）CCA（canonical correlation analysis，典型相关分析）。该方法采用 Doc2Vec来获得科技文献文本内容的分布式表示，应用 DeepWalk 获得科技大数据网络的分布式表示，然后利用 CCA 方法将这两种表示结合起来。

（7）VOPRec。该方法从科技文献文本内容中学习该文献节点的文本表示，从结构同一性学习该文献节点的结构表示，然后使用加权引用网络连接上述两个向量，以获得文献节点的最终分布式向量表示。

（8）ICANE。该方法保留了更高阶的结构和语义内容邻近性。

获取每个节点的向量表示之后，就可以进行科技大数据增值路径规划。

为了更加公平地进行对比实验，我们在训练 MRNE 模型时也包括了增值节点。在两个数据集上分别开展实验的结果如表 7.8 所示。其中 Node2Vec 的参数设置与 Leskovec 等（2005）的实验中的参数设置相同。

从表 7.8 所示的对比实验结果可以看出，基于 DeepWalk 的方法性能最差，这是因为它只利用了全局网络结构。基于 LINE 的方法与基于 DeepWalk 的方法相比性能更好，因为该方法不仅利用了全局网络结构，还考虑了局部网络结构，将全

表 7.8　HepTh 和 AAN 数据集基于网络嵌入的增值路径规划方法比较

数据集	方法	MAP	MRR	Recall@10	Recall@30	Recall@50	Recall@80	Recall@100
HepTh	MRNE	**0.280 045**	**0.326 556**	**0.355 297**	**0.518 628**	**0.591 404**	**0.658 321**	**0.689 269**
	GAN-HBNR	0.268 792	0.311 951	0.334 016	0.454 069	0.576 444	0.630 934	0.665 171
	ICANE	0.266 362	0.310 172	0.328 193	0.475 496	0.094 511	0.130 661	0.152 549
	VOPRec	0.263 712	0.309 065	0.324 711	0.471 693	0.556 226	0.620 823	0.652 245
	CCA	0.260 425	0.308 378	0.320 809	0.469 607	0.548 668	0.617 673	0.649 531
	SA	0.256 718	0.303 586	0.318 107	0.468 730	0.543 554	0.609 985	0.640 467
	Metapath2Vec	0.201 425	0.225 372	0.289 341	0.435 962	0.529 832	0.590 732	0.631 786
	Node2Vec	0.145 843	0.163 465	0.234 013	0.408 713	0.505 255	0.587 806	0.623 919
	LINE	0.132 552	0.154 061	0.205 776	0.395 045	0.493 652	0.579 819	0.619 011
	DeepWalk	0.127 158	0.144 034	0.137 582	0.238 174	0.296 633	0.356 300	0.386 633
AAN	MRNE	**0.186 895**	**0.208 023**	**0.256 326**	**0.398 284**	**0.470 589**	**0.532 649**	**0.563 037**
	GAN-HBNR	0.179 467	0.195 900	0.241 738	0.389 598	0.453 162	0.520 914	0.556 726
	ICANE	0.177 402	0.193 736	0.240 237	0.385 252	0.451 148	0.519 435	0.553 021
	VOPRec	0.175 672	0.192 495	0.239 723	0.378 482	0.450 299	0.517 235	0.549 553
	CCA	0.170 452	0.190 085	0.238 003	0.376 509	0.446 698	0.515 154	0.547 333
	SA	0.168 172	0.188 594	0.237 641	0.374 938	0.444 514	0.512 848	0.544 495
	Metapath2Vec	0.142 783	0.161 535	0.180 264	0.279 361	0.381 827	0.459 236	0.523 436
	Node2Vec	0.115 879	0.130 931	0.145 872	0.248 073	0.340 699	0.438 435	0.482 277
	LINE	0.080 607	0.099 775	0.140 210	0.295 182	0.382 053	0.466 996	0.506 226
	DeepWalk	0.083 786	0.090 965	0.127 315	0.230 401	0.281 615	0.333 512	0.362 099

注：黑体部分表示本章提出的模型在两个数据集上的最优结果

局网络结构与局部网络结构所包含的信息相结合，获得了更好的效果。基于Node2Vec 的方法整体上优于上述两种方法，该方法的搜索策略可以灵活地研究网络中的邻域。与前三种方法相比，基于 Metapath2Vec 的方法能够挖掘到更加合适的增值路径，因为该方法结合了作者节点与文献节点之间的结构关系和语义关系。SA 的性能优于上述四种方法，因为它将网络结构和合著作者信息结合起来考虑，而上述四种方法仅利用了网络结构信息。CCA 的性能优于 SA，这表明在网络嵌入中，文本内容信息比合著作者信息更加重要。CCA 的性能比 VOPRec 差，这表明使用加权科技大数据网络比 CCA 能够更加有效地将文献内容的分布式表示和科技大数据网络的分布式表示结合起来。GAN-HBNR 的性能优于 ICANE，这是由于 GAN-HBNR 利用了科技文献的文本信息、科技大数据网络的内容以及网络结构，忽略了文献作者信息。显然，在这十种方法中，基于 MRNE 的方法性能最佳，因为该方法结合了科技大数据网络的结构信息、科技文献的作者信息以及文本内容信息，并且使用交互增强的原理，学习基于科技大数据网络结构的合著作者信息嵌入以及基于科技大数据网络结构的文本内容信息嵌入，实现更加高效的科技大数据增值路径规划。

4. 基于内容和 MRNE 模型变体的性能比较

由于我们提出的 MRNE 方法在进行科技大数据增值路径规划时不需要任何预先提供的科技文献增值节点信息，一旦训练过程完成，就可以使用训练后的模型获得科技文献节点的向量表示。在本组实验中，我们评估了该方法与其他同类方法的有效性。

（1）MRNE 模型变体 SA。该方法采用基于结构的合著作者信息嵌入进行增值路径规划，即只利用了 $v_{p_i}^{sa}(0)$。

（2）MRNE 模型变体 ST。该方法采用基于结构的文本信息嵌入进行增值路径规划，即只利用了 $v_{p_i}^{st}(0)$。

（3）MRNE 模型变体 SA+ST。该方法利用了基于结构的合著作者信息嵌入与基于结构的文本信息嵌入，并将这两种嵌入方法连接起来进行增值路径规划，即利用了 $v_{p_i}^{sa}(0)$ 和 $v_{p_i}^{st}(0)$，但不包含相互强化的过程。

（4）Doc2Vec：该方法仅仅简单地使用 Doc2Vec 来获得增值路径规划过程中增值文献节点的向量表示。

（5）Word2Vec：该方法使用 Word2Vec 来学习单词的嵌入表示，再使用 TF-IDF 算法得到每个单词的权重，然后对单词的嵌入表示进行加权平均，最终得到每个科技文献的嵌入表示。

我们将 SA、ST、SA+ST 中的参数设置为与 MRNE 中的参数相同，实验结果如表 7.9 所示。

表 7.9　不同设置的 MRNE 模型在 HepTh 和 AAN 数据集上的性能比较

数据集	方法	MAP	MRR	Recall@10	Recall@30	Recall@50	Recall@80	Recall@100
HepTh	**MRNE**	**0.265 325**	**0.284 051**	**0.115 495**	**0.155 623**	**0.176 397**	**0.198 208**	**0.215 944**
	SA+ST	0.260 021	0.278 156	0.114 270	0.148 969	0.168 160	0.193 128	0.211 271
	ST	0.137 546	0.164 882	0.065 390	0.120 591	0.153 344	0.173 213	0.189 835
	SA	0.127 734	0.148 442	0.052 301	0.097 542	0.127 924	0.159 880	0.165 931
	Word2Vec	0.125 957	0.147 435	0.051 744	0.079 646	0.116 405	0.156 122	0.165 354
	Doc2Vec	0.124 865	0.146 211	0.040 802	0.080 943	0.113 271	0.153 563	0.164 704
AAN	**MRNE**	**0.149 032**	**0.158 362**	**0.079 721**	**0.101 095**	**0.114 075**	**0.129 358**	**0.135 377**
	SA+ST	0.140 103	0.146 203	0.075 906	0.097 616	0.106 111	0.113 725	0.120 643
	ST	0.038 198	0.043 593	0.016 042	0.033 085	0.047 248	0.065 876	0.075 271
	SA	0.024 783	0.028 772	0.016 509	0.032 557	0.047 810	0.065 882	0.076 332
	Word2Vec	0.021 061	0.025 757	0.013 869	0.023 778	0.036 638	0.052 954	0.059 488
	Doc2Vec	0.019 547	0.023 189	0.008 555	0.018 376	0.029 349	0.041 674	0.047 646

注：黑体部分表示本章提出的模型在两个数据集上的最优结果

5. 具体案例研究

我们在科技大数据网络中随机选取了一个样本增值文献节点来进一步说明基于 MRNE 方法的性能,这篇文献的题目是"Bosonic vacuum wave functions from the BCS-type wave function of the ground state of the massless Thirring model"。表 7.10 中列出了使用 MRNE、VOPRec 以及 DeepWalk 三种方法挖掘到的前 5 个增值文献节点,(√)表示结果与实际相符。

表 7.10　三种基于网络嵌入的增值路径规划方法得到的前五篇增值节点文献

文献标题	方法	系统得到的前五篇文献
Bosonic vacuum wave functions from the BCS-type wave function of the ground state of the massless Thirring model	MRNE	1) On the solution of the massless Thirring model with fermion fields quantized in the chiral symmetric phase（√） 2) On the equivalence between sine-Gordon model and Thirring model in the chirally broken phase of the Thirring model（√） 3) On free massless（pseudo）scalar quantum field theory in 1+1-dimensional space-time（√） 4) Comments to Coleman's article "There are no Goldstone bosons in two dimensions"（√） 5) Quantum field theory of a free massless（pseudo）scalar field in 1+1-dimensional space-time as a test for the massless Thirring model（√）
	VOPRec	1) On free massless（pseudo）scalar quantum field theory in 1+1-dimensional space-time（√） 2) On the solution of the massless Thirring model with fermion fields quantized in the chiral symmetric phase（√） 3) On the ground state of a free massless（pseudo）scalar field in two dimensions 4) Quantum field theory of a free massless（pseudo）scalar field in 1+1-dimensional space-time as a test for the massless Thirring model（√） 5) Comments to Coleman's article "There are no Goldstone bosons in two dimensions"（√）
	DeepWalk	1) On the ground state of a free massless（pseudo）scalar field in two dimensions 2) Comments to Coleman's article "There are no Goldstone bosons in two dimensions"（√） 3) Antisymmetric tensor matter fields: an abelian model 4) Bound state spectrum of the massive Thirring model in a rest frame 5) A note on the boson-fermion correspondence and infinite dimensional groups

7.4　本 章 小 结

本章首先对路径规划、网络增值路径规划以及图神经网络等相关研究进行了介绍,基于网络表示学习方法和图神经网络的相关模型对科技文献数据网络进行表示，得到低维度的网络表示，然后通过对路径规划方法进行场景迁移，利用网络增值路径规划方法实现了基于图神经网络的科技文献数据网络核心增值路径规划。本章创新地提出了两种科技文献数据核心增值路径规划的模型，分别利用相似度排序和链接预测生成最终的核心增值路径所包含的核心增值节点序列，完成了科技文献数据网络增值路径规划任务，并分别对两个模型进行了优化。在 7.2 节和 7.3 节中详细介绍了两种模型的具体实现过程，分别在不同的数据集上进行了模型有效性评估，实验结果表明，本章提出的模型可行性较强，且实现效果优于现有的模型，可以有效地提高科技大数据网络增值路径规划的效率。但是，科技大数据网络中蕴含着丰富的信息，未来的研究工作可以在网络嵌入时综合考虑具体场景中存在的信息，以进一步提高科技大数据网络嵌入的性能，为更好地进行科技大数据网络核心增值路径规划提供前提条件，使核心增值路径规划的结果更加符合具体应用场景需求。

参 考 文 献

郝冬，刘斌. 2009. 基于模糊逻辑行为融合路径规划方法. 计算机工程与设计，(3): 660-663.

阙嘉岚，丁贵涛，黄亚楼. 2003. 基于启发式节点增强策略的 PRM 路径规划方法. 机器人，(6): 544-547, 553.

杨瑶，付克昌，蒋涛，等. 2020. 启发式 RRT 算法的 AGV 路径规划. 计算机工程与应用，(12): 125-133.

朱大奇，刘雨，孙兵，等. 2019. 自治水下机器人的自主启发式生物启发神经网络路径规划算法. 控制理论与应用，(2): 183-191.

Ahmad A M, Ismail S, Samaon D F. 2004. Recurrent neural network with backpropagation through time for speech recognition. IEEE International Symposium on Communications and Information Technology, 1: 98-102.

Alexander S. 2005. On the history of combinatorial optimization (till 1960). Handbooks in Operations Research and Management Science, 12: 1-68.

Bottou L. 2010. Large-Scale machine learning with stochastic gradient descent. Paris：The 19th International Conference on Computational Statistics .

Dong C, Loy C C, He K M, et al. 2014. Learning a deep convolutional network for image super-resolution//Fleet D, Pajdla T, Schiele B, et al. Computer Vision-ECCV 2014. Cham.: Springer: 184-199.

Duan Y, Chen X, Houthooft R, et al. 2016. Benchmarking deep reinforcement learning for continuous control. International Conference on Machine Learning.

Gregor K, Danihelka I, Graves A, et al. 2015. DRAW: a recurrent neural network for image generation. International Conference on Machine Learning.

Hinton G, Salakhutdinov R R. 2006. Reducing the dimensionality of data with neural networks.

Science, 313(5786): 504-507.

Hochreiter S, Schmidhuber J. 1997. Long short-term memory. Neural Computation, 9(8):1735-1780.

Karpathy A, Toderici G, Shetty S, et al. 2014. Large-scale video classification with convolutional neural networks. Columbus: The IEEE Conference on Computer Vision and Pattern Recognition.

Kingma D P, Ba J. 2014. Adam: a method for stochastic optimization. https://arxiv.org/abs/1412.6980 [2022-06-01].

Kipf T N, Welling M. 2016a. Semi-supervised classification with graph convolutional networks. https://arxiv.org/abs/1609.02907 [2022-06-01].

Kipf T N, Welling M. 2016b. Variational graph auto-encoders. https://arxiv.org/abs/1611.07308 [2022-06-01].

Kobayashi Y, Shimbo M, Matsumoto Y. 2018. Citation recommendation using distributed representation of discourse facets in scientific articles. Fort Worth: The 18th ACM/IEEE on Joint Conference on Digital Libraries.

Krizhevsky A, Sutskever I, Hinton G E. 2012. ImageNet classification with deep convolutional neural networks. Communications of the ACM, 60(6): 84-90.

LeCun Y, Bengio Y. 1995. Convolutional networks for images, speech, and time series//Arbib M A. The Handbook of Brain Theory and Neural Networks. Cambridge: MIT Press: 255-258.

LeCun Y, Boser B, Denker J, et al.1989. Handwritten digit recognition with a back-propogation network. The 2nd International Conference on Neural Information Processing Systems.

Leskovec J, Kleinberg J, Faloutsos C. 2005. Graphs over time: densification laws, shrinking diameters and possible explanations. The 11th ACM SIGKDD International Conference on Knowledge Discovery and Data Mining.

Li Y, Tarlow D, Brockschmidt M, et al. 2015. Gated graph sequence neural networks. https://arxiv.org/abs/1511.05493 [2022-06-01].

Long J, Shelhamer E, Darrell T. 2015. Fully convolutional networks for semantic segmentation. The IEEE Conference On Computer Vision And Pattern Recognition.

MikolovT, Zweig G. 2012. Context dependent recurrent neural network language model. 2012 IEEE Spoken Language Technology Workshop .

Milletari F, Navab N, Ahmadi S A. 2016. V-Net: fully convolutional neural networks for volumetric medical image segmentation. 2016 Fourth International Conference on 3D Vision (3DV).

Radev D, Muthukrishnan V. 2009. The ACL anthology network corpus. The 2009 Workshop on Text and Citation Analysis for Scholarly Digital Libraries.

Rumelhart D E, HintonG E, Williams R J. 1986. Learning representations by back propagating errors. Nature, 323(6088):533-536.

Shang J B, Qu M, Liu J L, et al. 2016. Meta-path guided embedding for similarity search in large-scale heterogeneous information networks. https://arxiv.org/abs/1610.09769 [2022-06-01].

Veličković P, Cucurull G, Casanova A, et al. 2017. Graph attention networks. https://arxiv.org/abs/1710.10903 [2022-06-01].

Weinberger K, Dasgupta A, Langford J. 2009. Feature hashing for large scale multitask learning. Montreal: 26th Annual International Conference on Machine Learning.

Wu H, Chen Y L. 2020. Graph sparsification with generative adversarial network. 2020 IEEE International Conference on Data Mining.

Yan S J, Xiong Y J, Lin D H. 2018. Spatial temporal graph convolutional networks for skeleton-based action recognition. New Orleans: Thirty-second AAAI Conference on Artificial Intelligence.

Zeiler M D. 2012. ADADELTA: an adaptive learning rate method. https://arxiv.org/abs/1212.5701 [2022-06-01].

Zeiler M D, Fergus R. 2013. Visualizing and Understanding Convolutional Neural Networks. Berlin: Springer International Publishing.

Zhao W T, Peng J Y. 2006. VORONOI diagram-based path planning for UAVs. Journal of System Simulation, (S2): 159-162, 165.

第8章　科技大数据交易机制与交易方法

随着信息科技的高速发展，科技大数据呈现爆炸式的增长。如何让科研工作者和科技大数据供应方之间进行良好的互动和交易，从而加速我国科技发展步伐，并且帮助形成科技大数据的良性生态，实现科技大数据的价值变现，已经成为大家关注并研究的重点课题之一。

科技大数据专业程度高、数据分析复杂，且其价值对于不同需求方具有高度不确定性，因此如何在高度不确定性环境下实现多方参与的科技大数据交易面临着极大的挑战。由 Kahneman 和 Tversky（1979）建立的前景理论是目前描述决策者在风险和不确定性下行为的重要理论。三支决策（three-way decision，3WD）作为一种处理不确定和不完全数据的方法，一直受到决策界的广泛关注。本章通过将前景理论引入三支决策，以实现前景价值最大化作为决策的重要依据，构建了基于前景理论的三支决策方法和基于累积前景理论的三支决策方法，通过对心理风险态度和偏好进行描述来处理决策问题中的不确定性和复杂性，形成对科技大数据的定价策略及价值分摊。同时，我们发现在科技大数据交易过程中存在博弈：参与方在追求自身收益最大化的过程中，需要考虑其他交易参与者的策略选择。数据供应方提出报价，数据需求方提出可接受价格，双方在此基础上进行价格博弈，协调方负责协调双方的策略，最终确定数据商品的成交价格，在此期间供需双方都不了解彼此的效用函数。基于不完全信息的动态非合作博弈和前景理论思想，我们构建了基于多智能体博弈的科技大数据交易模型。

本章的安排如下：8.1 节介绍三支决策、粗糙集理论等不确定决策理论，以及科技大数据的交易机制与营利模式；8.2 节基于前景理论、累积前景理论、三支决策理论介绍科技大数据定价策略与价值分摊技术；8.3 节从博弈论的角度出发，发现在科技大数据交易中存在不完全信息的动态非合作博弈，并介绍基于多智能体博弈的科技大数据交易方法；8.4 节对本章研究内容进行总结和展望。

8.1　科技大数据的交易机制与营利模式

数据是对客观世界事物特征的反映，数据的显现具有不确定性，科技大数据的定价及交易过程同样充满着不确定性。如何描述科技大数据中的不确定性是我们考虑的首要问题。Pawlak（帕夫拉克）提出的粗糙集理论是数据分析的有效工具。在这个理论中，基本工具由表示信息系统或决策表的关系组成。在粗糙集理论中，影响知识描述能力的主要因素有两个：集合近似和属性约简（Huang et al.，2020a）。多粒度粗糙集和决策粗糙集是 Pawlak 经典粗糙集模型的受广泛关注的扩展类型。近年来，结合这两种广义粗糙集模型的多粒度分布式散列表在处理有噪声的分布式数据方面得到了深入的研究。在多尺度信息系统中，根据用于测量的尺度不同对象可能在同一属性下呈现不同的值。为了从多尺度信息系统中获取知识，在直觉模糊信息表的基础上，添加两种新的多尺度直觉模糊信息表，形成一种从多尺度信息表中获取知识的多尺度决策粗糙集（decision-theoretic rough set，DTRS）方法（Huang et al.，2020b）。

三支决策作为一种处理不确定和不完全数据的方法，自姚一豫教授提出以来，一直受到决策界的广泛关注。三支决策理论起源于粗糙集理论，并在许多领域发挥了重要作用（Yao，2011）。作为传统双向决策的扩展，三支决策引入风险最小化方法，生成接受、延迟和拒绝三种决策行为。它考虑了决策过程中的不确定性因素，在信息不足以决定接受或拒绝的情况下，将延迟决策作为第三种决策行为。

经典的三支决策模型由姚一豫教授在 2010 年首次提出。在经典的三支决策模型中，损失函数被用来衡量决策者对风险的态度。在贝叶斯风险决策规则下，推导出追求最小成本的决策规则。然而，经典三支决策（classical three-way decision，C3WD）模型只考虑了损失对决策者的影响，没有考虑不同决策者的风险态度（王文平，2017）。基于这一考虑，Zhang 等（2018）提出了一种基于效用理论的三支决策（utility theory-based three-way decision，U3WD）模型，以考虑收益和损失对决策者的影响。在 U3WD 模型中，效用函数被用作新的风险度量来导出最优决策规则。决策者的风险偏好分为三类，即风险规避、风险中性和风险追逐。然而，最近的研究表明，效用理论可能会产生一些悖论或非理性现象。在某些决策环境中，它不能反映决策者的真实风险态度和偏好。因此，需要将个体主观因素融入决策行为分析，来弥补传统理论的不足。

近年来，在不确定性决策和代价敏感学习研究中，三支决策得到了广泛的应用。在实际应用中，标记样本通常远远不够。在这种情况下，在没有足够支持信息的情况下，延迟决策而不是立即决策是一个合理的选择。为了标记更多可用的样本，Dai 等（2020）将联合训练方法结合到三支决策模型中，它可以以更高的置信度标记新的样本。自动编码网络是一种有效的表示学习方法。通常，从自动编码器获得的更精细的特征集会导致更低的错误率和更低的总误分类成本。然而，网络经过长时间的训练虽然可以获得更精细的特征集，但导致了更高的时间成本和总成本。为了解决这个问题，Li 等（2020）提出了一种代价敏感的序贯三支决策模型来平衡基于自动编码器的分类和决策中的误分类成本与时间成本（Zhang et al.，2020）。

8.1.1 交易机制

以数据的不确定性描述为基础，根据不同的划分标准，不确定性信息数据交易机制可被分为多种形式（王文平，2017）。按照大数据的结构化程度划分（Labrinidis and Jagadish，2012），有结构化数据和非结构化数据两种，相应的数据商品也可按照其结构化程度划分为原始大数据商品和大数据决策方案商品。对应的交易模式也有两种：第一种是传统数据商品交易模式，在此模式下进行交易的商品是基础数据，即对原始包含不确定性信息的数据进行整合、清洗、脱敏后形成的数据产品。进行交易的是大数据的使用权，可以出租，也可以多次交易，通过 API（application programming interface，应用程序接口）、数据包下载等形式进行离线或者在线交易。例如，电子商务数据产品包括电商数据、评论数据、价格数据、用户数据等，交通数据产品包括街景数据、车辆标注数据、车牌数据等。第二种是数据决策方案交易模式，此模式下进行交易的商品是经过深度加工后的大数据结果，指经过清洗、分析、建模、可视化后形成的行业解决方案、数据分析报告等。这种交易的特点是可以定制化解决数据需求，一般是一次性买断式交易，价格较高。

大数据商品有所有权、使用权和收益权。按照交易权划分，大数据交易相应地分为三种。第一种是大数据所有权交易，依据法律词典的解释，所有权是指一个人享受的对某物独占性的支配权，是对此物的占有、使用、出租、出借、担保、转让、赠与、交换等权利的集合。以大数据的所有权进行交易的产品，一般是经过分析处理后的数据，受到知识产权保护，如分析报告、大数据技术服务。这种交易一般存在于企业和企业之间，如大数据分析公司面向一般企业的服务。第二种是大数据使用权交易、大数据使用权的交易一般是通过 API、数据终端、在线查询的方式进行交易。进行大数据使用权交易的数据一般是可以多次交易、价格较低的数据，常见的是公开网站的相关信息数据，一般是卖方通过爬取互联网网站得到，如微博用户评论数据、房产交易网站的数据、旅游网站的数据等。这种交易模式的另一种常见的方式是数据库网站的检索使用权，如中国知网、维普学术数据库，中国经济金融研究数据库（China Stock Market & Accounting Research Database，CSMAR）等金融数据库。第三种是大数据收益权交易，收益权指的是数据买方对数据使用后得到的利润需要同数据卖方分成。一般是卖方对大数据进行加工后，提供给买方的定制数据决策解决方案。买方在应用该数据决策解决方案后获得的利润，按照预先约定的分成比例与卖方分成。

在数据交易平台上发生的集中交易是指交易平台作为交易中间商，本身不存储或者分析数据，只提供出售、购买数据的渠道，提供交易的撮合服务，收取交易的手续费。这种形式下参与大数据交易的可以是个人，也可以是企业，因此按照交易参与方划分就有了 B2B、C2B、B2C、C2C 四种交易模式，即企业与企业之间交易、个人与企业之间交易、企业与个人之间交易、个人与个人之间交易。在美国，四种交易模式均存在，个人用户将自己的个人信息提供给企业，包括上网数据、消费数据、行为数据、调查问卷等，换取一定数额的金钱、商品、特权等收益。例如，个人用户可将自己的 Facebook 和 Twitter 等社交媒体账户上的信息，以及信用卡和借记卡的交易记录出售给 Datacoup，每月可获得 8 美元的报酬。但在我国，目前主要的交易模式还是企业与企业之间的 B2B 模式，其他三种模式并不常见。贵阳大数据交易所在 2015 年发布的《贵阳大数据交易所 702 公约》明确规定，暂时不允许任何个人购买交易所的数据。B2B 的数据交易模式的四个关键要素是数据提供方、数据需求方、数据交易平台以及定价策略。

科技大数据交易平台可采用传统数据商品交易模式进行大数据使用权交易等产品交易模式，交易平台只提供出售、购买数据的渠道，提供交易的撮合服务，收取交易的手续费。在向数据需求者出售产品时按照非合作博弈模型进行定价。

8.1.2　营利模式

从财务学的视角来看，科技大数据平台系统属于一项技术资本，其运作应遵循财务学的基本规律，其运作目标应是平台系统的收益最大化，其运作基本原则应为权衡成本与效益、风险与收益。要充分挖掘平台系统的内在潜力，调动一切发展动力，实现可持续发展与价值增值，平台运作应遵循市场经济的财务运作规律，将市场作为平台资源的幕后主导力量，并决定平台系统的服务内容与资源配置方向。政府仅作为平台运作的间接调控者，积极倡导科技平台系统运作的市场化，仅对存在市场配置失灵的部分平台功能介入调节。实现这一目标应循序渐进。在当前阶段，考虑到国内现实环境与市场主体科技投入及创新状况，应依据内嵌子平台的服务形式、类别（公共品、准公共品、私人产品）与市场情况灵活选取运作模式，以实现健康、有活力和可持续的平台系统。

从经济学的视角来看，科技大数据服务平台属于技术资本的一种，其运作方式也应遵循市场经济的基本规律，即价值规律。这也就说明了平台系统的运作目标是实现自身价值最大化，即充分挖掘平台系统自身的潜在价值并调动一切发展动力实现可持续发展。这要求平台运作要以市场为主导，以价值规律为导向，倡导平台系统市场化运作。

一般而言，按照各子平台的功能定位和发展方向，可以分为政府主导的非营利模式、政府引导下的独立第三方主导模式与企业主导的营利模式三种运营模式。

（1）政府主导的非营利模式。在此模式下中央及地方各级政府负责平台系统的功能架构和后期运作，这时的平台系统运营目的在于实现服务质量的最优化。

政府作为平台系统的主导能实现资金投入的稳定，同时能避免许多行政障碍，这意味着平台系统运营的风险大大降低。这就类似于改革开放前的国有企业，政府承担了运营的风险，规避了运营过程中的障碍，虽然发展平稳，但却失去了市场竞争的活力。同样，在这种模式下运营的平台系统难以调动内部工作人员的热情和积极性，平台的发展缺少内部动力，很难具有核心竞争力。这种政府主导的非营利模式相较之下不适合整个平台系统的运作，但它却适用于科技基础条件大数据子平台，该平台属于公共性平台，它的功能定位要求它只能由政府及其相关部门主导，按非营利模式运作。

（2）政府引导下的独立第三方主导模式。该模式适用于科技研发大数据子平台和产业科技大数据服务子平台。其运作方式较为灵活，资金获取渠道在第三方行业协会等的参与下更为丰富。因为独立第三方属于受托经营，所以制定更清晰的定量考核指标更有利于调动员工的工作积极性，保证平台的服务质量。但同时由于第三方参与者可能具有一定的数量，资金投入容易产生分歧，分配的合理性也就有所减弱。而这两个平台都具有半公益的性质，两个子平台的科技服务内容可以分为公共科技服务与收费性服务，资金投放对平台的影响也就可以忽略。

（3）政府引导下的企业主导营利模式。该模式适用于科技转化与交易大数据服务子平台。该子平台服务内容丰富、方式灵活，细节设置也较多。相对于前两种模式，这种模式下的平台系统运作、管理均根源于市场的需求导向，运作灵活。市场决定了平台系统的服务价格与服务质量，在这种模式下，平台系统发展的内在动力被充分调动，核心竞争力也能更好地培育和发展。随着经济环境的变化，这种模式下的平台系统会具有良好的包容性，但政府的作用依旧重要，一些针对平台系统发展的政策文件将会在很大程度上避免由市场主导所带来的恶性竞争等问题。

科技大数据交易平台系统可采用政府引导下的企业主导营利模式，科技大数据交易市场可定位为各大高校、研究所、研究型公司等。营收模式为通过整合大量科技大数据，运用大数据分析技术将数据可视化，并与研究单位合作，为其提供更为便捷的数据查询服务和行业发展分析服务。

8.2　科技大数据定价策略与价值分摊技术

科技大数据博弈交易定价包含预期的价值与效用风险，数据利益方对数据价值与效用风险具有不同的倾向性。以两种前景风险为例：其一，让科技大数据利益方在（a）有 100% 的概率收益 10 万元和（b）有 51% 的概率收益 20 万元但有 49% 的概率收益 0 元之间做选择，利益方多会选择（a）以稳获 10 万元，而不愿意冒风险选择期望收益更大的（b）；其二，让科技大数据利益方在（a）有 100% 的概率损失 10 万元和（b）有 51% 的概率损失 20 万元但有 49% 的概率损失 0 元之间做选择，利益方多会选择（b）。在确定性损失 10 万元的前景预期下，利益方会具有风险倾向性而选择（b），而事实上（b）的期望损失更大。因此，当处于交易盈利的情况下，利益方的选择是风险规避；而当处于交易亏损的情况下，利益方的选择却是风险偏好。我们提出了利用前景价值理论形成三支决策，为科技大数据交易制定定价策略和价值分摊机制。

8.2.1　前景理论相关知识

前景是给科技大数据定价的重要依据，是让决策者了解其风险和不确定性的重要依据。由 Kahneman 和 Tversky（1979）建立的前景理论是目前描述决策者在风险和不确定性下行为的重要理论。前景理论在心理学实验的基础上直接研究决策者行为，并将个人价值感知因素纳入分析。前景理论的重要原理主要用价值函数和权重函数来描述。

在价值函数方面，可以用一条不对称的"S"形曲线很好地表示，如图 8.1 所示。参考点不同可能会影响对收益及损失的判断。决策者表现出对收益的风险规避和对损失的风险追求，即对损失比对收益更敏感。Tversky 和 Kahneman（1992）给出了价值函数的经典公式：

$$v\left(\Delta z_k\right) = \begin{cases} \left(\Delta z_k\right)^{\mu}, & \Delta z_k \geqslant 0 \\ -\theta\left(-\Delta z_k\right)^{\nu}, & \Delta z_k < 0 \end{cases} \tag{8.1}$$

其中，$\Delta z_k = z_k - z^r$ 用于测量结果 z_k 与参考点 z^r 的偏差。如果 $z_k \geqslant 0$，则结果被视为收益。否则，结果被视为损失。参数 μ 和 ν 衡量价值函数的敏感度递减程度，并满足 $0 < \mu, \nu < 1$。θ 为损失厌恶系数，满足 $\theta > 1$。损失厌恶系数捕捉到了损失大于收益的心理现象。

前景理论中指出，个人对概率的估计不是基于贝叶斯原理对包含概率与权重函数的非线性变换。如图 8.2 所示，权重 $w(p)$ 随着概率 p 的变化而变化，实线为一般情况下的变化曲线，虚线为前景理论下的变化曲线，具体地说，假设前景理论中，$p(\Delta z_k)$ 表示 Δz_k 的概率，w_k 表示 $p(\Delta z_k)$ 的决策权重，则决策者将对小概率分配过大的权重即 $w_k(p) > w(p)$，对大概率分配过小的权重即 $w_k(p) < w(p)$。Kahneman 和 Tversky（1979）假设权重函数是连续且严格单调递增的。通过心理

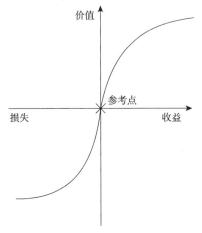

图 8.1　前景理论价值函数

学实验，权重函数 w_k 的经典公式如式（8.2）所示：

$$w_k = \begin{cases} w^+\left(p(\Delta z_k)\right) = \dfrac{p(\Delta z_k)^{\sigma}}{\left(p(\Delta z_k)^{\sigma} + (1-p(\Delta z_k))^{\sigma}\right)^{1/\sigma}} \\[4mm] w^-\left(p(\Delta z_k)\right) = \dfrac{p(\Delta z_k)^{\delta}}{\left(p(\Delta z_k)^{\delta} + (1-p(\Delta z_k))^{\delta}\right)^{1/\delta}} \end{cases} \tag{8.2}$$

其中，参数 σ 和 δ 表示权重过重和过轻对收益和损失的影响程度。一般 σ 和 δ 满足 $0 < \sigma, \delta < 1$。

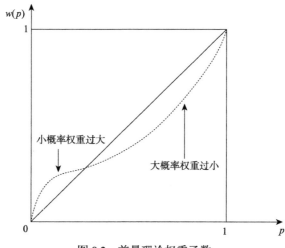

图 8.2　前景理论权重函数

前景理论认为决策者更喜欢前景价值最大的决策选项。假设 n 是结果数，给定价值函数 $v(\Delta z_k)$ 和权重函数 w_k，则前景价值函数表示为

$$v = \sum_{k=1}^{n} w_k v(\Delta z_k) \tag{8.3}$$

科技大数据的定价策略同样可以依照累积前景理论进行决策。累积前景理论（Tversky and Kahneman，1992）为决策者在风险和不确定性下的决策行为和风险态度提供了极好的描述和解释。累积前景理论的主要思想可以概括为三个方面：第一，结果被视为相对于参考点的收益或损失，而不是财富的最终状态。第二，决策者对收益的态度是风险规避的，对损失的态度是风险追求的，决策者对损失比对收益更敏感。第三，概率的非线性变换与收益和损失的两个决策权重相结合，在累积分布函数上执行。

在累积前景理论中，累积概率需要加权，而不是单个概率。所有结果按升序排序，并根据累积分布函数计算决策权重。首先，假设总共有 $m+n+1$ 个结果，让我们按升序将所有结果排序为 $x_{-m} < \cdots < x_0 < \cdots < x_n$，其中相应的结果和概率为 $x = (x_{-m}, \cdots, x_n)$、$p = (p_{-m}, \cdots, p_n)$。因此，每个结果的累积权重函数 π_h 可以表示为

$$\pi_h = \begin{cases} w^+(p_h + \cdots + p_n) - w^+(p_{h+1} + \cdots + p_n), & h \geqslant 0 \\ w^-(p_{-m} + \cdots + p_h) - w^-(p_{-m} + \cdots + p_{h-1}), & h < 0 \end{cases} \tag{8.4}$$

其中，$-m \leqslant h \leqslant n$。对于两种特殊情况 $h = n$ 和 $h = -m$，价值函数可表示为 $v(x_h)$，结果的累积权重函数 π_h 可表示为

$$\pi_h = \begin{cases} w^+(p_n), & h = n \\ w^-(p_{-m} + \cdots + p_h), & h = -m \end{cases} \tag{8.5}$$

累积前景理论规定，决策者更喜欢累积前景价值最大的决策选项。借助价值函数 $v(x_h)$ 和决策权重 π_h，累积前景价值函数可表示为

$$v = \sum_{h=-m}^{n} \pi_h v(x_h) \tag{8.6}$$

许多实验表明，累积前景理论可以很好地解释和预测决策者在风险和不确定性下的行为（Li et al.，2017）。因此，如果将前景理论或累积前景理论引入三支决策中，来描述和反映决策者的风险态度和风险偏好，将可以很好地模拟科技大数据的定价策略与价值分摊。

8.2.2　三支决策相关知识

假设状态集 $\Omega = \{X, \neg X\}$ 表示科技大数据的两种状态，对象属于 X 和属于 $\neg X$ 分别表示科技数据在未来预期具备高价值和预期不具备高价值。行动集 $A = \{a_P, a_B, a_N\}$ 中的 a_P、a_B 和 a_N 分别代表将对象分入正域即该科技数据值得投资、将对象分入边界域即无法判定该科技数据未来价值、将对象分入负域即该科技数据不值得投资三种决策行动，在实际决策过程中，不同状态下采取不同行动往往会产生不同的损失代价。表 8.1 给出了相应的决策代价损失，其中 λ_{PP}、λ_{BP} 和 λ_{NP} 为对象属于状态 X 时分别采取行动 a_P、a_B 和 a_N 对应的代价损失；λ_{PN}、λ_{BN} 和 λ_{NN} 为对象属于状态 $\neg X$ 时，分别采取行动 a_P、a_B 和 a_N 对应的代价损失。在 C3WD 模型中，决策代价损失均以实值表示。

表 8.1　决策代价损失矩阵

决策行动	X	$\neg X$
a_P	λ_{PP}	λ_{PN}
a_B	λ_{BP}	λ_{BN}
a_N	λ_{NP}	λ_{NN}

事实上，对于对象 $[x]$（$[\cdot]$ 表示等价类）采取不同行动所产生的风险代价可由下式计算：

$$R(a_{\mathrm{P}} \mid [x]) = \lambda_{\mathrm{PP}} \mathrm{Pr}(X \mid [x]) + \lambda_{\mathrm{PN}} \mathrm{Pr}(\neg X \mid [x])$$
$$R(a_{\mathrm{B}} \mid [x]) = \lambda_{\mathrm{BP}} \mathrm{Pr}(X \mid [x]) + \lambda_{\mathrm{BN}} \mathrm{Pr}(\neg X \mid [x])$$
$$R(a_{\mathrm{N}} \mid [x]) = \lambda_{\mathrm{NP}} \mathrm{Pr}(X \mid [x]) + \lambda_{\mathrm{NN}} \mathrm{Pr}(\neg X \mid [x])$$

一般地，我们将三支决策的三个区域定义为正域 $\mathrm{POS}(X)$、边界域 $\mathrm{BND}(X)$ 和负域 $\mathrm{NEG}(X)$。依据贝叶斯最小风险决策原则，最小成本决策规则可归纳如下。

（P）：若 $R(a_{\mathrm{P}} \mid [x]) \leqslant R(a_{\mathrm{B}} \mid [x])$ 且 $R(a_{\mathrm{P}} \mid [x]) \leqslant R(a_{\mathrm{N}} \mid [x])$，则 $x \in \mathrm{POS}(X)$。

（B）：若 $R(a_{\mathrm{B}} \mid [x]) \leqslant R(a_{\mathrm{P}} \mid [x])$ 且 $R(a_{\mathrm{B}} \mid [x]) \leqslant R(a_{\mathrm{N}} \mid [x])$，则 $x \in \mathrm{BND}(X)$。

（N）：若 $R(a_{\mathrm{N}} \mid [x]) \leqslant R(a_{\mathrm{P}} \mid [x])$ 且 $R(a_{\mathrm{N}} \mid [x]) \leqslant R(a_{\mathrm{B}} \mid [x])$，则 $x \in \mathrm{NEG}(X)$。

考虑到一种合理情形，即 $\lambda_{\mathrm{PP}} \leqslant \lambda_{\mathrm{BP}} < \lambda_{\mathrm{NP}}$ 且 $\lambda_{\mathrm{NN}} \leqslant \lambda_{\mathrm{BN}} < \lambda_{\mathrm{PN}}$。假设决策边界域存在，即满足 $(\lambda_{\mathrm{BP}} - \lambda_{\mathrm{PP}})(\lambda_{\mathrm{BN}} - \lambda_{\mathrm{NN}}) < (\lambda_{\mathrm{PN}} - \lambda_{\mathrm{BN}})(\lambda_{\mathrm{NP}} - \lambda_{\mathrm{BP}})$，则上述决策规则（P）～（N）可进一步简化如下。

（P0）：若 $\mathrm{Pr}(X \mid [x]) \geqslant \alpha$，则 $x \in \mathrm{POS}(X)$。

（B0）：若 $\beta < \mathrm{Pr}(X \mid [x]) < \alpha$，则 $x \in \mathrm{BND}(X)$。

（N0）：若 $\mathrm{Pr}(X \mid [x]) \leqslant \beta$，则 $x \in \mathrm{NEG}(X)$。其中，

$$\alpha = \frac{\lambda_{\mathrm{PN}} - \lambda_{\mathrm{BN}}}{(\lambda_{\mathrm{PN}} - \lambda_{\mathrm{BN}}) + (\lambda_{\mathrm{BP}} - \lambda_{\mathrm{PP}})}, \quad \beta = \frac{\lambda_{\mathrm{BN}} - \lambda_{\mathrm{NN}}}{(\lambda_{\mathrm{BN}} - \lambda_{\mathrm{NN}}) + (\lambda_{\mathrm{NP}} - \lambda_{\mathrm{BP}})}$$

否则，决策规则（P）～（N）表示如下。

（P1）：若 $\mathrm{Pr}(X \mid [x]) \geqslant \gamma$，则 $x \in \mathrm{POS}(X)$。

（N1）：若 $\mathrm{Pr}(X \mid [x]) \leqslant \gamma$，则 $x \in \mathrm{NEG}(X)$。其中，

$$\gamma = \frac{\lambda_{\mathrm{PN}} - \lambda_{\mathrm{NN}}}{(\lambda_{\mathrm{PN}} - \lambda_{\mathrm{NN}}) + (\lambda_{\mathrm{NP}} - \lambda_{\mathrm{PP}})}$$

上述决策规则被统称为三支决策。从中不难发现，要确定每个对象 $[x]$ 的决策行动，只需比较其条件概率和阈值 α, β 之间的大小。实际上，概率阈值 α, β 可根据决策代价损失矩阵进行确定，而条件概率需从信息系统中获得。

8.2.3 基于前景理论的三支决策模型

前景理论是描述和预测风险决策过程中个体行为的理论，与传统的期望效用理论不一致，比传统的期望效用理论更有效。它利用心理学实验来说明决策者会选择前景价值最大的决策选项，而不是最小成本或最大效用。这为构建新型三支决策模型提供了坚实的基础（Wang et al.，2020c）。

在科技大数据中，基于前景理论的三支决策模型是由状态集 $\Omega = \{X, \neg X\}$ 和行动集 $A = \{a_P, a_B, a_N\}$ 组成。两个状态分别表示科技数据在未来预期具备高价值和预期不具备高价值；三个行动分别代表该科技数据值得投资、无法判定该科技数据未来价值和该科技数据不值得投资三种决策行动。根据前景理论，结果 z_{ij}（$i = P, B, N$；$j = P, N$）表示不同状态下采取不同行动会产生不同的结果，即对投资科技大数据进行决策后获得的财富状态。假设不同状态的结果由一个 3×2 矩阵给出，如表 8.2 所示。在矩阵中，z_{PP}, z_{BP}, z_{NP} 分别表示当科技数据在未来预期具备高价值时给出行为 a_P, a_B, a_N 的结果，z_{PN}, z_{BN}, z_{NN} 分别表示当科技数据在未来预期不具备高价值时给出行为 a_P, a_B, a_N 的结果。类似于 C3WD 模型（Yao，2011）和 U3WD 模型（Zhang et al.，2018），基于前景理论的三支决策模型同样利用等价类 $[x]$ 刻画对象 x（即科技大数据），$\Pr(X \mid [x])$ 表示 x 属于 X 的概率（即一系列科技大数据中预期具备高价值的概率）。考虑到合理情形，我们假设：

$$z_{NP} < z_{BP} < z_{PP}$$
$$z_{PN} < z_{BN} < z_{NN} \tag{8.7}$$

在这种情况下，将属于 X 的对象 x 分类到边界区域 $BND(X)$ 的结果严格少于将 x 分类到正区域 $POS(X)$ 的结果，并且将 x 分类到负区域 $NEG(X)$ 的结果严格少于这两种结果。结果的逆序也用于对 $\neg X$ 中的对象进行分类。

表 8.2　结果矩阵

决策行动	X	$\neg X$
a_P	z_{PP}	z_{PN}
a_B	z_{BP}	z_{BN}
a_N	z_{NP}	z_{NN}

根据前景理论（Kahneman and Tversky，1979），与决策者的参考点相比，结果表现为增益和损失，而不是财富的最终状态。我们假设决策者的参考点为 z^r。因此，可以计算收益和损失，它代表从参考点 z^r 得出的结果，如式（8.8）所示。收益和损失矩阵如表 8.3 所示。

$$\Delta z_{PP} = z_{PP} - z^r, \quad \Delta z_{PN} = z_{PN} - z^r$$
$$\Delta z_{BP} = z_{BP} - z^r, \quad \Delta z_{BN} = z_{BN} - z^r \tag{8.8}$$
$$\Delta z_{NP} = z_{NP} - z^r, \quad \Delta z_{NN} = z_{NN} - z^r$$

在表 8.3 中给出收益和损失矩阵之后，我们可以利用式（8.1）来计算相应的价值函数矩阵。另外，参数 $\mu, \nu, \theta, \sigma, \delta$ 的值可以通过特定决策问题的实验来估计。

然后，计算不同状态下的价值函数 v_{ij}（$i = P, B, N$；$j = P, N$），如表 8.4 所示。

表 8.3　收益和损失矩阵

决策行动	X	$\neg X$
a_P	Δz_{PP}	Δz_{PN}
a_B	Δz_{BP}	Δz_{BN}
a_N	Δz_{NP}	Δz_{NN}

表 8.4　价值函数矩阵

决策行动	X	$\neg X$
a_P	v_{PP}	v_{PN}
a_B	v_{BP}	v_{BN}
a_N	v_{NP}	v_{NN}

在矩阵中，v_{PP}, v_{BP}, v_{NP} 分别表示当对象 x 属于状态 X 时给出行为 a_P, a_B, a_N 的价值，z_{PN}, z_{BN}, z_{NN} 分别表示当对象 x 不属于状态 X 时给出行为 a_P, a_B, a_N 的价值，由于收益和损失 Δz_{ij} 是在式（8.8）中计算的，我们可以通过判断它是收益还是损失来获得相应的价值函数。价值函数 v_{ij} 的详细计算过程如下：

$$v_{PP} = \begin{cases} (\Delta z_{PP})^{\mu}, & \Delta z_{PP} \geqslant 0 \\ -\theta(-\Delta z_{PP})^{\nu}, & \Delta z_{PP} < 0 \end{cases}$$

$$v_{PN} = \begin{cases} (\Delta z_{PN})^{\mu}, & \Delta z_{PN} \geqslant 0 \\ -\theta(-\Delta z_{PN})^{\nu}, & \Delta z_{PN} < 0 \end{cases}$$

$$v_{BP} = \begin{cases} (\Delta z_{BP})^{\mu}, & \Delta z_{BP} \geqslant 0 \\ -\theta(-\Delta z_{BP})^{\nu}, & \Delta z_{BP} < 0 \end{cases}$$

$$v_{BN} = \begin{cases} (\Delta z_{BN})^{\mu}, & \Delta z_{BN} \geqslant 0 \\ -\theta(-\Delta z_{BN})^{\nu}, & \Delta z_{BN} < 0 \end{cases} \tag{8.9}$$

$$v_{NP} = \begin{cases} (\Delta z_{NP})^{\mu}, & \Delta z_{NP} \geqslant 0 \\ -\theta(-\Delta z_{NP})^{\nu}, & \Delta z_{NP} < 0 \end{cases}$$

$$v_{NN} = \begin{cases} (\Delta z_{NN})^{\mu}, & \Delta z_{NN} \geqslant 0 \\ -\theta(-\Delta z_{NN})^{\nu}, & \Delta z_{NN} < 0 \end{cases}$$

根据前景理论，条件概率被概括为两个不同的得失权重函数。在我们获得相应的权重函数之前，我们还需要确定 Δz_{ij} 是一个收益还是一个损失。通过观察式

（8.9），如果 $v_{iP} \geqslant 0$ ，Δz_{ij} 可视为收益；否则，将被视为损失（$v_{iP} < 0$）。当 $\Pr(X \,|\, [x]) + \Pr(\neg X \,|\, [x]) = 1$ 成立时，权重函数 $w_i(\Pr(X \,|\, [x]))$（$i = P, B, N$）和 $w_i(\Pr(\neg X \,|\, [x]))$ 的表达式如下：

$$w_i(\Pr(X \,|\, [x])) = \begin{cases} w^+(\Pr(X \,|\, [x])), & v_{iP} \geqslant 0 \\ w^-(\Pr(X \,|\, [x])), & v_{iP} < 0 \end{cases}$$

$$w_i(\Pr(\neg X \,|\, [x])) = \begin{cases} w^+(1 - \Pr(X \,|\, [x])), & v_{iN} \geqslant 0 \\ w^-(1 - \Pr(X \,|\, [x])), & v_{iN} < 0 \end{cases} \tag{8.10}$$

基于式（8.2），权重函数 $w_i(\Pr(X \,|\, [x]))$ 的详细表达如下：

$$w_i(\Pr(X \,|\, [x])) = \begin{cases} \dfrac{\Pr(X \,|\, [x])^{\sigma}}{(\Pr(X \,|\, [x])^{\sigma} + (1 - \Pr(X \,|\, [x]))^{\sigma})^{1/\sigma}}, & v_{iP} \geqslant 0 \\[4mm] \dfrac{\Pr(X \,|\, [x])^{\delta}}{(\Pr(X \,|\, [x])^{\delta} + (1 - \Pr(X \,|\, [x]))^{\delta})^{1/\delta}}, & v_{iP} < 0 \end{cases} \tag{8.11}$$

类似地，权重函数 $w_i(\Pr(\neg X \,|\, [x]))$ 的详细表达也可以如下计算：

$$w_i(\Pr(\neg X \,|\, [x])) = \begin{cases} \dfrac{(1 - \Pr(X \,|\, [x]))^{\sigma}}{((1 - \Pr(X \,|\, [x]))^{\sigma} + \Pr(X \,|\, [x])^{\sigma})^{1/\sigma}}, & v_{iN} \geqslant 0 \\[4mm] \dfrac{(1 - \Pr(X \,|\, [x]))^{\delta}}{((1 - \Pr(X \,|\, [x]))^{\delta} + \Pr(X \,|\, [x])^{\delta})^{1/\delta}}, & v_{iN} < 0 \end{cases} \tag{8.12}$$

利用价值函数和权重函数，与在 $A = \{a_P, a_B, a_N\}$ 中采取不同行动相关的前景价值 $v(a_i \,|\, [x])$（$i = P, B, N$）可以表示如下：

$$v(a_P \,|\, [x]) = v_{PP} w_P(\Pr(X \,|\, [x])) + v_{PN} w_P(\Pr(\neg X \,|\, [x]))$$
$$v(a_B \,|\, [x]) = v_{BP} w_B(\Pr(X \,|\, [x])) + v_{BN} w_B(\Pr(\neg X \,|\, [x]))$$
$$v(a_N \,|\, [x]) = v_{NP} w_N(\Pr(X \,|\, [x])) + v_{NN} w_N(\Pr(\neg X \,|\, [x]))$$

由于决策者可能会选择最大化前景价值的选项，基于前景理论的三支决策模型提出了以下优化问题来寻找最佳行动：

$$\underset{a_i \in A}{\arg\max}\, v(a_i \,|\, [x]) \tag{8.13}$$

因此，决策程序建议以下追求最大潜在价值的决策规则。

（P2）：若 $v(a_P \,|\, [x]) \geqslant v(a_B \,|\, [x])$ 且 $v(a_P \,|\, [x]) \geqslant v(a_N \,|\, [x])$，则 $x \in \text{POS}(X)$。

（B2）：若 $v(a_B \,|\, [x]) \geqslant v(a_P \,|\, [x])$ 且 $v(a_B \,|\, [x]) \geqslant v(a_N \,|\, [x])$，则 $x \in \text{BND}(X)$。

（N2）：若 $v(a_N \,|\, [x]) \geqslant v(a_P \,|\, [x])$ 且 $v(a_N \,|\, [x]) \geqslant v(a_B \,|\, [x])$，则 $x \in \text{NEG}(X)$。

在三支决策理论中，简化仅基于概率 $\Pr(X \,|\, [x])$ 和阈值的决策规则至关重要。

然而，由于权重函数表达了决策中可能事件的权重，因此不能在建议的模型中直接设定阈值。

在三支决策理论中，需要比较阈值 α, β 的值来确定决策过程是三支决策还是双向决策。只有 $\alpha > \beta$，才能成功获取三支决策过程。尽管不能直接给出阈值的解析解，但可以在两种特定条件下计算前景阈值，其中，所有的 v_{ij} 满足 $v_{ij} \geqslant 0$ 或 $v_{ij} < 0$。

首先，让我们计算所有 $v_{ij} \geqslant 0$ 时的前景阈值。此时，设 $v_{PB}^+ = v(a_P \,|\, [x])$ $- v(a_B \,|\, [x])$，$v_{BN}^+ = v(a_B \,|\, [x]) - v(a_N \,|\, [x])$，$v_{PN}^+ = v(a_P \,|\, [x]) - v(a_N \,|\, [x])$，其表达式如下所示：

$$
\begin{aligned}
v_{PB}^+ &= (v_{PP} - v_{BP}) \frac{\Pr(X \,|\, [x])^{\sigma}}{(\Pr(X \,|\, [x])^{\sigma} + (1 - \Pr(X \,|\, [x]))^{\sigma})^{1/\sigma}} \\
&\quad - (v_{BN} - v_{PN}) \frac{(1 - \Pr(X \,|\, [x]))^{\sigma}}{(\Pr(X \,|\, [x])^{\sigma} + (1 - \Pr(X \,|\, [x]))^{\sigma})^{1/\sigma}} \\
v_{BN}^+ &= (v_{BP} - v_{NP}) \frac{\Pr(X \,|\, [x])^{\sigma}}{(\Pr(X \,|\, [x])^{\sigma} + (1 - \Pr(X \,|\, [x]))^{\sigma})^{1/\sigma}} \\
&\quad - (v_{NN} - v_{BN}) \frac{(1 - \Pr(X \,|\, [x]))^{\sigma}}{(\Pr(X \,|\, [x])^{\sigma} + (1 - \Pr(X \,|\, [x]))^{\sigma})^{1/\sigma}} \\
v_{PN}^+ &= (v_{PP} - v_{NP}) \frac{\Pr(X \,|\, [x])^{\sigma}}{(\Pr(X \,|\, [x])^{\sigma} + (1 - \Pr(X \,|\, [x]))^{\sigma})^{1/\sigma}} \\
&\quad - (v_{NN} - v_{PN}) \frac{(1 - \Pr(X \,|\, [x]))^{\sigma}}{(\Pr(X \,|\, [x])^{\sigma} + (1 - \Pr(X \,|\, [x]))^{\sigma})^{1/\sigma}}
\end{aligned}
\tag{8.14}
$$

因此，所提出的模型的前景阈值可以通过计算 v_{PB}^+、v_{BN}^+ 和 v_{PN}^+ 得到：

$$
\begin{aligned}
\alpha_1^+ &= \frac{1}{1 + \left(\dfrac{v_{PP} - v_{BP}}{v_{BN} - v_{PN}} \right)^{1/\sigma}} = \left(1 + \left(\frac{v_{PP} - v_{BP}}{v_{BN} - v_{PN}} \right)^{1/\sigma} \right)^{-1} \\[2em]
\beta_1^+ &= \frac{1}{1 + \left(\dfrac{v_{BP} - v_{NP}}{v_{NN} - v_{BN}} \right)^{1/\sigma}} = \left(1 + \left(\frac{v_{BP} - v_{NP}}{v_{NN} - v_{BN}} \right)^{1/\sigma} \right)^{-1} \\[2em]
\gamma_1^+ &= \frac{1}{1 + \left(\dfrac{v_{PP} - v_{NP}}{v_{NN} - v_{PN}} \right)^{1/\sigma}} = \left(1 + \left(\frac{v_{PP} - v_{NP}}{v_{NN} - v_{PN}} \right)^{1/\sigma} \right)^{-1}
\end{aligned}
\tag{8.15}
$$

然后，分析前景阈值满足 $\alpha_1^+ > \beta_1^+$ 的条件如下。

$$\alpha_1^+ > \beta_1^+$$

$$\Leftrightarrow \left(1 + \left(\frac{v_{PP} - v_{BP}}{v_{BN} - v_{PN}}\right)^{1/\sigma}\right)^{-1} > \left(1 + \left(\frac{v_{BP} - v_{NP}}{v_{NN} - v_{BN}}\right)^{1/\sigma}\right)^{-1}$$

$$\Leftrightarrow 1 + \left(\frac{v_{BP} - v_{NP}}{v_{NN} - v_{BN}}\right)^{1/\sigma} > 1 + \left(\frac{v_{PP} - v_{BP}}{v_{BN} - v_{PN}}\right)^{1/\sigma}$$

$$\Leftrightarrow \left(\frac{v_{BP} - v_{NP}}{v_{NN} - v_{BN}}\right)^{1/\sigma} > \left(\frac{v_{PP} - v_{BP}}{v_{BN} - v_{PN}}\right)^{1/\sigma}$$

$$\Leftrightarrow \frac{v_{BP} - v_{NP}}{v_{NN} - v_{BN}} > \frac{v_{PP} - v_{BP}}{v_{BN} - v_{PN}}$$

$$\Leftrightarrow (v_{BN} - v_{PN})(v_{BP} - v_{NP}) > (v_{PP} - v_{BP})(v_{NN} - v_{BN})$$

$$\Leftrightarrow (v_{PN} - v_{BN})(v_{NP} - v_{BP}) > (v_{BP} - v_{PP})(v_{BN} - v_{NN})$$

根据以上分析，如果所有 v_{ij} 满足 $v_{ij} \geq 0$，且满足不等式 $(v_{PN} - v_{BN})$ $(v_{NP} - v_{BP}) > (v_{BP} - v_{PP})(v_{BN} - v_{NN})$，则简化的决策规则可以表示如下。

（P3）：若 $\Pr(X \mid [x]) \geq \alpha_1^+$，则 $x \in POS(X)$。

（B3）：若 $\beta_1^+ < \Pr(X \mid [x]) < \alpha_1^+$，则 $x \in BND(X)$。

（N3）：若 $\Pr(X \mid [x]) \leq \beta_1^+$，则 $x \in NEG(X)$。

否则，简化的决策规则表示如下。

（P4）：若 $\Pr(X \mid [x]) \geq \gamma_1^+$，则 $x \in POS(X)$。

（N4）：若 $\Pr(X \mid [x]) < \gamma_1^+$，则 $x \in NEG(X)$。

然后，让我们计算所有 $v_{ij} < 0$ 时的前景阈值。此时，设 $v_{PB}^- = v(a_P \mid [x])$ $-v(a_B \mid [x])$，$v_{BN}^- = v(a_B \mid [x]) - v(a_N \mid [x])$，$v_{PN}^- = v(a_P \mid [x]) - v(a_N \mid [x])$，各项具体表示如下。

$$v_{PB}^- = (v_{PP} - v_{BP}) \frac{\Pr(X \mid [x])^\delta}{(\Pr(X \mid [x])^\delta + (1 - \Pr(X \mid [x]))^\delta)^{1/\delta}}$$

$$- (v_{BN} - v_{PN}) \frac{(1 - \Pr(X \mid [x]))^\delta}{(\Pr(X \mid [x])^\delta + (1 - \Pr(X \mid [x]))^\delta)^{1/\delta}}$$

$$v_{BN}^- = (v_{BP} - v_{NP}) \frac{\Pr(X \mid [x])^\delta}{(\Pr(X \mid [x])^\delta + (1 - \Pr(X \mid [x]))^\delta)^{1/\delta}} \tag{8.16}$$

$$- (v_{NN} - v_{BN}) \frac{(1 - \Pr(X \mid [x]))^\delta}{(\Pr(X \mid [x])^\delta + (1 - \Pr(X \mid [x]))^\delta)^{1/\delta}}$$

$$v_{PN}^{-} = (v_{PP} - v_{NP}) \frac{\Pr(X \mid [x])^{\delta}}{(\Pr(X \mid [x])^{\delta} + (1 - \Pr(X \mid [x]))^{\delta})^{1/\delta}}$$

$$- (v_{NN} - v_{PN}) \frac{(1 - \Pr(X \mid [x]))^{\delta}}{(\Pr(X \mid [x])^{\delta} + (1 - \Pr(X \mid [x]))^{\delta})^{1/\delta}}$$

因此，所提出的模型的前景阈值同样可以通过计算 v_{PB}^{-}、v_{BN}^{-} 和 v_{PN}^{-} 得到：

$$\alpha_1^{-} = \frac{1}{1 + \left(\dfrac{v_{PP} - v_{BP}}{v_{BN} - v_{PN}} \right)^{1/\delta}} = \left(1 + \left(\frac{v_{PP} - v_{BP}}{v_{BN} - v_{PN}} \right)^{1/\delta} \right)^{-1}$$

$$\beta_1^{-} = \frac{1}{1 + \left(\dfrac{v_{BP} - v_{NP}}{v_{NN} - v_{BN}} \right)^{1/\delta}} = \left(1 + \left(\frac{v_{BP} - v_{NP}}{v_{NN} - v_{BN}} \right)^{1/\delta} \right)^{-1} \qquad (8.17)$$

$$\gamma_1^{-} = \frac{1}{1 + \left(\dfrac{v_{PP} - v_{NP}}{v_{NN} - v_{PN}} \right)^{1/\delta}} = \left(1 + \left(\frac{v_{PP} - v_{NP}}{v_{NN} - v_{PN}} \right)^{1/\delta} \right)^{-1}$$

与上述分析类似，可以分析前景阈值满足 $\alpha_1^{-} > \beta_1^{-}$ 的条件：

$$\alpha_1^{-} > \beta_1^{-}$$

$$\Leftrightarrow \left(1 + \left(\frac{v_{PP} - v_{BP}}{v_{BN} - v_{PN}} \right)^{1/\delta} \right)^{-1} > \left(1 + \left(\frac{v_{BP} - v_{NP}}{v_{NN} - v_{BN}} \right)^{1/\delta} \right)^{-1}$$

$$\Leftrightarrow 1 + \left(\frac{v_{BP} - v_{NP}}{v_{NN} - v_{BN}} \right)^{1/\delta} > 1 + \left(\frac{v_{PP} - v_{BP}}{v_{BN} - v_{PN}} \right)^{1/\delta}$$

$$\Leftrightarrow \left(\frac{v_{BP} - v_{NP}}{v_{NN} - v_{BN}} \right)^{1/\delta} > \left(\frac{v_{PP} - v_{BP}}{v_{BN} - v_{PN}} \right)^{1/\delta}$$

$$\Leftrightarrow \frac{v_{BP} - v_{NP}}{v_{NN} - v_{BN}} > \frac{v_{PP} - v_{BP}}{v_{BN} - v_{PN}}$$

$$\Leftrightarrow (v_{BN} - v_{PN})(v_{BP} - v_{NP}) > (v_{PP} - v_{BP})(v_{NN} - v_{BN})$$

$$\Leftrightarrow (v_{PN} - v_{BN})(v_{NP} - v_{BP}) > (v_{BP} - v_{PP})(v_{BN} - v_{NN})$$

根据上述分析，如果所有 $v_{ij} < 0$，仍然当 $(v_{PN} - v_{BN})(v_{NP} - v_{BP}) > (v_{BP} - v_{PP})$ $(v_{BN} - v_{NN})$ 时，简化的决策规则可以表示如下。

（P5）：若 $\Pr(X \mid [x]) \geqslant \alpha_1^{-}$，则 $x \in POS(X)$。

（B5）：若 $\beta_1^- < \Pr(X\,|\,[x]) < \alpha_1^-$，则 $x \in \text{BND}(X)$。

（N5）：若 $\Pr(X\,|\,[x]) \leqslant \beta_1^-$，则 $x \in \text{NEG}(X)$。

否则，简化的决策规则表示如下。

（P6）：若 $\Pr(X\,|\,[x]) \geqslant \gamma_1^-$，则 $x \in \text{POS}(X)$。

（N6）：若 $\Pr(X\,|\,[x]) < \gamma_1^-$，则 $x \in \text{NEG}(X)$。

对于其他情况，由于权重函数对收益和损失是不同的，因此不能直接计算阈值的解析解。此时，设 $\nu_{\text{PB}} = \nu(a_\text{P}\,|\,[x]) - \nu(a_\text{B}\,|\,[x])$，$\nu_{\text{BN}} = \nu(a_\text{B}\,|\,[x]) - \nu(a_\text{N}\,|\,[x])$，$\nu_{\text{PN}} = \nu(a_\text{P}\,|\,[x]) - \nu(a_\text{N}\,|\,[x])$，其具体表示如下：

$$
\begin{aligned}
\nu_{\text{PB}} &= \nu_{\text{PP}} w_\text{P}(\Pr(X\,|\,[x])) - \nu_{\text{BP}} w_\text{B}(\Pr(X\,|\,[x])) \\
&\quad + \nu_{\text{PN}} w_\text{P}(\Pr(\neg X\,|\,[x])) - \nu_{\text{BN}} w_\text{B}(\Pr(\neg X\,|\,[x])) \\
\nu_{\text{BN}} &= \nu_{\text{BP}} w_\text{B}(\Pr(X\,|\,[x])) - \nu_{\text{NP}} w_\text{N}(\Pr(X\,|\,[x])) \\
&\quad + \nu_{\text{BN}} w_\text{B}(\Pr(\neg X\,|\,[x])) - \nu_{\text{NN}} w_\text{N}(\Pr(\neg X\,|\,[x])) \\
\nu_{\text{PN}} &= \nu_{\text{PP}} w_\text{P}(\Pr(X\,|\,[x])) - \nu_{\text{NP}} w_\text{N}(\Pr(X\,|\,[x])) \\
&\quad + \nu_{\text{PN}} w_\text{P}(\Pr(\neg X\,|\,[x])) - \nu_{\text{NN}} w_\text{N}(\Pr(\neg X\,|\,[x]))
\end{aligned}
\tag{8.18}
$$

通过计算 ν_{PB}、ν_{BN} 和 ν_{PN} 的零点，可以利用软件工具来帮助计算阈值的数值解。然后，需要分析比较 α_1 和 β_1 的计算值以确定决策规则。

如果 $\alpha_1 > \beta_1$，简化的决策规则可以进一步表示如下。

（P7）：若 $\Pr(X\,|\,[x]) \geqslant \alpha_1$，则 $x \in \text{POS}(X)$。

（B7）：若 $\beta_1 < \Pr(X\,|\,[x]) < \alpha_1$，则 $x \in \text{BND}(X)$。

（N7）：若 $\Pr(X\,|\,[x]) \leqslant \beta_1$，则 $x \in \text{NEG}(X)$。

否则，简化的决策规则表示如下。

（P8）：若 $\Pr(X\,|\,[x]) \geqslant \gamma_1$，则 $x \in \text{POS}(X)$。

（N8）：若 $\Pr(X\,|\,[x]) < \gamma_1$，则 $x \in \text{NEG}(X)$。

在上述分析的帮助下，我们总结了构建所提出的三支决策模型的整个决策过程的八个关键步骤。

步骤 1：构建结果矩阵。然后，估计价值函数和权重函数中涉及的参数值。

步骤 2：根据决策者的个人喜好选择参考点 z^r。然后，计算收益和损失矩阵，以及价值函数矩阵。

步骤 3：检查所有的价值函数。如果所有 ν_{ij} 满足 $\nu_{ij} \geqslant 0$ 或 $\nu_{ij} < 0$，则转到步骤 4。否则，请转到步骤 7。

步骤 4：检查所有的价值函数。如果所有 ν_{ij} 满足 $\nu_{ij} \geqslant 0$，则进入步骤 5。否则，请转到步骤 6。

步骤 5：根据式（8.15）计算 α_1^+、β_1^+ 和 γ_1^+，检查价值函数 ν_{ij}。如果 $(\nu_{PN}-\nu_{BN})(\nu_{NP}-\nu_{BP})>(\nu_{BP}-\nu_{PP})(\nu_{BN}-\nu_{NN})$，则选择决策规则（P3）~（N3）。否则，选择决策规则（P4）~（N4）。

步骤 6：通过式（8.17）计算 α_1^-、β_1^- 和 γ_1^-，并检查值函数 ν_{ij}。如果 $(\nu_{PN}-\nu_{BN})(\nu_{NP}-\nu_{BP})>(\nu_{BP}-\nu_{PP})(\nu_{BN}-\nu_{NN})$，则选择决策规则（P5）~（N5）。否则，选择决策规则（P6）~（N6）。

步骤 7：计算 ν_{PB}、ν_{BN} 和 ν_{PN} 的零点。借助软件工具，可以求出 α_1、β_1 和 γ_1 的数值解。

步骤 8：比较 α_1 和 β_1 的值。如果 $\alpha_1>\beta_1$，则选择决策规则（P7）~（N7）。否则，选择决策规则（P8）~（N8）。

在对科技大数据进行定价决策时，如何在确定决策规则时反映决策者的风险态度是极具挑战的。本节通过将前景理论引入三支决策，构建一个新的三支决策模型，来形成对科技大数据的定价策略及价值分摊。前景理论可以用来描述决策者在风险和不确定性下的风险态度和行为，利用价值函数作为新的风险度量，确定最大前景价值决策规则。此外，还计算了阈值的两个具体解析解，并导出了简化的决策规则。最后，给出了前景三支决策模型的整个决策过程。

8.2.4 基于累积前景理论的三支决策模型

累积前景理论表明，在风险和不确定性下收益和损失都可能影响决策者的决策行为和风险态度。决策者在面对实际决策问题时，倾向于选择累积前景价值最大的决策选项。在此基础上，可以构建一个新的三支决策模型来恰当地描述和反映决策者的风险态度（Wang et al.，2020b）。

基于累积前景理论的三支决策假设 $\Omega=\{C,\neg C\}$ 是状态集，对象属于 C 和不属于 C 分别表示科技数据在未来预期具备高价值与预期不具备高价值。行动集 $A=\{a_P,a_B,a_N\}$ 中的 a_P,a_B,a_N 分别代表该科技数据值得投资、无法判定该科技数据未来价值和该科技数据不值得投资三种决策行动，在实际决策过程中，不同状态下采取不同行动往往会产生不同的损失代价。在持续生产理论中，结果被用来描述决策者财富的最终状态，即对投资科技大数据进行决策后获得的财富状态。假设不同状态下的结果 x_{ij}（$i=P,B,N$；$j=P,N$）可以由一个 3×2 矩阵给出，如表 8.5 所示。在矩阵中，x_{PP},x_{BP},x_{NP} 分别表示当对象属于状态 C 时给出行为 a_P,a_B,a_N 的结果，x_{PN},x_{BN},x_{NN} 分别表示当对象不属于状态 C 时给出行为

a_P, a_B, a_N 的结果。结果可以是正的，也可以是负的，这与损失函数较之不同。

表 8.5　结果矩阵

决策行动	C	$\neg C$
a_P	x_{PP}	x_{PN}
a_B	x_{BP}	x_{BN}
a_N	x_{NP}	x_{NN}

考虑实际决策情况，其中合理的结果条件满足以下限制：

$$x_{NP} < x_{BP} \leqslant x_{PP}$$
$$x_{PN} < x_{BN} \leqslant x_{NN}$$

（8.19）

也就是说，将属于 C 的对象 o 分类到边界区域 BND(C) 的结果小于或等于将 o 分类到正区域位置 POS(C) 的结果，并且将 o 分类到负区域 NEG(C) 的结果严格小于这两个结果。结果的逆序也用于对 $\neg C$ 中的对象进行分类。

此外，让我们考虑另一个合理的结果条件：

$$x_{PN} < x_{PP}$$
$$x_{NP} < x_{NN}$$

（8.20）

在这种情况下，将属于 C 的对象 o 分类到负区域 NEG(C) 的结果严格少于将其分类到正区域 POS(C) 的结果。将不属于 C 的对象 o 分类到正区域的结果严格来说少于将其分类到负区域的结果。

假设决策者集给定为 $D = \{d_1, d_2, \cdots, d_m\}$，其中，$d_k$ 表示第 k 个决策者。根据累积前景理论，决策者将根据他们的决策偏好选择参考点。为简单起见，第 k 个决策者的参考点定义为 $\bar{x}^k$。根据累积前景理论，如果结果 $x_{ij} \geqslant \bar{x}^k$，则视为收益；否则，它被视为一种损失。借助于参考点和结果矩阵，可以计算出每个决策者在不同状态下的价值函数，如式（8.21）所示。价值函数矩阵如表 8.6 所示。在表 8.6 中，v_{PP}^k，v_{BP}^k，v_{NP}^k 分别表示给出了第 k 个决策者对 C 中的一个对象进行 a_P, a_B, a_N 操作所产生的决策值。$v_{PN}^k, v_{BN}^k, v_{NN}^k$ 分别表示第 k 个决策者对 $\neg C$ 中的一个对象采取相同动作所产生的决策值，与结果 x_{ij} 类似，价值函数 v_{ij}^k 可以是正的，也可以是负的，这取决于参考点 $\bar{x}^k$。

$$v_{PP}^k = v(x_{PP}), \quad v_{PN}^k = v(x_{PN})$$
$$v_{BP}^k = v(x_{BP}), \quad v_{BN}^k = v(x_{BN})$$
$$v_{NP}^k = v(x_{NP}), \quad v_{NN}^k = v(x_{NN})$$

（8.21）

在结果约束的基础上，我们还可以考虑另一个合理的条件，形成对价值函数的约束。首先，让我们给出累积前景理论的价值函数的以下命题。

表 8.6　价值函数矩阵

决策行动	C	$\neg C$
a_{P}	v_{PP}^{k}	v_{PN}^{k}
a_{B}	v_{BP}^{k}	v_{BN}^{k}
a_{N}	v_{NP}^{k}	v_{NN}^{k}

命题 8.1　设 $v(x_h)$ 为累积前景理论的价值函数。那么 $v(x_h)$ 是关于 x_h 的单调递增函数。

证明　因为价值函数 $v(x_h)$ 由式（8.1）给出，所以 $v(x_h)$ 的导数可以计算如下。

$$v'(x_h) = \begin{cases} \mu(x_h - \bar{x})^{\mu-1}, & x_h \geqslant \bar{x} \\ \theta v(\bar{x} - x_h)^{v-1}, & x_h < \bar{x} \end{cases}$$

然后，我们计算出 $v'(x_h) > 0$ 始终成立。既然 $v(x_h)$ 是连续函数，我们就可以证明 $v(x_h)$ 是关于 x_h 的单调递增函数。

在累积前景理论的价值函数的单调性得到验证后，我们得到了以下关于价值函数 v_{ij}^{k} 的约束的命题。

命题 8.2　设 x_{ij} 是不同状态下的结果。如果 $x_{\mathrm{NP}} < x_{\mathrm{BP}} \leqslant x_{\mathrm{PP}}$、$x_{\mathrm{PN}} < x_{\mathrm{BN}} \leqslant x_{\mathrm{NN}}$、$x_{\mathrm{PN}} < x_{\mathrm{PP}}$、$x_{\mathrm{NP}} < x_{\mathrm{NN}}$ 成立，则价值函数 v_{ij}^{k} 满足：

$$\begin{aligned} v_{\mathrm{NP}}^{k} &< v_{\mathrm{BP}}^{k} \leqslant v_{\mathrm{PP}}^{k} \\ v_{\mathrm{PN}}^{k} &< v_{\mathrm{BN}}^{k} \leqslant v_{\mathrm{NN}}^{k} \end{aligned} \tag{8.22}$$

$$\begin{aligned} v_{\mathrm{PN}}^{k} &< v_{\mathrm{PP}}^{k} \\ v_{\mathrm{NP}}^{k} &< v_{\mathrm{NN}}^{k} \end{aligned} \tag{8.23}$$

证明　根据命题 8.1，如果 $x_{\mathrm{NP}} < x_{\mathrm{BP}} \leqslant x_{\mathrm{PP}}$，对于第 k 个决策者，我们有

$$\begin{aligned} & x_{\mathrm{NP}} < x_{\mathrm{BP}} \leqslant x_{\mathrm{PP}} \\ \Leftrightarrow\ & v(x_{\mathrm{NP}}) < v(x_{\mathrm{BP}}) \leqslant v(x_{\mathrm{PP}}) \\ \Leftrightarrow\ & v_{\mathrm{NP}}^{k} < v_{\mathrm{BP}}^{k} \leqslant v_{\mathrm{PP}}^{k} \end{aligned}$$

因此，$v_{\mathrm{NP}}^{k} < v_{\mathrm{BP}}^{k} \leqslant v_{\mathrm{PP}}^{k}$ 成立。同样地，$v_{\mathrm{PN}}^{k} < v_{\mathrm{BN}}^{k} \leqslant v_{\mathrm{NN}}^{k}$、$v_{\mathrm{PN}}^{k} < v_{\mathrm{PP}}^{k}$ 和 $v_{\mathrm{NP}}^{k} < v_{\mathrm{NN}}^{k}$ 也成立。

根据累积前景理论，概率被归纳为两个不同的收益和损失权重函数。此外，通过对结果进行排序，在累积分布函数上执行决策权重。如 8.2.1 节所述，所有的结果都需要按升序排序，并确定为收益或损失。因为命题 8.1 中证明了累积前景理论的价值函数是单调递增的函数，所以我们可以对模型的价值函数进行排序，

得到与每个动作相关联的权重函数。因此，它表明 v_{iP}^k 和 v_{iN}^k 的值需要进行比较和排序。例如，当 $0 \leqslant v_{iN}^k \leqslant v_{iP}^k$ 时，基于式（8.5）给出该条件下权重函数 $\pi_i^k(\Pr(C\,|\,[o]))$ 的计算过程：$\pi_i^k(\Pr(C\,|\,[o]))=w^+(\Pr(C\,|\,[o]))$。此外，由于 $\Pr(C\,|\,[o]) + \Pr(\neg C\,|\,o) =1$ 和 $w^+(1)=1$ 成立，基于式（8.4），$\pi_i^k(\Pr(\neg C\,|\,[o]))$ 的计算过程也可以表示为

$$\pi_i^k(\Pr(\neg C\,|\,[o]))=w^+(\Pr(C\,|\,[o]) + \Pr(\neg C\,|\,[o])) - w^+(\Pr(C\,|\,[o])) = 1 - w^+(\Pr(C\,|\,[o]))$$

通过比较 v_{iP}^k 和 v_{iN}^k 的值，权重函数 $\pi_i^k(\Pr(C\,|\,[o]))$（$i = \mathrm{P,B,N}$，$k=1,2,\cdots,m$）写为

$$\pi_i^k(\Pr(C\,|\,[o])) = \begin{cases} w^+(\Pr(C\,|\,[o])), & 0 \leqslant v_{iN}^k \leqslant v_{iP}^k \\ 1 - w^+(\Pr(\neg C\,|\,[o])), & 0 \leqslant v_{iP}^k \leqslant v_{iN}^k \\ 1 - w^-(\Pr(\neg C\,|\,[o])), & v_{iN}^k \leqslant v_{iP}^k < 0 \\ w^-(\Pr(C\,|\,[o])), & v_{iP}^k \leqslant v_{iN}^k < 0 \\ w^+(\Pr(C\,|\,[o])), & v_{iN}^k < 0 \leqslant v_{iP}^k \\ w^-(\Pr(C\,|\,[o])), & v_{iP}^k < 0 \leqslant v_{iN}^k \end{cases} \quad (8.24)$$

同样，所有条件下的权重函数 $\pi_i^k(\Pr(\neg C\,|\,[o]))$ 可以写为

$$\pi_i^k(\Pr(\neg C\,|\,[o])) = \begin{cases} 1 - w^+(\Pr(C\,|\,[o])), & 0 \leqslant v_{iN}^k \leqslant v_{iP}^k \\ w^+(\Pr(\neg C\,|\,[o])), & 0 \leqslant v_{iP}^k \leqslant v_{iN}^k \\ w^-(\Pr(\neg C\,|\,[o])), & v_{iN}^k \leqslant v_{iP}^k < 0 \\ 1 - w^-(\Pr(\neg C\,|\,[o])), & v_{iP}^k \leqslant v_{iN}^k < 0 \\ w^-(\Pr(\neg C\,|\,[o])), & v_{iN}^k < 0 \leqslant v_{iP}^k \\ w^+(\Pr(\neg C\,|\,[o])), & v_{iP}^k < 0 \leqslant v_{iN}^k \end{cases} \quad (8.25)$$

借助价值函数和权重函数，累积前景价值 $v^k(a_i\,|\,[o])$（$i = \mathrm{P,B,N}$，$k=1,2,\cdots,m$）与 $A = \{a_\mathrm{P}, a_\mathrm{B}, a_\mathrm{N}\}$ 中的不同动作关联表达如下：

$$\begin{aligned} v^k(a_\mathrm{P}\,|\,[o]) &= v_{\mathrm{PP}}^k \pi_\mathrm{P}^k(\Pr(C\,|\,[o])) + v_{\mathrm{PN}}^k \pi_\mathrm{P}^k(\Pr(\neg C\,|\,[o])) \\ v^k(a_\mathrm{B}\,|\,[o]) &= v_{\mathrm{BP}}^k \pi_\mathrm{B}^k(\Pr(C\,|\,[o])) + v_{\mathrm{BN}}^k \pi_\mathrm{B}^k(\Pr(\neg C\,|\,[o])) \\ v^k(a_\mathrm{N}\,|\,[o]) &= v_{\mathrm{NP}}^k \pi_\mathrm{N}^k(\Pr(C\,|\,[o])) + v_{\mathrm{NN}}^k \pi_\mathrm{N}^k(\Pr(\neg C\,|\,[o])) \end{aligned} \quad (8.26)$$

基于我们模型的价值函数的约束，可以得到 v_{iP}^k 和 v_{iN}^k 之间价值关系的所有可能条件，如表 8.7 所示。因此，我们可以获得累积前景价值 $v^k(a_i\,|\,[o])$（$i = \mathrm{P,B,N}$，$k=1,2,\cdots,m$）与 $A = \{a_\mathrm{P}, a_\mathrm{B}, a_\mathrm{N}\}$ 中不同动作的关联表达。

对于与行动 a_P 相关的累积潜在价值 $v^k(a_\mathrm{P}\,|\,[o])$，关联表达为

表 8.7　价值关系的可能条件

情形	决策规则	价值关系
1	（P）	$0 \leqslant v_{PN}^{k} < v_{PP}^{k}$
2	（P）	$v_{PN}^{k} < 0 \leqslant v_{PP}^{k}$
3	（P）	$v_{PN}^{k} < v_{PP}^{k} < 0$
4	（B）	$0 \leqslant v_{BN}^{k} \leqslant v_{BP}^{k}$
5	（B）	$0 \leqslant v_{BP}^{k} < v_{BN}^{k}$
6	（B）	$v_{BN}^{k} \leqslant v_{BP}^{k} < 0$
7	（B）	$v_{BP}^{k} < v_{BN}^{k} < 0$
8	（B）	$v_{BN}^{k} < 0 \leqslant v_{BP}^{k}$
9	（B）	$v_{BP}^{k} < 0 \leqslant v_{BN}^{k}$
10	（N）	$0 \leqslant v_{NP}^{k} < v_{NN}^{k}$
11	（N）	$v_{NP}^{k} < v_{NN}^{k} < 0$
12	（N）	$v_{NP}^{k} < 0 \leqslant v_{NN}^{k}$

$$v^{k}(a_{P} \,|[o]) = \begin{cases} v_{PP}^{k} w^{+}(\Pr(C\,|[o])) + v_{PN}^{k}(1 - w^{+}(\Pr(C\,|[o]))), & 0 \leqslant v_{PN}^{k} < v_{PP}^{k} \\ v_{PP}^{k} w^{+}(\Pr(C\,|[o])) + v_{PN}^{k} w^{-}(\Pr(\neg C\,|[o])), & v_{PN}^{k} < 0 \leqslant v_{PP}^{k} \\ v_{PP}^{k}(1 - w^{-}(\Pr(\neg C\,|[o]))) + v_{PN}^{k} w^{-}(\Pr(\neg C\,|[o])), & v_{PN}^{k} < v_{PP}^{k} < 0 \end{cases} \quad （8.27）$$

对于与行动 a_{B} 相关的累积潜在客户价值 $v^{k}(a_{B} \,|[o])$，关联表达为

$$v^{k}(a_{B} \,|[o]) = \begin{cases} v_{BP}^{k} w^{+}(\Pr(C\,|[o])) + v_{BN}^{k}(1 - w^{+}(\Pr(C\,|[o]))), & 0 \leqslant v_{BN}^{k} \leqslant v_{BP}^{k} \\ v_{BP}^{k}(1 - w^{+}(\Pr(\neg C\,|[o]))) + v_{BN}^{k} w^{+}(\Pr(\neg C\,|[o])), & 0 \leqslant v_{BP}^{k} < v_{BN}^{k} \\ v_{BP}^{k}(1 - w^{-}(\Pr(\neg C\,|[o]))) + v_{BN}^{k} w^{-}(\Pr(\neg C\,|[o])), & v_{BN}^{k} \leqslant v_{BP}^{k} < 0 \\ v_{BP}^{k} w^{-}(\Pr(C\,|[o])) + v_{BN}^{k}(1 - w^{-}(\Pr(C\,|[o]))), & v_{BP}^{k} < v_{BN}^{k} < 0 \\ v_{BP}^{k} w^{+}(\Pr(C\,|[o])) + v_{BN}^{k} w^{-}(\Pr(\neg C\,|[o])), & v_{BN}^{k} < 0 \leqslant v_{BP}^{k} \\ v_{BP}^{k} w^{-}(\Pr(C\,|[o])) + v_{BN}^{k} w^{+}(\Pr(\neg C\,|[o])), & v_{BP}^{k} < 0 \leqslant v_{BN}^{k} \end{cases} \quad （8.28）$$

对于与采取行动 a_{N} 相关联的累积潜在客户价值 $v^{k}(a_{N} \,|[o])$，关联表达为

$$v^{k}(a_{N} \,|[o]) = \begin{cases} v_{NP}^{k}(1 - w^{+}(\Pr(\neg C\,|[o]))) + v_{NN}^{k} w^{+}(\Pr(\neg C\,|[o])), & 0 \leqslant v_{NP}^{k} < v_{NN}^{k} \\ v_{NP}^{k} w^{-}(\Pr(C\,|[o])) + v_{NN}^{k}(1 - w^{-}(\Pr(C\,|[o]))), & v_{NP}^{k} < v_{NN}^{k} < 0 \\ v_{NP}^{k} w^{-}(\Pr(C\,|[o])) + v_{NN}^{k} w^{+}(\Pr(\neg C\,|[o])), & v_{NP}^{k} < 0 \leqslant v_{NN}^{k} \end{cases} \quad （8.29）$$

累积前景理论认为决策者更喜欢累积前景价值最大的决策选项。因此，最大累积潜在价值决策规则可以归纳如下。

（P9）：若 $v^{k}(a_{P} \,|[o]) \geqslant v^{k}(a_{B} \,|[o])$ 且 $v^{k}(a_{P} \,|[o]) \geqslant v^{k}(a_{N} \,|[o])$，则 $x \in \text{POS}(C)$。

（B9）：若 $v^k(a_B|[o]) \geqslant v^k(a_P|[o])$ 且 $v^k(a_B|[o]) \geqslant v^k(a_N|[o])$ ，则 $x \in \mathrm{BND}(C)$ 。

（N9）：若 $v^k(a_N|[o]) \geqslant v^k(a_P|[o])$ 且 $v^k(a_N|[o]) \geqslant v^k(a_B|[o])$ ，则 $x \in \mathrm{NEG}(C)$ 。

尽管新的决策规则（P9）~（N9）是基于累积前景价值最大化的原则得出的，但决策者做出即时决策仍然很复杂。在大多数三支决策研究中，决策规则可以根据概率和阈值进一步简化。因此，对构建的三支决策模型进行进一步的分析是非常重要的。

在三支决策理论中，阈值是简化决策规则的关键参数。由于权重函数是概率的非线性函数，不能直接计算阈值的解析解。因此，进一步分析阈值的存在性和唯一性非常重要。显然，如果我们模型的阈值存在并且是唯一的，我们也可以用阈值的数值解来简化决策规则。为了分析和证明阈值的存在性和唯一性，需要给出权重函数和累积前景价值函数的一些性质。

命题 8.3 设 $w^+(p_h)$、$w^-(p_h)$ 为累积前景理论的权重函数。那么，权重函数 $w^+(p_h)$ 和 $w^-(p_h)$ 都是单调递增的函数。

证明 设 $F(p_h) = \ln w^+(p_h)$ 。然后，我们可以计算 $F(p_h)$ 的导数如下。

$$F'(p_h) = \frac{\sigma}{p_h} - \frac{p_h^{\sigma-1} - (1-p_h)^{\sigma-1}}{p_h^\sigma + (1-p_h)^\sigma}$$

当 $\sigma = 0.61$ ， $p_h \in [0,1]$ 时，我们可以用 MATLAB 对函数进行作图，求出 $F'(p_h) > 0$ 。由于当 $p_h \in [0,1]$ 时 $F(p_h)$ 是连续函数，我们得到 $F(p_h)$ 是 p_h 的单调递增函数，从而得到 $w^+(p_h)$ 是单调递增函数。同样，我们可以证明 $w^-(p_h)$ 是一个单调递增的函数。

命题 8.4 设 $v^k(a_P|[o])$ 和 $v^k(a_N|[o])$ 是与 a_P 和 a_N 相关联的决策者 d_k 的累积前景价值。那么， $v^k(a_P|[o])$ 是 $\mathrm{Pr}(C|[o])$ 的单调递增函数， $v^k(a_N|[o])$ 是 $\mathrm{Pr}(C|[o])$ 的单调递减函数。

证明 基于式（8.27）、式（8.29）和命题 8.3，命题 8.4 的证明简单明了。

命题 8.5 设 $v^k(a_B|[o])$ 为与 a_B 关联的决策者 d_k 的累积前景价值。当 v_{BP}^k 和 v_{BN}^k 之间的价值关系满足表 8.7 中的情形 4、情形 6 或情形 8 时， $v^k(a_B|[o])$ 是 $\mathrm{Pr}(C|[o])$ 的单调递增函数。当 v_{BP}^k 和 v_{BN}^k 之间的价值关系满足情形 5、情形 7 或情形 9 时， $v^k(a_B|[o])$ 是 $\mathrm{Pr}(C|[o])$ 的单调递减函数。

证明 类似于命题 8.4，命题 8.5 的证明很简单。

设 $v_{PB}^k = v^k(a_P|[o]) - v^k(a_B|[o])$ ， $v_{BN}^k = v^k(a_B|[o]) - v^k(a_N|[o])$ ， $v_{PN}^k =$

$v^k(a_P|[o]) - v^k(a_N|[o])$。然后，$v_{PB}^k$、$v_{BN}^k$ 和 v_{PN}^k 可以写成如下形式。

$$v_{PB}^k = v_{PP}^k \pi_P^k(\mathrm{Pr}(C|[o])) - v_{BP}^k \pi_B^k(\mathrm{Pr}(C|[o]))$$
$$+ v_{PN}^k \pi_P^k(\mathrm{Pr}(\neg C|[o])) - v_{BN}^k \pi_B^k(\mathrm{Pr}(\neg C|[o]))$$

$$v_{BN}^k = v_{BP}^k \pi_B^k(\mathrm{Pr}(C|[o])) - v_{NP}^k \pi_N^k(\mathrm{Pr}(C|[o]))$$
$$+ v_{BN}^k \pi_B^k(\mathrm{Pr}(\neg C|[o])) - v_{NN}^k \pi_N^k(\mathrm{Pr}(\neg C|[o])) \qquad (8.30)$$

$$v_{PN}^k = v_{PP}^k \pi_P^k(\mathrm{Pr}(C|[o])) - v_{NP}^k \pi_N^k(\mathrm{Pr}(C|[o]))$$
$$+ v_{PN}^k \pi_P^k(\mathrm{Pr}(\neg C|[o])) - v_{NN}^k \pi_N^k(\mathrm{Pr}(\neg C|[o]))$$

基于式（8.30），我们可以归纳出：如果 $\mathrm{Pr}(C|[o]) = 0$，我们有 $v_{PB}^k < 0$，$v_{BN}^k \leqslant 0$，$v_{PN}^k < 0$。如果 $\mathrm{Pr}(C|[o]) = 1$，我们有 $v_{PB}^k \geqslant 0$，$v_{BN}^k > 0$，$v_{PN}^k > 0$。如果 v_{PB}^k、v_{BN}^k 和 v_{PN}^k 可以被证明是单调函数，我们可以明显地证明我们模型的阈值是存在的并且是唯一的。因此，我们有以下命题。

命题 8.6　设 $v_{PB}^k = v^k(a_P|[o]) - v^k(a_B|[o])$。然后，$v_{PB}^k$ 是 $\mathrm{Pr}(C|[o])$ 的单调递增函数。

证明　在命题 8.4 的基础上，我们得到了 $v^k(a_P|[o])$ 是 $\mathrm{Pr}(C|[o])$ 的单调递增函数。除此之外，根据命题 8.5，当 v_{BP}^k 和 v_{BN}^k 之间的价值关系满足表 8.7 中的情形 5、情形 7 或情形 9 时，我们得到了 $v^k(a_B|[o])$ 是 $\mathrm{Pr}(C|[o])$ 的单调递减函数。因此，在这些条件下，我们显然可以使 v_{PB}^k 是 $\mathrm{Pr}(C|[o])$ 的单调递增函数。

当 v_{BP}^k 和 v_{BN}^k 之间的价值关系满足情形 4、情形 6 或情形 8 时，我们可以归纳出 $v^k(a_B|[o])$ 是 $\mathrm{Pr}(C|[o])$ 的单调递增函数。因此，需要分析 v_{PP}^k、v_{PN}^k、v_{BP}^k 和 v_{BN}^k 之间的价值关系的总共九（3×3）个条件来确定 v_{PB}^k 的单调性。根据命题 8.2，我们得到 $v_{PB}^k < v_{PP}^k$、$v_{BP}^k \leqslant v_{PP}^k$ 和 $v_{PN}^k < v_{BN}^k$。那么 v_{PP}^k、v_{PN}^k、v_{BP}^k 和 v_{BN}^k 之间的价值关系总共有五种可能的条件。

（1）情形 1 和情形 4：$0 \leqslant v_{PN}^k < v_{PP}^k$，$0 \leqslant v_{BN}^k \leqslant v_{BP}^k$。

$$v_{PB}^k = (v_{PP}^k - v_{BP}^k) w^+(\mathrm{Pr}(C|[o])) + (v_{PN}^k - v_{BN}^k)(1 - w^+(\mathrm{Pr}(C|[o])))$$

根据命题 8.3，我们证得权重函数 $w^+(\bullet)$ 和 $w^-(\bullet)$ 都是单调函数。因此，$w^+(\mathrm{Pr}(C|[o]))$ 是单调递增函数，$(1 - w^+(\mathrm{Pr}(C|[o])))$ 是单调递减函数，$v_{PP}^k - v_{BP}^k \geqslant 0$，$v_{PN}^k - v_{BN}^k < 0$，此时我们得到 v_{PB}^k 是 $\mathrm{Pr}(C|[o])$ 的单调递增函数。

（2）情形 2 和情形 4：$v_{PN}^k < 0 \leqslant v_{PP}^k$，$0 \leqslant v_{BN}^k \leqslant v_{BP}^k$。

$$v_{PB}^k = (v_{PP}^k - v_{BP}^k) w^+(\mathrm{Pr}(C|[o])) + v_{PN}^k w^-(\mathrm{Pr}(\neg C|[o])) - v_{BN}^k(1 - w^+(\mathrm{Pr}(C|[o])))$$

由于 $w^+(\mathrm{Pr}(C|[o]))$ 是单调递增函数，$(1 - w^+(\mathrm{Pr}(C|[o])))$ 是单调递减函数，

$w^-(\Pr(\neg C|[o]))$ 是单调递减函数。当 $v_{PP}^k - v_{BP}^k \geqslant 0$，$v_{PN}^k < 0$，$v_{BN}^k \geqslant 0$ 时，我们得到了此时 v_{PB}^k 是 $\Pr(C|[o])$ 的单调递增函数。

（3）情形 2 和情形 6：$v_{PN}^k < 0 \leqslant v_{PP}^k$，$v_{BN}^k \leqslant v_{BP}^k < 0$。

$$v_{PB}^k = v_{PP}^k w^+(\Pr(C|[o])) - v_{BP}^k (1 - w^+(\Pr(C|[o]))) + (v_{PN}^k - v_{BN}^k) w^-(\Pr(\neg C|[o]))$$

由于 $w^+(\Pr(C|[o]))$ 是单调递增函数，$(1 - w^-(\Pr(\neg C|[o])))$ 是单调递增函数，$w^-(\Pr(\neg C|[o]))$ 是单调递减函数。当 $v_{PP}^k \geqslant 0$，$v_{BP}^k < 0$，$v_{PN}^k - v_{BN}^k < 0$ 时，我们有 v_{PB}^k 是 $\Pr(C|[o])$ 的单调递增函数。

（4）情形 2 和情形 8：$v_{PN}^k < 0 \leqslant v_{PP}^k$，$v_{BN}^k < 0 \leqslant v_{BP}^k$。

$$v_{PB}^k = (v_{PP}^k - v_{BP}^k) w^+(\Pr(C|[o])) + (v_{PN}^k - v_{BN}^k) w^-(\Pr(\neg C|[o]))$$

考虑 $w^+(\Pr(C|[o]))$ 是单调递增函数，$w^-(\Pr(\neg C|[o]))$ 是单调递减函数。当 $v_{PP}^k - v_{BP}^k \geqslant 0$，$v_{PN}^k - v_{BN}^k < 0$ 时，我们有 v_{PB}^k 是 $\Pr(C|[o])$ 的单调递增函数。

（5）情形 3 和情形 6：$v_{PN}^k < v_{PP}^k < 0$，$v_{BN}^k \leqslant v_{BP}^k < 0$。

$$v_{PB}^k = (v_{PP}^k - v_{BP}^k)(1 - w^-(\Pr(\neg C|[o]))) + (v_{PN}^k - v_{BN}^k) w^-(\Pr(\neg C|[o]))$$

因为 $(1 - w^-(\Pr(\neg C|[o])))$ 是单调递增函数，$w^-(\Pr(\neg C|[o]))$ 是单调递减函数，$v_{PP}^k - v_{BP}^k \geqslant 0$，$v_{PN}^k - v_{BN}^k < 0$，此时我们有 v_{PB}^k 是 $\Pr(C|[o])$ 的单调递增函数。

因此，证明了 v_{PB}^k 的单调性在所有五种可能情形下都是 $\Pr(C|[o])$ 的单调递增函数。除了以上五个情形，其他四个情形都不存在。因此，v_{PB}^k 是 $\Pr(C|[o])$ 的单调递增函数。

命题 8.7　设 $v_{BN}^k = v^k(a_B|[o]) - v^k(a_N|[o])$。然后，$v_{BN}^k$ 是 $\Pr(C|[o])$ 的单调递增函数。

证明　在命题 8.4 的基础上，我们得到了 $v^k(a_N|[o])$ 是 $\Pr(C|[o])$ 的单调递减函数。除此之外，根据命题 8.5，当 v_{BP}^k 和 v_{BN}^k 之间的价值关系满足表 8.7 中的情形 4、情形 6 或情形 8 时，我们有 $v^k(a_B|[o])$ 是 $\Pr(C|[o])$ 的单调递增函数。因此，在这些条件下，我们显然可以使 v_{BN}^k 是 $\Pr(C|[o])$ 的单调递增函数。

当 v_{BP}^k 和 v_{BN}^k 之间的价值关系满足情形 5、情形 7 或情形 9 时，我们可以归纳出 $v^k(a_B|[o])$ 是 $\Pr(C|[o])$ 的单调递增函数。因此，需要分析 v_{BP}^k、v_{BN}^k、v_{NP}^k 和 v_{NN}^k 之间的价值关系的总共九（3×3）个条件来确定 v_{BN}^k 的单调性。根据命题 8.2，我们得到 $v_{NP}^k < v_{BP}^k$，$v_{BN}^k \leqslant v_{NN}^k$ 和 $v_{NP}^k < v_{NN}^k$。那么 v_{BP}^k、v_{BN}^k、v_{NP}^k 和 v_{NN}^k 之间的价值关系总共有五种可能的条件。

（1）情形 5 和情形 10：$0 \leqslant v_{BP}^k < v_{BN}^k$，$0 \leqslant v_{NP}^k < v_{NN}^k$。

$$v_{BN}^k = (v_{BP}^k - v_{NP}^k)(1 - w^+(\Pr(\neg C|[o]))) + (v_{BN}^k - v_{NN}^k) w^+(\Pr(\neg C|[o]))$$

根据命题 8.3，我们证得权重函数 $w^+(\cdot)$ 和 $w^-(\cdot)$ 都是单调递增函数。因此，$(1-w^+(\text{Pr}(\neg C\,|\,[o])))$ 是单调递增函数，$w^+(\text{Pr}(\neg C\,|\,[o]))$ 是单调递减函数。当 $v_{BP}^k - v_{NP}^k > 0$，$v_{BN}^k - v_{NN}^k \leqslant 0$ 时，我们得到此时 v_{BN}^k 是 $\text{Pr}(C\,|\,[o])$ 的单调递增函数。

（2）情形 5 和情形 12：$0 \leqslant v_{BP}^k < v_{BN}^k$，$v_{NP}^k < 0 \leqslant v_{NN}^k$。

$$v_{BN}^k = v_{BP}^k(1-w^+(\text{Pr}(\neg C\,|\,[o]))) - v_{NP}^k w^-(\text{Pr}(C\,|\,[o])) + (v_{BN}^k - v_{NN}^k)w^+(\text{Pr}(\neg C\,|\,[o]))$$

我们可以得到 $(1-w^+(\text{Pr}(\neg C\,|\,[o])))$ 是单调递增函数，$w^-(\text{Pr}(C\,|\,[o]))$ 是单调递增函数，$w^+(\text{Pr}(\neg C\,|\,[o]))$ 是单调递减函数。当 $v_{BP}^k \geqslant 0$，$v_{NP}^k < 0$，$v_{BN}^k - v_{NN}^k \leqslant 0$ 时，我们有 v_{BN}^k 是 $\text{Pr}(C\,|\,[o])$ 的单调递增函数。

（3）情形 7 和情形 11：$v_{BP}^k < v_{BN}^k < 0$，$v_{NP}^k < v_{PP}^k < 0$。

$$v_{BN}^k = (v_{BP}^k - v_{NP}^k)w^-(\text{Pr}(C\,|\,[o])) + (v_{BN}^k - v_{NN}^k)(1-w^-(\text{Pr}(C\,|\,[o])))$$

因为 $w^-(\text{Pr}(C\,|\,[o]))$ 是单调递增函数，$(1-w^-(\text{Pr}(C\,|\,[o])))$ 是单调递减函数，$v_{BP}^k - v_{NP}^k > 0$，$v_{BN}^k - v_{NN}^k \leqslant 0$，所以我们有 v_{BN}^k 是这种情况下 $\text{Pr}(C\,|\,[o])$ 的单调递增函数。

（4）情形 7 和情形 12：$v_{BP}^k < v_{BN}^k < 0$，$v_{NP}^k < 0 \leqslant v_{NN}^k$。

$$v_{BN}^k = (v_{BP}^k - v_{NP}^k)w^-(\text{Pr}(C\,|\,[o])) + v_{BN}^k(1-w^-(\text{Pr}(C\,|\,[o]))) - v_{NN}^k w^+(\text{Pr}(\neg C\,|\,[o]))$$

由于 $w^-(\text{Pr}(C\,|\,[o]))$ 是单调递增函数，$(1-w^-(\text{Pr}(C\,|\,[o])))$ 是单调递减函数，$w^+(\text{Pr}(\neg C\,|\,[o]))$ 是单调递减函数。当 $v_{BP}^k - v_{NP}^k > 0$，$v_{BN}^k < 0$，$v_{NN}^k \geqslant 0$ 时，我们有 v_{BN}^k 是 $\text{Pr}(C\,|\,[o])$ 的单调递增函数。

（5）情形 9 和情形 12：$v_{BP}^k < 0 \leqslant v_{BN}^k$，$v_{NP}^k < 0 \leqslant v_{NN}^k$。

$$v_{BN}^k = (v_{BP}^k - v_{NP}^k)w^-(\text{Pr}(C\,|\,[o])) + (v_{BN}^k - v_{NN}^k)w^+(\text{Pr}(\neg C\,|\,[o]))$$

由于 $w^-(\text{Pr}(C\,|\,[o]))$ 是单调递增函数，$w^+(\text{Pr}(\neg C\,|\,[o]))$ 是单调递减函数，$v_{BP}^k - v_{NP}^k > 0$，$v_{BN}^k - v_{NN}^k \leqslant 0$，所以我们有 v_{BN}^k 在这种情况下是 $\text{Pr}(C\,|\,[o])$ 的单调递增函数。

因此，在所有五种可能的情形下，v_{BN}^k 的单调性被证明是 $\text{Pr}(C\,|\,[o])$ 的单调递增函数。除了以上五个情形，其他四个情形都不存在。因此，v_{BN}^k 是 $\text{Pr}(C\,|\,[o])$ 的单调递增函数。

命题 8.8　设 $v_{PN}^k = v^k(a_P\,|\,[o]) - v^k(a_N\,|\,[o])$。然后，$v_{PN}^k$ 是 $\text{Pr}(C\,|\,[o])$ 的单调递增函数。

证明　根据命题 8.4，$v^k(a_P\,|\,[o])$ 是 $\text{Pr}(C\,|\,[o])$ 的单调递增函数，$v^k(a_N\,|\,[o])$ 是 $\text{Pr}(C\,|\,[o])$ 的单调递减函数。因此，v_{PN}^k 肯定是 $\text{Pr}(C\,|\,[o])$ 的单调递增函数。

命题 8.9　设 $v_{PB}^k = v^k(a_P\,|\,[o]) - v^k(a_B\,|\,[o])$，$v_{BN}^k = v^k(a_B\,|\,[o]) - v^k(a_N\,|\,[o])$，

和 $v_{PN}^k = v^k(a_P | [o]) - v^k(a_N | [o])$。那么，$v_{PB}^k$、$v_{BN}^k$ 和 v_{PN}^k 只有一个零点。

　　证明　设 $v_{PB}^k = v^k(a_P | [o]) - v^k(a_B | [o])$。当 $\Pr(C | [o]) = 0$ 时，我们可以计算出 $v_{PB}^k = v_{PN}^k - v_{BN}^k < 0$。当 $\Pr(C | [o]) = 1$ 时，$v_{PB}^k = v_{PN}^k - v_{BN}^k \geqslant 0$。由于 v_{PB}^k 是 $\Pr(C | [o])$ 的单调递增函数，我们得到 v_{PB}^k 只有一个零点。同样，我们可以证明 v_{BN}^k 和 v_{PN}^k 都分别只有一个零点。

　　分别得到 v_{PB}^k、v_{BN}^k 和 v_{PN}^k 的所有单调性质后，可以进一步得到阈值的存在唯一性。因此，我们有以下命题。

　　命题 8.10　设 α_2^k、β_2^k 和 γ_2^k 为决策者 d_k 的阈值。那么，α_2^k、β_2^k 和 γ_2^k 存在且唯一。

　　证明　根据命题 8.9，我们有 $v^k(a_P | [o])$、$v^k(a_B | [o])$ 只有一个交集。$v^k(a_B | [o])$、$v^k(a_N | [o])$ 只有一个交集，$v^k(a_P | [o])$、$v^k(a_N | [o])$ 只有一个交集。根据三支决策理论，我们将 α_2^k 定义为 $v^k(a_P | [o])$ 和 $v^k(a_B | [o])$ 的交集，β_2^k 定义为 $v^k(a_B | [o])$ 和 $v^k(a_N | [o])$ 的交集，γ_2^k 定义为 $v^k(a_P | [o])$ 和 $v^k(a_N | [o])$ 的交集。因此，α_2^k、β_2^k 和 γ_2^k 是存在且唯一的。

　　根据命题 8.10，由于所有的阈值都被证明是唯一的，决策者的简化决策规则可以归纳如下。

　　（P10）：若 $\Pr(C | [o]) \geqslant \alpha_2^k$ 且 $\Pr(C | [o]) \geqslant \gamma_2^k$，则 $o \in \mathrm{POS}(C)$。

　　（B10）：若 $\Pr(C | [o]) \leqslant \alpha_2^k$ 且 $\Pr(C | [o]) \geqslant \beta_2^k$，则 $o \in \mathrm{BND}(C)$。

　　（N10）：若 $\Pr(C | [o]) \leqslant \beta_2^k$ 且 $\Pr(C | [o]) \leqslant \gamma_2^k$，则 $o \in \mathrm{NEG}(C)$。

　　在三支决策中，比较 α 和 β 的值来确定是否是三支决策过程是很重要的。如上所述，由于权重函数是概率的非线性变换，所提出的模型表明 α_2^k、β_2^k 和 γ_2^k 都没有解析解。然而，阈值的存在性和唯一性已经被证明。因此，为了获得简化的决策规则，阈值的数值解是必要的。在实际问题和情况下，我们可以用二分法计算 v_{PB}^k、v_{BN}^k 和 v_{PN}^k 的零点来得到阈值的数值解，之后需要比较 α_2^k、β_2^k 和 γ_2^k 的值来决定是三支决策过程还是双向决策过程。

　　如果 $\alpha_2^k > \beta_2^k$，决策者的简化决策规则可进一步推导如下。

　　（P11）：若 $\Pr(C | [o]) \geqslant \alpha_2^k$，则 $o \in \mathrm{POS}(C)$。

　　（B11）：若 $\beta_2^k < \Pr(C | [o]) < \alpha_2^k$，则 $o \in \mathrm{BND}(C)$。

　　（N11）：若 $\Pr(C | [o]) \leqslant \beta_2^k$，则 $o \in \mathrm{NEG}(C)$。

　　否则，决策者的简化决策规则可以归纳如下。

　　（P12）：若 $\Pr(C | [o]) \geqslant \gamma_2^k$，则 $o \in \mathrm{POS}(C)$。

　　（N12）：若 $\Pr(C | [o]) < \gamma_2^k$，则 $o \in \mathrm{NEG}(C)$。

　　总的来说，我们总结了六个步骤来描述整个决策过程，以导出所提出的三支决策模型的三向决策规则。

步骤 1：给出结果矩阵。对于 $k \in [1,m]$，根据决策者 d_k 的决策偏好选择参考点 $\bar{x}^k$。

步骤 2：根据式（8.21）计算价值函数 v_{ij}^k。比较并排序 v_{iP}^k 和 v_{iN}^k 的值，然后确定与每个动作相关的权重函数。

步骤 3：借助价值函数和权重函数，计算累积前景价值 $v^k(a_i | [o])$。然后，计算每个决策者的阈值 α_2^k、β_2^k 和 γ_2^k 的数值解。

步骤 4：比较阈值 α_2^k 和 β_2^k 的值。如果 $\alpha_2^k > \beta_2^k$，则转至步骤 5。否则，请转至步骤 6。

步骤 5：对于 $o \in U$，基于概率 $\Pr(C|[o])$ 和阈值 α_2^k、β_2^k 推导出其对应的三支决策规则。如果 $\Pr(C|[o]) \geqslant \alpha_2^k$，则决定 $o \in \mathrm{POS}(C)$；如果 $\beta_2^k < \Pr(C|[o]) < \alpha_2^k$，则决定 $o \in \mathrm{BND}(C)$；如果 $\Pr(C|[o]) \leqslant \beta_2^k$，则决定 $o \in \mathrm{NEG}(C)$。

步骤 6：对于 $o \in U$，基于概率 $\Pr(C|[o])$ 和阈值 γ_2^k 推导出其对应的三支决策规则。如果 $\Pr(C|[o]) \geqslant \gamma_2^k$，则决定 $o \in \mathrm{POS}(C)$；如果 $\Pr(C|[o]) < \gamma_2^k$，则决定 $o \in \mathrm{NEG}(C)$。

在对科技大数据定价进行决策时，如何在确定决策规则时反映决策者的风险态度极具挑战。本节将累积前景理论引入三支决策，构建了一个新的三支决策模型。按照累积前景理论，决策者的不同参考点和对收益与损失的风险偏好用价值函数来描述。概率被概括为两个收益和损失的权函数，它们在累积分布函数上执行。另外，将所提出的模型扩展到分别具有区间、三角模糊数和直觉模糊数损失函数的新模型上，并讨论这些损失函数之间的关系。此外，本节还分析并证明了模型阈值的存在性和唯一性，利用优化技术来搜索它们的最优解并确定阈值（Liu et al.，2019）。最后，简化决策规则并给出了推导三支决策规则的整个决策过程。

8.2.5 区间二型模糊环境下基于后悔理论的三支决策模型

三支决策为处理决策问题中的不确定性和复杂性提供了新的视角。但是，现实中决策者的行为可能会受到不同风险态度的影响。基于这个问题，我们在区间二型模糊环境下构造了一个基于后悔理论的三支决策模型。后悔理论和区间二型模糊集被用来改进三支决策以应对风险和不确定性。在区间二型模糊环境下，两个核心问题集中在确定决策规则和确定不同决策者的条件概率上。最大效用决策规则是基于后悔理论得出的，而条件概率通过区间二型技术来估计——区间二型通过 TOPSIS（technique for order preference by similarity to ideal solution，基于理想解相似性的排序偏好技术）的相似性来确定先后顺序。这样我们构建了一种新型的三支决策模型（Wang et al.，2020a）。

经典的三支决策模型借助贝叶斯决策程序和成本矩阵推导了最小成本决策规则。但在实际决策过程中，我们需要考虑不同态度对风险的影响。通过基于带有梯形区间二型模糊数的后悔理论的三支决策模型，重点描述决策者的风险态度和偏好。

基于后悔理论的三支决策模型也包括两个状态 $\Omega = \{C, \neg C\}$ 和三个动作 $\mathcal{A} = \{\pi_P, \pi_B, \pi_N\}$。基于区间二型模糊集和后悔理论，我们可以采用语言学术语来评估在不同状态下每个动作产生的结果。语言学结果由区间二型模糊集表示。假设使用 $\tilde{z}_{ij}$（$i =$ P,B,N；$j =$ P,N）表示区间二型模糊环境下不同状态下的区间二型模糊结果，如表 8.8 所示。$\tilde{z}_{PP}, \tilde{z}_{BP}, \tilde{z}_{NP}$ 表示 x 在状态 C 时采取动作 π_P, π_B, π_N 时的区间二型模糊结果，$\tilde{z}_{PN}, \tilde{z}_{BN}, \tilde{z}_{NN}$ 则表示 x 在状态 $\neg C$ 时分别采取动作 π_P, π_B, π_N 时的区间二型模糊结果。区间二型模糊结果 $\tilde{z}_{ij}$ 的详细描述如下：

$$\tilde{z}_{ij} = \left(z_{ij}^+, z_{ij}^- \right) = \begin{pmatrix} \left(a_{ij}^{z,+}, b_{ij}^{z,+}, c_{ij}^{z,+}, d_{ij}^{z,+}; s_{ij}^{z,+}, t_{ij}^{z,+} \right) \\ \left(a_{ij}^{z,-}, b_{ij}^{z,-}, c_{ij}^{z,-}, d_{ij}^{z,-}; s_{ij}^{z,-}, t_{ij}^{z,-} \right) \end{pmatrix} \tag{8.31}$$

表 8.8 区间二型粗糙结果矩阵

动作	C	$\neg C$
π_P	$\tilde{z}_{PP} = (z_{PP}^+, z_{PP}^-)$	$\tilde{z}_{PN} = (z_{PN}^+, z_{PN}^-)$
π_B	$\tilde{z}_{BP} = (z_{BP}^+, z_{BP}^-)$	$\tilde{z}_{BN} = (z_{BN}^+, z_{BN}^-)$
π_N	$\tilde{z}_{NP} = (z_{NP}^+, z_{NP}^-)$	$\tilde{z}_{NN} = (z_{NN}^+, z_{NN}^-)$

假设一个特定的决策问题中总共有 g 个决策者，并以 $E = \{e_1, e_2, \cdots, e_g\}$ 表示决策者集。后悔理论表明，决策者可能会采取不同的风险规避和后悔规避系数。为了清楚起见，将第 k 个决策者的风险规避系数定义为 θ_k，该系数满足 $0 < \theta_k < 1$。第 k 个决策者的后悔规避系数定义为 δ_k，该系数满足 $\delta_k \geqslant 0$。另外，效用函数和后悔、欣喜函数都涉及精确数和 exp 函数的运算过程。因此，本节需要首先给出梯形区间二型模糊数的精确数和 exp 函数运算的定义。

定义 8.1 令 v 表示一个精确数，则这个精确数 v 相对应的梯形区间二型模糊数可表示为 $(((v,v,v,v;1,1),(v,v,v,v;1,1))$。

定义 8.2 令 $\tilde{A} = (A^+, A^-)$ 表示一个梯形区间二型模糊数，则关于梯形区间二型模糊数 $\tilde{A} = (A^+, A^-)$ 的 exp 函数运算表示为

$$e^{\tilde{A}} = \begin{pmatrix} \left(e^{a^+}, e^{b^+}, e^{c^+}, e^{d^+}; s^+, t^+ \right), \\ \left(e^{a^-}, e^{b^-}, e^{c^-}, e^{d^-}; s^-, t^- \right) \end{pmatrix} \tag{8.32}$$

在该三支决策模型中，本章称未考虑后悔值的效用函数为一般效用函数，则区间二型模糊环境下的区间二型模糊一般效用函数可由梯形区间二型模糊数描述，表示为

$$\tilde{u}_{ij}^{k}=\left(u_{ij}^{k,+},u_{ij}^{k,-}\right)=\begin{pmatrix}\left(a_{ij}^{k,u,+},b_{ij}^{k,u,+},c_{ij}^{k,u,+},d_{ij}^{k,u,+};s_{ij}^{k,u,+},t_{ij}^{k,u,+}\right),\\\left(a_{ij}^{k,u,-},b_{ij}^{k,u,-},c_{ij}^{k,u,-},d_{ij}^{k,u,-};s_{ij}^{k,u,-},t_{ij}^{k,u,-}\right)\end{pmatrix} \tag{8.33}$$

利用区间二型模糊结果，计算不同状态下第 k 个决策者的区间二型模糊一般效用函数：

$$\tilde{u}_{ij}^{k}=\frac{1}{\theta_{k}}\left(1\ominus\mathrm{e}^{-\theta_{k}\tilde{z}_{ij}}\right) \tag{8.34}$$

通过定义 8.1，可以将精确数 1 转换为梯形区间二型模糊数：$((1,1,1,1;1,1),(1,1,1,1;1,1))$。则区间二型模糊一般效用函数详细的数学表达式可计算为

$$\tilde{u}_{ij}^{k}=\begin{pmatrix}\left(\dfrac{1-\mathrm{e}^{-\theta_{k}a_{ij}^{z,+}}}{\theta_{k}},\dfrac{1-\mathrm{e}^{-\theta_{k}b_{ij}^{z,+}}}{\theta_{k}},\right.\\\left.\dfrac{1-\mathrm{e}^{-\theta_{k}c_{ij}^{z,+}}}{\theta_{k}},\dfrac{1-\mathrm{e}^{-\theta_{k}d_{ij}^{z,+}}}{\theta_{k}};s_{ij}^{z,+},t_{ij}^{z,+}\right),\\\left(\dfrac{1-\mathrm{e}^{-\theta_{k}a_{ij}^{z,-}}}{\theta_{k}},\dfrac{1-\mathrm{e}^{-\theta_{k}b_{ij}^{z,-}}}{\theta_{k}},\right.\\\left.\dfrac{1-\mathrm{e}^{-\theta_{k}c_{ij}^{z,-}}}{\theta_{k}},\dfrac{1-\mathrm{e}^{-\theta_{k}d_{ij}^{z,-}}}{\theta_{k}};s_{ij}^{z,-},t_{ij}^{z,-}\right)\end{pmatrix} \tag{8.35}$$

根据后悔理论，决策者将比较自己选择的结果和其他选择的结果，由于动作集 $\mathcal{A}=\{\pi_{\mathrm{P}},\pi_{\mathrm{B}},\pi_{\mathrm{N}}\}$ 由三个动作组成，我们利用多动作集中的后悔理论来构建模型，定义考虑后悔值的效用函数。与区间二型模糊结果相似，基于后悔理论的区间 2 型模糊结果也是一个 3×2 的矩阵，如表 8.9 所示。利用梯形区间二型模糊数，能够很好地构建二型模糊后悔效用函数的数学表达式：

$$\tilde{v}_{ij}^{k}=\left(v_{ij}^{k,+},v_{ij}^{k,-}\right)=\begin{pmatrix}\left(a_{ij}^{k,v,+},b_{ij}^{k,v,+},c_{ij}^{k,v,+},d_{ij}^{k,v,+};s_{ij}^{k,v,+},t_{ij}^{k,v,+}\right),\\\left(a_{ij}^{k,v,-},b_{ij}^{k,v,-},c_{ij}^{k,v,-},d_{ij}^{k,v,-};s_{ij}^{k,v,-},t_{ij}^{k,v,-}\right)\end{pmatrix} \tag{8.36}$$

表 8.9　基于后悔理论的区间二型粗糙效用函数矩阵

动作	C	$\neg C$
π_{P}	$\tilde{v}_{\mathrm{PP}}^{k}=(v_{\mathrm{PP}}^{k,+},v_{\mathrm{PP}}^{k,-})$	$\tilde{v}_{\mathrm{PN}}^{k}=(v_{\mathrm{PN}}^{k,+},v_{\mathrm{PN}}^{k,-})$
π_{B}	$\tilde{v}_{\mathrm{BP}}^{k}=(v_{\mathrm{BP}}^{k,+},v_{\mathrm{BP}}^{k,-})$	$\tilde{v}_{\mathrm{BN}}^{k}=(v_{\mathrm{BN}}^{k,+},v_{\mathrm{BN}}^{k,-})$
π_{N}	$\tilde{v}_{\mathrm{NP}}^{k}=(v_{\mathrm{NP}}^{k,+},v_{\mathrm{NP}}^{k,-})$	$\tilde{v}_{\mathrm{NN}}^{k}=(v_{\mathrm{NN}}^{k,+},v_{\mathrm{NN}}^{k,-})$

为了计算区间二型模糊后悔效用函数，我们应该选择结果最大的决策选项来计算后悔值。在区间二型模糊环境下，我们需要计算所有区间二型模糊结果的排名值。区间二型模糊结果的排名值的计算结果表示如下：

$$\eta(\tilde{z}_{ij}) = \frac{\sum\limits_{l \in \{a,b,c,d\}} \sum\limits_{\bullet \in \{+,-\}} l_{ij}^{z,\bullet}}{8} \times \frac{\sum\limits_{h \in \{s,t\}} \sum\limits_{\bullet \in \{+,-\}} h_{ij}^{z,\bullet}}{4} \tag{8.37}$$

当对象 x 分别属于 C 或 $\neg C$ 时，我们选择具有最高排序值的区间类型 2 模糊结果：

$$\tilde{z}_{*j} = \arg\max_{\tilde{z}_{ij}} \{\eta(\tilde{z}_{ij})\} \tag{8.38}$$

计算区间二型模糊后悔效用函数 $\tilde{v}_{ij}^k$：

$$\tilde{v}_{ij}^k = \tilde{u}_{ij}^k \oplus r(\tilde{u}_{ij}^k \ominus u(\tilde{z}_{*j})) \tag{8.39}$$

根据梯形区间二型模糊数的代数运算，我们可以计算出区间二型模糊后悔效用函数 $\tilde{v}_{ij}^k$ 如下：

$$\tilde{v}_{ij}^k = \begin{pmatrix} \left(\begin{array}{c} a_{ij}^{k,u,+} + 1 - e^{-\delta_k \left(a_{ij}^{k,u,+} - d_{*j}^{k,u,+}\right)}, \\ b_{ij}^{k,u,+} + 1 - e^{-\delta_k \left(b_{ij}^{k,u,+} - c_{*j}^{k,u,+}\right)}, \\ c_{ij}^{k,u,+} + 1 - e^{-\delta_k \left(c_{ij}^{k,u,+} - b_{*j}^{k,u,+}\right)}, \\ d_{ij}^{k,u,+} + 1 - e^{-\delta_k \left(d_{ij}^{k,u,+} - a_{*j}^{k,u,+}\right)}; \\ \min\left\{s_{ij}^{k,u,+}, s_{*j}^{k,u,+}\right\}, \min\left\{t_{ij}^{k,u,+}, t_{*j}^{k,u,+}\right\} \end{array} \right), \\ \left(\begin{array}{c} a_{ij}^{k,u,-} + 1 - e^{-\delta_k \left(a_{ij}^{k,u,-} - d_{*j}^{k,u,-}\right)}, \\ b_{ij}^{k,u,-} + 1 - e^{-\delta_k \left(b_{ij}^{k,u,-} - c_{*j}^{k,u,-}\right)}, \\ c_{ij}^{k,u,-} + 1 - e^{-\delta_k \left(c_{ij}^{k,u,-} - b_{*j}^{k,u,-}\right)}, \\ d_{ij}^{k,u,-} + 1 - e^{-\delta_k \left(d_{ij}^{k,u,-} - a_{*j}^{k,u,-}\right)}; \\ \min\left\{s_{ij}^{k,u,-}, s_{*j}^{k,u,-}\right\}, \min\left\{t_{ij}^{k,u,-}, t_{*j}^{k,u,-}\right\} \end{array} \right) \end{pmatrix} \tag{8.40}$$

对于每个决策者，使用区间二型模糊后悔效用函数和条件概率，我们可以针对 $\mathcal{A} = \{\pi_P, \pi_B, \pi_N\}$ 中的不同动作计算区间二型模糊期望效用 $\tilde{U}^k(\pi_i \mid x)$。对于对象 x 和第 k 个决策者，区间二型模糊期望效用 $\tilde{U}^k(\pi_i \mid x)$ 由 $\tilde{U}^k(\pi_i \mid x) = \text{Pr}(C \mid x)\tilde{v}_{iP}^k \oplus \text{Pr}(\neg C \mid x)\tilde{v}_{iN}^k$ 来计算。借助梯形区间二型模糊数的运算规则，区间

二型模糊期望效用 $\tilde{U}^k(\pi_i \mid x)$ 可以进一步计算为

$$\tilde{U}^k(\pi_i \mid x) = \begin{pmatrix} \left(a_{iP}^{k,v,+} \Pr(C \mid x) + a_{iN}^{k,v,+} \Pr(\neg C \mid x), \\ b_{iP}^{k,v,+} \Pr(C \mid x) + b_{iN}^{k,v,+} \Pr(\neg C \mid x), \\ c_{iP}^{k,v,+} \Pr(C \mid x) + c_{iN}^{k,v,+} \Pr(\neg C \mid x), \\ d_{iP}^{k,v,+} \Pr(C \mid x) + d_{iN}^{k,v,+} \Pr(\neg C \mid x); \\ \min\left\{ s_{iP}^{k,v,+}, s_{iN}^{k,v,+} \right\}, \min\left\{ t_{iP}^{k,v,+}, t_{iN}^{k,v,+} \right\} \right), \\ \left(a_{iP}^{k,v,-} \Pr(C \mid x) + a_{iN}^{k,v,-} \Pr(\neg C \mid x), \\ b_{iP}^{k,v,-} \Pr(C \mid x) + b_{iN}^{k,v,-} \Pr(\neg C \mid x), \\ c_{iP}^{k,v,-} \Pr(C \mid x) + c_{iN}^{k,v,-} \Pr(\neg C \mid x), \\ d_{iP}^{k,v,-} \Pr(C \mid x) + d_{iN}^{k,v,-} \Pr(\neg C \mid x); \\ \min\left\{ s_{iP}^{k,v,-}, s_{iN}^{k,v,-} \right\}, \min\left\{ t_{iP}^{k,v,-}, t_{iN}^{k,v,-} \right\} \right) \end{pmatrix} \tag{8.41}$$

后悔理论表明决策者将选择效用最大的决策方案。对于基于后悔理论的三支决策模型，决策者将在动作集 $\mathcal{A} = \{\pi_P, \pi_B, \pi_N\}$ 中选择具有最大期望效用的动作。因此，基于后悔理论的三支决策模型的最大效用决策规则在区间二型粗糙环境下表述如下。

（P13）：如果 $\tilde{U}^k(\pi_P \mid x) \geqslant \tilde{U}^k(\pi_B \mid x)$ 且 $\tilde{U}^k(\pi_P \mid x) \geqslant \tilde{U}^k(\pi_N \mid x)$，则做出正域决策 $x \in \mathrm{POS}(C)$。

（B13）：如果 $\tilde{U}^k(\pi_B \mid x) \geqslant \tilde{U}^k(\pi_P \mid x)$ 且 $\tilde{U}^k(\pi_B \mid x) \geqslant \tilde{U}^k(\pi_N \mid x)$，则做出边界域决策 $x \in \mathrm{BND}(C)$。

（N13）：如果 $\tilde{U}^k(\pi_N \mid x) \geqslant \tilde{U}^k(\pi_P \mid x)$ 且 $\tilde{U}^k(\pi_N \mid x) \geqslant \tilde{U}^k(\pi_B \mid x)$，则做出负域决策 $x \in \mathrm{NEG}(C)$。

对于上述的 (P13) ~ (N13) 决策规则，我们进一步将区间二型效用 $\tilde{U}^k(\pi_i \mid x)$ 进行排序，排序规则如下：

$$\begin{aligned} &\eta(\tilde{U}^k(\pi_i \mid x)) \\ &= \frac{\displaystyle\sum_{l \in \{a,b,c,d\}} \sum_{\bullet \in \{+,-\}} {}_{iP}^{k,v,\bullet} \Pr(C \mid x) + l_{iN}^{k,v,\bullet} \Pr(\neg C \mid x)}{8} \times \frac{\displaystyle\sum_{h \in \{s,t\}} \sum_{\bullet \in \{+,-\}} \min\{h_{iP}^{k,v,\bullet}, h_{iN}^{k,v,\bullet}\}}{4} \end{aligned} \tag{8.42}$$

因此，最大效用决策规则可以进一步表述为 (P14) ~ (N14)。

（P14）：如果 $\eta(\tilde{U}^k(\pi_P \mid x)) \geqslant \eta(\tilde{U}^k(\pi_B \mid x))$ 且 $\eta(\tilde{U}^k(\pi_P \mid x)) \geqslant \eta(\tilde{U}^k(\pi_N \mid x))$，则做出正域决策 $x \in \mathrm{POS}(C)$。

（B14）：如果 $\eta(\tilde{U}^k(\pi_B \mid x)) \geqslant \eta(\tilde{U}^k(\pi_P \mid x))$ 且 $\eta(\tilde{U}^k(\pi_B \mid x)) \geqslant \eta(\tilde{U}^k(\pi_N \mid x))$，

则做出边界域决策 $x \in \text{BND}(C)$ 。

（N14）：如果 $\eta(\tilde{U}^k(\pi_N \mid x)) \geqslant \eta(\tilde{U}^k(\pi_P \mid x))$ 且 $\eta(\tilde{U}^k(\pi_N \mid x)) \geqslant \eta(\tilde{U}^k(\pi_B \mid x))$ ，则做出负域决策 $x \in \text{NEG}(C)$ 。

如何去估计条件概率 $\Pr(C \mid x)$ 是三支决策研究中另一个非常重要的问题。基于后悔理论和区间二型模糊集的 TOPSIS 方法，对象集表示为 $X = \{x_1, x_2, \cdots, x_m\}$ ；属性集表示为 $\text{AT} = \{c_1, c_2, \cdots, c_n\}$ ，为方便起见，假设所有属性都是效益型属性。属性权重集表示为 $W = \{\omega_1, \omega_2, \cdots, \omega_n\}$ ，并且满足条件：$\omega_j \geqslant 0, \sum\limits_{j=1}^{n} \omega_j = 1$ 。

在本节涉及的区间二型模糊信息系统中，只有条件属性而没有决策属性存在。对于区间二型模糊信息系统中的评价信息，本节首先利用专家提供的语言术语变量进行描述，然后将描述信息转化为区间二型模糊评价信息。为方便起见，利用梯形区间二型模糊数描述的区间二型模糊评价信息 $\tilde{A}_{ij}$ 表示为

$$\tilde{A}_{ij} = (A_{ij}^+, A_{ij}^-) = \begin{pmatrix} (a_{ij}^+, b_{ij}^+, c_{ij}^+, d_{ij}^+; s_{ij}^+, t_{ij}^+), \\ (a_{ij}^-, b_{ij}^-, c_{ij}^-, d_{ij}^-; s_{ij}^-, t_{ij}^-) \end{pmatrix} \tag{8.43}$$

TOPSIS 方法的核心是寻找距离正理想解近且距离负理想解远的对象。根据决策者 e_k 的风险规避系数 θ_k ，将区间二型模糊信息系统中所有的区间二型模糊评价信息 $\tilde{A}_{ij}$ 转化为区间二型模糊评价效用 $u_k(\tilde{A}_{ij})$ ：

$$u_k(\tilde{A}_{ij}) = (1 \ominus e^{-\theta_k \tilde{A}_{ij}}) / \theta_k \tag{8.44}$$

根据梯形区间二型模糊数的运算法则，可以进一步计算区间二型模糊评价效用 $u_k(\tilde{A}_{ij})$ 的数学表达式为

$$u_k(\tilde{A}_{ij}) = \begin{pmatrix} \left(\dfrac{1 - e^{-\theta_k a_{ij}^+}}{\theta_k}, \dfrac{1 - e^{-\theta_k b_{ij}^+}}{\theta_k}, \right. \\ \left. \dfrac{1 - e^{-\theta_k c_{ij}^+}}{\theta_k}, \dfrac{1 - e^{-\theta_k d_{ij}^+}}{\theta_k}; s_{ij}^+, t_{ij}^+ \right), \\ \left(\dfrac{1 - e^{-\theta_k a_{ij}^-}}{\theta_k}, \dfrac{1 - e^{-\theta_k b_{ij}^-}}{\theta_k}, \right. \\ \left. \dfrac{1 - e^{-\theta_k c_{ij}^-}}{\theta_k}, \dfrac{1 - e^{-\theta_k d_{ij}^-}}{\theta_k}; s_{ij}^-, t_{ij}^- \right) \end{pmatrix} \tag{8.45}$$

接下来，对于每一名决策者 e_k 来说，可以计算出区间二型模糊环境下的区间二型模糊评价效用的排序值：

$$\eta_{ij}^{u,k}=\eta(u_k(\tilde{A}_{ij}))=\frac{\displaystyle\sum_{l\in\{a,b,c,d\}}\sum_{\bullet\in\{+,-\}}\left(1-\mathrm{e}^{-\theta_k l_{ij}^{\bullet}}\right)/\theta_k}{8}\times\frac{\displaystyle\sum_{h\in\{s,t\}}\sum_{\bullet\in\{+,-\}}h_{ij}^{\bullet}}{4} \tag{8.46}$$

其中，$1\leqslant i\leqslant m$，$1\leqslant j\leqslant n$。然后，确定正理想解 $x_k^+=(v_1^{+,k},v_2^{+,k},\cdots,v_n^{+,k})$ 和负理想解 $x_k^-=(v_1^{-,k},v_2^{-,k},\cdots,v_n^{-,k})$，其中，

$$v_j^{+,k}=\max_{1\leqslant i\leqslant m}\eta_{ij}^{u,k},\quad v_j^{-,k}=\min_{1\leqslant i\leqslant m}\eta_{ij}^{u,k} \tag{8.47}$$

受到后悔理论的启发，本节构建的区间二型模糊 TOPSIS 方法的距离计算还考虑到对象与正负理想解之间的比较所产生的后悔或欣喜值。每个对象 x_i 与正理想解 x_k^+ 和负理想解 x_k^- 之间的距离函数 $d_k^+(x_i)$ 和 $d_k^-(x_i)$ 的数学表达式表示为

$$d_k^+(x_i)=\sqrt{\sum_{j=1}^n\omega_j\times(\eta_{ij}^{u,k}+1-\mathrm{e}^{-\delta_k(\eta_{ij}^{u,k}-v_j^{+,k})}-v_j^{+,k})^2}$$
$$d_k^-(x_i)=\sqrt{\sum_{j=1}^n\omega_j\times(\eta_{ij}^{u,k}+1-\mathrm{e}^{-\delta_k(\eta_{ij}^{u,k}-v_j^{-,k})}-v_j^{-,k})^2} \tag{8.48}$$

最终，可以计算每一个对象 x_i 与正理想解 x_k^+ 之间的理想贴近度：

$$\mathrm{RC}_k(x_i)=d_k^-(x_i)/(d_k^+(x_i)+d_k^-(x_i)) \tag{8.49}$$

理想贴近度能够反映出对象 x_i 属于类别 C 的条件概率大小。因此，利用基于后悔理论和区间二型模糊集的 TOPSIS 方法，本节可以为每一名决策者估计三支决策模型的条件概率为 $\mathrm{Pr}(C\mid x_i)=\mathrm{RC}_k(x_i)$。

通过总结上述模型和方法，我们给出了区间二型模糊环境下基于后悔理论的三支决策模型整个决策过程的核心步骤。为了更好地说明所提出模型的整个决策过程，将六个关键步骤总结如下。

步骤 1：对于决策者 $e_k\in E$，选择风险规避系数 θ_k 和后悔规避系数 δ_k。

步骤 2：构造区间二型模糊结果矩阵。然后，计算区间二型模糊后悔效用函数 $\tilde{v}_{ij}^k$。

步骤 3：收集区间二型模糊信息系统的评价结果。随后，计算 $x\in X$ 的理想贴近度 $\mathrm{RC}_k(x)$，并估计条件概率 $\mathrm{Pr}(C\mid x_i)$。

步骤 4：用式（8.41）计算关于 $\mathcal{A}=\{\pi_{\mathrm{P}},\pi_{\mathrm{B}},\pi_{\mathrm{N}}\}$ 中不同动作的区间二型模糊期望效用 $\tilde{U}^k(\pi_i\mid x)$。

步骤 5：用式（8.42）计算区间二型模糊期望效用的排序值 $\eta(\tilde{U}^k(\pi_i\mid x))$。

步骤 6：将排序值 $\eta(\tilde{U}^k(\pi_i\mid x))$ 与 $x\in X$ 的 (P14)～(N14) 进行比较，以生成三支决策规则。

为处理决策问题中的不确定性和复杂性并对心理风险态度与偏好进行更好的描述，本节提出的基于后悔理论的三支决策模型可以根据决策者的风险规避系数

和后悔规避系数推导出不同的最大效用决策规则。条件概率采用基于后悔理论的区间二型模糊理想解法进行评估。今后，还可以在该模型的多属性决策问题和序贯三支决策问题上进行深入研究。

8.3　基于多智能体博弈的科技大数据交易方法

博弈论有时也称为对策论，是矛盾和合作的规范研究，是系统研究决策主体的行为发生直接相互作用情况下的决策以及这种决策均衡的理论。博弈论概念可以在任何行为者的行动相互依赖时使用，它的产生有着深刻的社会背景。

1944 年冯·诺依曼（von Neumann）与摩根斯坦（Morgenstern）合著的 *Theory of Games and Economic Behavior*（《博弈论与经济行为》）一书出版，正式提出了合作博弈（cooperative game）的概念，其后，随着研究的深入，合作博弈理论得到了较快的发展。托马斯·谢林（Thomas Schelling）在 1960 年出版的《冲突的战略》一书，开创了非完全合作博弈理论研究。以此为分水岭，合作博弈理论可以划分为两个发展阶段，1960 年以前是合作博弈理论的奠基阶段，这一阶段的合作博弈理论称为完全合作博弈理论；1960 年以后是合作博弈理论的成熟阶段，这一阶段的合作博弈理论称为非完全合作博弈理论。

一般来说，博弈论可分为非合作博弈论和合作博弈论。一般所说的博弈论是非合作博弈论，目前研究较为深入的也是非合作博弈。非合作博弈和合作博弈的划分标准是博弈过程中局中人是否达成一个约束性的协议。比如说，在寡头竞争中，如果每一个寡头企业都根据自己的效用函数和策略集选择自己的产量，那么此寡头竞争为一个非合作博弈问题；但是如果寡头之间达成某一协议而控制产量，那么此寡头竞争为一个合作博弈问题。科技大数据交易通常包含多个参与者，如政府、企业、研究所、高校、个人用户等，这些参与者在交易过程中扮演了不同的角色——需求方、供应方、协调方，并且伴随着非合作博弈的行为。交易平台的目的是实现科技大数据供需双方高效成交。

8.3.1　非合作博弈

非合作博弈是指其各个参与者主要根据自己的利益和其他参与者的策略来权衡自己的决策。现实中存在许多局中人不是完全参与合作，仅仅是某种程度的参与联盟，对于这种情形的研究，使得合作博弈从完全合作的形式，扩展到不完全合作博弈的情形。托马斯·谢林的冲突管理理论、奥宾等的模糊合作联盟博弈正是以此为对象展开研究。托马斯·谢林的冲突管理理论认为，冲突双方之间除了利益冲突之外，往往还存在某种共同利益。参与人在选择博弈战略时，并非完全合作也并非完全参与。这样，托马斯·谢林的研究从内容上就有别于完全合作博弈理论，而奥宾引入了模糊合作联盟博弈，使不完全合作博弈研究从形式上也不同于完全合作博弈。

不完全合作博弈理论经历了两个高潮。第一个高潮阶段是 20 世纪 60 年代，这一阶段的工作主要由托马斯·谢林开创，他在冷战的背景下，以国家战略管理为分析对象，致力于非数理的不完全合作博弈研究。第二个高潮阶段是 20 世纪 70 年代至今，这一阶段主要由奥宾的模糊合作联盟博弈研究所带动。由于研究引入完整的数学分析模型，这使得不完全合作博弈理论更加完美。非合作博弈理论建立在一些很强的假设之上：①行为主体是完全理性的，可以最大化自己的利益；②行为主体有这些理性的共同知识；③行为主体知道博弈规则。非合作博弈理论解决的是传统多目标优化问题。

可以从两种角度划分博弈。一种角度是按照博弈方行动的先后顺序划分，分为静态博弈和动态博弈。静态博弈是指所有博弈方同时行动，或者不是同时行动，但后行动者观察不到先行动者采取了什么样的决策，如囚徒困境；动态博弈是指博弈方的行动有先后次序之分，后行动者是在观察了先行动者采取什么样的决策之后做出的行动。另外一种划分角度是按照参与人对有关其他参与人（对手）的特征、战略空间和支付函数的知识掌握情况划分，可划分为完全信息博弈和不完全信息博弈。完全信息指每一个参与人对所有其他参与人（对手）的特征、战略空间和支付函数有准确的知识掌握；否则，就是不完全信息。博弈的三要素分别为参与者、策略、效用函数。

（1）参与者。参与者是博弈的主体，是决策的主导者，通常用 $N = \{1,2,\cdots,n\}$ 来表示一个拥有 n 个参与者的博弈。

（2）策略。策略是参与者在决策时可供选择的行动，全部行动的集合称为策略组合。策略可以分为纯策略和混合策略。一般用 S_i 表示第 i 个参与者的博弈策略集合，用 $S = \{S_1, S_2, \cdots, S_n\}$ 表示所有参与者的策略集合。

（3）效用。效用是指一个特定的策略组合下参与者得到的收益，在不同的策略组合情况下，参与者都有一个对应的效用值。一般用 $f = \{f_1, f_2, \cdots, f_n\}$ 表示所有参与者的效用集合。

博弈中一个很重要的概念是纳什均衡。均衡是一个博弈中所有参与者在共同选择后产生的最优策略组合。在非合作博弈中，当所有参与者选定的策略形成均衡后，如果任何一个参与者改变自身策略，其结果只能是降低自身的收益，则这个均衡状态称为纯策略纳什均衡。或者说，一个 n 人非合作博弈，$N=\{1,2,\cdots,n\}$ 为参与者集合，对任意 $i \in N$，X_i 为第 i 个参与者的策略空间。$X = \prod_{i \in N} X_i$，$X_{-i} = \prod_{j \in N/\{i\}} X_j$，$x = (x_i, x_{-i}) \in X$，$x_{-i} = (x_1, \cdots, x_{i-1}, x_{i+1}, \cdots, x_n)$，对任意 $i \in N$，$f_i : X \to R$

是第 i 人的效用函数，如果对每一个 $i \in N$，对任意 $x_i \in X_i$，有 $f_i(u_i, x_{-i}^*) \leqslant f_i(x_i^*, x_{-i}^*)$，那么称 $x^* \in X$ 是一个纳什均衡。纳什均衡点 x^* 的概念指的是给定了其他任何一个参与者 j 选择出的均衡策略 x_j 时，参与者 j 没有利益动机再去将对应的策略 x_j 做出任何更改。

非合作博弈强调的是参与者单个个体的以自己利益最大化为目标独立地选择策略的行为。非合作博弈可以很好地刻画科技大数据交易双方的行为决策情况，因为交易双方都需要追求自身效用最大化。

8.3.2　基于非合作博弈的科技大数据交易方法

博弈收益模型是指对应于任意一种策略的博弈参与者所获得收益的函数。显然，交易过程中博弈方之间有相互牵制的过程，博弈方在追求自身收益最大化的过程中，需要考虑其他交易参与者的策略选择。

受许岩和赖朝安（2020）的工作启发，我们发现在科技大数据交易中存在不完全信息的动态非合作博弈。在数据交易中，数据提供方和数据需求方在进行数据交易的决策过程中，数据供应方提出报价可接受价格，数据需求方提出可接受价格，双方在此基础上进行价格博弈，最终确定数据商品的成交价格。在交易过程中，交易双方都需要追求自身利益最大化，对于供应方来说，为最大化收益，对于需求方来说，是最大化效用，供需双方都不了解彼此的效用函数。除了供应方和需求方外，还有协调方。它需要调节交易双方的定价，使得交易顺利进行，协调方的角色通常由政府来扮演，它通过给予供应方一些补贴来促成交易的达成。参与人的行动是序贯的，存在先后之分。具体博弈顺序如表 8.10 所示。

表 8.10　博弈过程

供应方、需求方非合作博弈过程
1. 令 $t = 1$
2. 供应方宣布定价策略 s_{it}
3. 需求方观察到定价策略，根据目标函数调整策略 p_{it} 和 n_{it}
4. 判断是否达到纳什均衡，如果是，博弈过程结束，交易达成；如果不是，转向第 3 步
5. 协调方协调供应方和需求方的定价策略，令 $t = t + 1$ 转向第 2 步

可以看出，博弈的每个过程都对应一个优化问题。对于供应方来说，它想要最大化自己的收益，采用前景理论思想，优化问题可以定义为

$$\max_{s_{it}} f(s_{it}) = \sum_{i=1}^{n} s_{it} n_{it} - v_i' n_{it} + \Pi_{\{s_{it} - v_i \leqslant \varepsilon\}} A_t \qquad (8.50)$$

$$\text{s.t.} \quad s_{it} \geqslant v_i, \quad i = 1, 2, \cdots, n$$

其中，v_i' 为供应方对第 i 个产品的累积前景价值；s_{it} 为供应方在第 t 阶段对于第 i 个产品提出的销售价格；n_{it} 为第 t 阶段第 i 个产品的销售数量。对于需求方来说，它想要最大化自己的效用，采用前景理论思想，优化问题可以定义为

$$\max_{n_{it}} g(p_{it}, n_{it}) = \ln\left(\sum_{i=1}^{n} v_i'' n_{it}\right) - \left(\sum_{i=1}^{n} s_{it} n_{it}\right) \qquad (8.51)$$

$$\text{s.t.} \quad n_{it} > 0$$

其中，v_i'' 为需求方对第 i 个产品的累积前景价值；s_{it} 为供应方在第 t 阶段对于第 i 个产品提出的购买价格；n_{it} 为第 t 阶段第 i 个产品的需求数量。

协调方则需要调整 A_t。从式（8.50）和式（8.51）看出，供应方想要最大化自己的销售价格，需求方想要调整采购数量来最大化自己的效用。当单独分析两个模型时很简单，但是将其整合在一起，两者之间会相互影响，导致问题复杂。

该问题为多目标优化问题。对多目标函数模型的常用处理方式主要有两种，一种是通过建立单个目标的隶属度函数将各目标值进行归一化处理，或者通过线性加权将多目标模型简化为单目标优化模型来处理；另一种是解出帕累托最优解集，然后由决策者根据实际情况或者对子目标的偏好等方式选择出最优的解。下面先介绍将多目标模型简化为单目标优化模型的方式。对于多目标优化模型中的每个问题：

$$\max_{x_i} f_i(x_i)$$

$$\text{s.t.} \quad g_i(x) \geqslant 0 \qquad (8.52)$$

$$h_i(x) = 0$$

根据实际问题分析，给出每个优化模型的权重 ω_i，将多目标优化问题改为较容易求解的单目标优化模型：

$$\max_{x_i} \sum_{i=1}^{p} \omega_i f_i(x_i)$$

$$\text{s.t.} \quad g_i(x) \geqslant 0, \quad i = 1, \cdots, k \qquad (8.53)$$

$$h_j(x) = 0, \quad j = 1, \cdots, k$$

下面介绍如何求解多目标优化模型的帕累托最优解。单目标优化问题相较于多目标优化问题形式更为简单，最优解也更容易求出。然而在多目标优化问题中，各个目标之间相互制约，上一个优化问题的决策变量会对下一个优化问题的求解产生不容忽视的影响。这可能使得一个目标性能的改善往往会导致损失其他目标

性能，因此通常情况下不可能存在一个使所有目标性能都达到最优的解。所以对于多目标优化问题，其解通常是一个非劣解的集合——帕累托解集。

当一个系统发生改变时，系统中的不同个体将受到不同程度的影响。有的个体效用因为这个改变而增加，有的个体效用则受到影响而降低。在帕累托最优等概念提出之前，评判这个"改变"的好坏主要是通过评估个体的好坏来断定的。系统从一个状态改变到另一个状态，在其他个体收益不受影响的情况下，至少有一个个体的收益增加，则这个改变称为帕累托改进（Pareto improvement，PI），如果系统没有这种改进的可能，则系统的这种状态被称为帕累托最优。

如果在存在多个帕累托最优解的情况下，没有关于问题的更多的信息，那么很难选择哪个解更可取。因此所有的帕累托最优解都可以被认为是同等重要的。由此可知，对于多目标优化问题，最重要的任务是找到尽可能多的关于该优化问题的帕累托最优解。

除了要求优化问题的解要收敛到近似帕累托最优域，求得的解也要求必须均匀稀疏地分布在帕累托最优域上。一组在多个目标之间好的协议解是建立在一组多样解的基础之上的。因为在多目标进化算法中，决策者一般需要处理两个空间——决策变量空间和目标空间，所以解（个体）之间的多样性可以分别在这两个空间定义。例如，若两个个体在决策变量空间中的欧拉距离很大，那么就说这两个解在决策变量空间中互异；同理，若两个个体在目标空间中的欧拉距离很大，则说它们在目标空间中互异。尽管对于大多数问题而言，在一个空间中的多样性通常意味着在另一个空间中同样具有多样性，但是此结论并不对所有的问题都成立。对于这样复杂的非线性优化问题，要找到在要求的空间中有好的多样性的一组解也是一项非常重要的任务。

目前求解帕累托前沿解的主要算法为基于数学规划方法和基于遗传算法两类。其中，使用较普遍的是 NSGA-II（elitist non-dominated sorting genetic algorithm，带精英策略的非支配排序遗传算法）。多目标遗传算法是用来分析和解决多目标优化问题的一种进化算法，其核心就是协调各个目标函数之间的关系，找出使得各个目标函数都尽可能达到比较大的（或比较小的）函数值的最优解集。在众多多目标优化的遗传算法中，NSGA-II 是影响最大和应用范围最广的一种多目标遗传算法。它改进了 NSGA（non-dominated sorting genetic algorithm，非支配排序遗传算法）构造帕累托最优解集时具有计算复杂度高、需要特定的共享参数和没有保持种群中优良个体等问题，并使用快速非支配排序和精英保留策略以更高效处理多目标优化问题。在其出现以后，由于它简单有效以及具有比较明显的优越性，该算法已经成为多目标优化问题中的基本算法之一（Deb et al.，2002）。除此之外，目前求解多目标优化问题的算法还有粒子群算法以及混合智能算法。

8.4　本　章　小　结

对于科技大数据的定价策略和价值分摊，本章通过将前景理论、累积前景理论以及后悔理论引入三支决策当中，提出基于前景理论的三支决策方法、基于累积前景理论的三支决策方法和基于后悔理论的三支决策模型。其中，基于后悔理论的三支决策模型的条件概率采用基于后悔理论的区间二型模糊理想解法进行评估。这些模型可以根据决策者的风险规避系数或后悔规避系数推导出不同的最大效用决策规则。同时这些模型构成了以决策者对科技大数据的未来价值判断为根据而可能采取三种不同决策行动的决策模拟：投资该科技大数据、无法判定该科技数据未来价值和不投资该科技大数据。对于科技大数据交易中存在的博弈情况，追求自身效用最大化的非合作博弈可以很好地刻画科技大数据交易双方的行为决策情况。本章以不完全信息的动态非合作博弈为基础，构建了基于多智能体博弈的科技大数据交易模型。在模型中，供应方、需求方两者先后做出决策，协调方负责协调双方的策略，在达到均衡时即为科技大数据的定价。该模型为多目标优化模型，本章还介绍了两种解决这类多目标优化模型的计算方法：将多目标模型简化为单目标优化模型来处理，以及解出帕累托最优解集后选择出最优的解。

参　考　文　献

王文平. 2017. 基于博弈论的大数据交易定价策略研究. 北京：北京邮电大学.

许岩, 赖朝安. 2020. 云制造模式下基于多目标非合作博弈的服务租赁定价策略. 工业工程, (1): 112-118, 133.

Dai D, Li H X, Jia X Y, et al. 2020. A co-training approach for sequential three-way decisions. International Journal of Machine Learning and Cybernetics, 11(5): 1129-1139.

Deb K, Pratap A, Agarwal S, et al. 2002. A fast and elitist multiobjective genetic algorithm: NSGA-II. IEEE Transactions on Evolutionary Computation, 6(2): 182-197.

Huang B, Li H X, Feng G F, et al. 2020a. Intuitionistic fuzzy β-covering-based rough sets. Artificial Intelligence Review, 53(4): 2841-2873.

Huang B, Wu W Z, Yan J J, et al. 2020b. Inclusion measure-based multi-granulation decision-theoretic rough sets in multi-scale intuitionistic fuzzy information tables. Information Sciences, 507: 421-448.

Kahneman D, Tversky A. 1979. Prospect theory: an analysis of decision under risk. Econometrica, 47(2): 263-291.

Labrinidis A, Jagadish H. 2012. Challenges and opportunities with big data. Proceedings of the VLDB Endowment, 5(12): 2032-2033.

Li H X, Zhang L B, Huang B, et al. 2020. Cost-sensitive dual-bidirectional linear discriminant analysis. Information Sciences, 510: 283-303.

Li S R, Zhang R Q, Fang W G. 2017. The newsvendor model with non-zero reference point based on cumulative prospect theory. Computers & Industrial Engineering, 113: 195-205.

Liu J B, Li H X, Zhou X Z, et al. 2019. An optimization-based formulation for three-way decisions. Information Sciences, 495: 185-214.

Tversky A, Kahneman D. 1992. Advances in prospect theory: cumulative representation of uncertainty. Journal of Risk and Uncertainty, 5(4): 297-323.

Wang T X, Li H X, Qian Y H, et al. 2020a. A regret-based three-way decision model under interval type-2 fuzzy environment. IEEE Transactions on Fuzzy Systems, 30(1): 175-189.

Wang T X, Li H X, Zhang L B, et al. 2020b. A three-way decision model based on cumulative prospect theory. Information Sciences, 519: 74-92.

Wang T X, Li H X, Zhou X Z, et al. 2020c. A prospect theory-based three-way decision model. Knowledge Based Systems, 203: 106129.

Yao Y Y. 2011. The superiority of three-way decisions in probabilistic rough set models. Information Sciences, 181(6): 1080-1096.

Zhang L B, Li H X, Zhou X Z, et al. 2020. Sequential three-way decision based on multi-granular autoencoder features. Information Sciences, 507: 630-643.

Zhang Q H, Xie Q, Wang G Y. 2018. A novel three-way decision model with decision-theoretic rough sets using utility theory. Knowledge Based Systems, 159: 321-335.

第 9 章　科技大数据协同服务方案及其优化

随着时代的发展和科技的进步，大量、多类的科技大数据不断涌现。科技大数据蕴含着巨大的价值，对社会相关的科学研究具有重要的战略意义。因此，对科技大数据进行相关研究具有重要意义。本章研究以下三个科技大数据相关课题：科技大数据定价过程中数据需求方对其效用值的不确定性问题、复杂任务中跨领域协作的科技大数据分析问题、科技大数据协同服务典型解决方案。针对科技大数据定价过程中数据需求方对其效用值的不确定性问题，我们对科技大数据分析方法、建模方法、检索方法、分类方法、交易管理及服务协同几个子问题分别进行探索，以便实现供需双方高效地成交。针对复杂任务中跨领域协作的科技大数据分析问题，我们围绕数据分析与交易多方管理的服务协同方法，对数据获取、数据规范、数据融合等要点进行阐述，并探讨如何规范管理科技大数据库，形成科技大数据的价值链，提供线上线下的科技服务。最后我们就科技大数据协同服务等课题给出了典型解决方案，构建包含组织体系、服务功能体系与支撑体系在内的满足各方需求的科技大数据解决方案。

本章的安排如下：9.1 节对科技大数据的数据分析和交易多方管理的服务协同进行介绍，包含含有复杂噪声的科技大数据分析方法、基于数据–标签成对关系的判别回归模型、跨模态检索、数据分类、交易多方管理、数据分析与交易多方管理的服务协同；9.2 节对价值链与服务模式的协同优化机制进行介绍，其中包含科技大数据获取与融合、价值链与服务协同两个部分；9.3 节对面向科技大数据协同服务的典型方案进行介绍，首先对数据类别和数据来源进行简要介绍，然后介绍科技大数据典型解决方案系统平台；9.4 节为本章小结。

9.1　数据分析与交易多方管理的服务协同

大数据分析理论、方法与技术作为 IT 产业技术变革成果，正在从各个层面重新定义决策过程与方式。*Science* 杂志指出，自 2002 年进入数据时代（Hilbert and López，2011），全球的数据规模和数据复杂度都出现了爆炸性的增长。面对已经无法使用传统方法或者相关平台进行分析的大量且复杂的数据，需要使用大数据领域的方法来分析，系统性处理、提取其中的信息。

研究大数据中蕴含的巨大价值，对于社会具有重要的战略意义。科技大数据亦是如此——科技大数据蕴含许多深度价值，需要构建科技大数据价值链，其中首要和关键的一步就是对数据进行分析。对数据进行分析前，首先要能够从海量数据中准确、快速地检索某一概念或事物的相关信息，其次需要对其进行分类或其他分析操作，最后建立合理的科技大数据分析体系。

9.1.1　含有复杂噪声的科技大数据分析方法

从海量数据中检索到的数据通常蕴含复杂噪声，具有模型不确定性和干扰不确定性。为从蕴含不确定性的观测数据中恢复出真实数据，必须对噪声信息进行准确建模，研究鲁棒模式分析方法。如何准确建模数据噪声并建立鲁棒模式分析方法是重要且具挑战性的问题。Zhang 等（2020a）从噪声信息的低秩与稀疏结构精准刻画角度开展研究，通过引入非凸函数建立混合范数以提升传统 L1 与核范数的度量性能，能更精准地描述噪声信息的低秩与稀疏结构。同时结合距离的先验信息，构建具有判别性的监督回归系数正则项，采用交替方向乘子法（alternating direction method of multipliers，ADMM）设计优化模型的快速求解算法。

为了实现这种增强组稀疏正则化非凸回归（enhanced group sparse regularized nonconvex regression，EGSNR）模型，我们根据上界极小极大凹罚（minimax concave penalty，MCP）函数导出的 γ 范数和所提出模型的公式。然后基于 ADMM 框架的迭代优化算法来求解 EGSNR 模型。

非凸 MCP 函数用于逼近 L0 范数，它几乎是无偏的，并且有确定的上界。许多研究人员使用它进行矩阵恢复、矩阵完成和变量选择。MCP 函数 $\rho(x; \lambda, \gamma)$ 定义为

$$\rho(x; \lambda, \gamma) = \lambda \int_0^x \left(1 - \frac{x}{\lambda\gamma}\right)_+ \mathrm{d}x = \left(\lambda|x| - \frac{x^2}{2\gamma}\right) I(|x| < \gamma\lambda) + \frac{\gamma\lambda^2}{2} I(|x| \geq \gamma\lambda) \tag{9.1}$$

其中，$x \to \max(0, x)$ 和 $I(\cdot)$ 为指示函数。根据矩阵恢复的方向，设 $\gamma = 1$，我们将 γ 范数定义为

$$\|x\|_\gamma = \sum_{i=1}^m \rho(x_i; \gamma) \tag{9.2}$$

其中，$x \in \mathbb{R}^m$ 为一个向量。此外，γ 范数可以扩展到矩阵 γ 范数，如下所示：

$$\|M\|_{\gamma,*} = \sum_i \rho(\sigma_i(M); \gamma) \tag{9.3}$$

其中，$M \in \mathbb{R}^{p \times q}$ 为一个矩阵。需要注意的是，MCP 函数诱导的 γ 范数并不是一个有效的范数，因为它违反了一个范数的三角不等式。

ADMM 是一种迭代算法，通过迭代求解每个未知变量的子问题来最小化增广拉格朗日函数，从而有效地求解每个子问题。我们用 D 表示训练集，y 表示一个测试向量，x 表示系数，e_1 表示低秩结构的噪声信息，e_2 表示稀疏结构的噪声信

息，g、u、v 为辅助变量，z_1、z_2、z_3、z_4 为拉格朗日乘数向量。在每次迭代中，它包含以下七个步骤来更新所有变量。

步骤 1：固定其他变量，并且通过解决以下优化问题更新 e_1。

$$\min_{e_1} \| T_m(e_1) \|_{\gamma_1, *} + z_1^T (y - Dx - e_1 - e_2) + \frac{\mu}{2} \| y - Dx - e_1 - e_2 \|_2^2 \qquad (9.4)$$

步骤 2：固定其他变量，并通过解决以下问题来更新 e_2。

$$\min_{e_2} \frac{\alpha}{\mu} \| e_2 \|_{\gamma_2} + \frac{1}{2} \| e_2 - h_2 \|_2^2 \qquad (9.5)$$

其中，$h_2 = y - Dx - e_1 + \frac{1}{\mu} z_1$。

步骤 3：固定其他变量，我们可以通过以下公式获得 x。

$$\min_{x} z_1^T (y - Dx - e_1 - e_2) + z_2^T (x - g) + \frac{\mu}{2} (\| y - Dx - e_1 - e_2 \|_2^2 + \| x - g \|_2^2) \qquad (9.6)$$

步骤 4：在其他变量固定的情况下，g 可以通过求解以下的最小化问题来计算。

$$\min_{g} z_2^T (x - g) + z_3^T (\tilde{g} - u) + \frac{\mu}{2} (\| x - g \|_2^2 + \| \tilde{g} - u \|_2^2) \qquad (9.7)$$

需要注意的是，$g \in \mathbb{R}^n$ 和 $\tilde{g} \in \mathbb{R}^c$ 在不同维度。

步骤 5：在其他变量固定的情况下，可以通过解决以下问题来计算 u。

$$\min_{u} z_3^T (\tilde{g} - u) + z_4^T (v - w \odot u) + \frac{\mu}{2} (\| \tilde{g} - u \|_2^2 + \| v - w \odot u \|_2^2) \qquad (9.8)$$

步骤 6：固定其他变量，我们可以通过解决以下问题来计算 v。

$$\min_{v} \frac{\beta}{\mu} \| v \|_{\gamma_3} + \frac{1}{2} \left\| v - w \odot u + \frac{1}{\mu} z_4 \right\|_2^2 \qquad (9.9)$$

步骤 7：在其他变量固定的情况下，通过以下等式更新拉格朗日乘数向量和惩罚因子。

$$
\begin{aligned}
z_1 &= z_1 + \mu(y - Dx - e_1 - e_2) z_2 \\
&= z_2 + \mu(x - g) z_3 \\
&= z_3 + \mu(\tilde{g} - u) z_4 \\
&= z_4 + \mu(v - w \odot u) \mu \\
&= \min(\mu_{max}, \delta\mu)
\end{aligned} \qquad (9.10)
$$

其中，参数 μ_{max} 和 $\delta > 1$ 是人工设置的。

收敛标准：ADMM 通过一系列子问题迭代求解原始目标函数。为了获得最优解，采用合适的停止迭代标准是很重要的。因此，EGSNR 模型标准定义如下：

$$\begin{cases} \| y - Dx - e_1 - e_2 \|_\infty < \epsilon \\ \| x - g \|_\infty < \epsilon \\ \| \tilde{g} - u \|_\infty < \epsilon \\ \| v - w \odot u \|_\infty < \epsilon \end{cases} \tag{9.11}$$

其中，$\epsilon > 0$ 为一个非常小的容差误差。

因此，我们可以通过方程有效地求解 EGSNR 模型。目标函数损失最终下降到一个稳定的值，这表明所提出的优化算法具有良好的收敛性。

本节我们提出了一种含有复杂噪声的科技大数据分析方法。EGSNR 模型利用混合范数来建模表示残差，并显示出对残差的鲁棒性。引入非凸 MCP 函数来估计 L0 范数，并在矩阵上推广用于秩逼近。为了提高大数据的区分度，在数据信噪比中同时考虑了局部性和组稀疏结构。另外，基于 ADMM 框架我们提出了一种求解环境信噪比模型的迭代算法。在 EGSNR 模型中，潜在噪声由低秩和稀疏结构联合建模。然而，现实世界中，处理大数据中的噪声可能非常复杂，不能简单地用这些结构来描述。如何将所提出的模型推广到一般噪声，值得进一步研究。

9.1.2　基于数据–标签成对关系的判别回归模型

线性回归是数据分析领域中一种流行而有效的技术，其目的是寻找源数据和目标数据之间的转换矩阵（通常是标签矩阵）。但是，二进制的零一标签矩阵可能过于严格，不适合回归。此外，通过一个变换矩阵将源数据直接投影到目标数据可能会丢失一些内在的数据信息。Zhang 等（2020b）所提出的一种新的面向成对关系的判别回归（pairwise relations discriminative regression，PRDR）模型正好解决了此类难题。

直接求解 PRDR 模型是困难的，因为整个模型是非凸的。我们提供了一个基于 ADMM 框架的迭代算法，它是约束优化问题的有效工具。我们用 X 表示一训练矩阵，Y 为标签阵，W 为一待学习的变换矩阵，潜在表示记为 V，L 为拉普拉斯阵。为了使其中的变量可分，我们首先引入一个辅助变量 U，如下所示：

$$\min_{W,V,U} \frac{1}{2}\| V - WX \|_F^2 + \frac{\lambda_1}{2}\| W \|_F^2 + \frac{\lambda_2}{2}\| V^\mathrm{T}U - Y^\mathrm{T}Y \|_F^2 + \frac{\lambda_3}{2}\mathrm{Tr}(WXLX^\mathrm{T}W^\mathrm{T})$$

$$\text{s.t.} \{\| V_{:,i} \|\}_{i=1}^n = 1, \quad V = U \tag{9.12}$$

式（9.12）的增广拉格朗日函数是

$$\mathcal{L}_\mu = \frac{1}{2}\| V - WX \|_F^2 + \frac{\lambda_1}{2}\| W \|_F^2 + \frac{\lambda_2}{2}\| V^\mathrm{T}U - Y^\mathrm{T}Y \|_F^2$$

$$+ \frac{\lambda_3}{2}\mathrm{Tr}(WXLX^\mathrm{T}W^\mathrm{T}) + \mathrm{Tr}(Z^\mathrm{T}(V - U)) + \frac{\mu}{2}\| V - U \|_F^2 \tag{9.13}$$

其中，Z 为拉格朗日乘数；$\mu > 0$ 为惩罚因子。

步骤1：（更新W）修复其他变量，通过解决以下问题更新W。

$$\min_{W} \frac{1}{2}\|V - WX\|_F^2 + \frac{\lambda_1}{2}\|W\|_F^2 + \frac{\lambda_3}{2}\mathrm{Tr}(WXLX^TW^T) \quad (9.14)$$

这是一个光滑的凸问题。通过将其导数设置为零，即

$$-(V - WX)X^T + \lambda_1 W + \lambda_3 WXLX^T = 0 \quad (9.15)$$

我们可以得到它的闭式解如下：

$$\widetilde{W} = VX^T(XX^T + \lambda_1 I + \lambda_3 XLX^T)^{-1} \quad (9.16)$$

步骤2：（更新V）修复其他变量，通过解决以下问题更新V。

$$\min_{V} \frac{1}{2}\|V - WX\|_F^2 + \frac{\lambda_2}{2}\|V^TU - Y^TY\|_F^2 + \frac{\mu}{2}\|V - U + Z/\mu\|_F^2 \quad (9.17)$$

用同样的优化策略W，我们可以得到它的解如下：

$$V = ((1 + \mu)I + \lambda_2 UU^T)^{-1}G \quad (9.18)$$

其中，$G = WX + \lambda_2 UY^TY + \mu U - Z$。由于列规范化约束 $\{\|V_{:,i}\|\}_{i=1}^{n} = 1$，因此最优$V$为

$$\widetilde{V} = [\widetilde{V}_{:,1}, \widetilde{V}_{:,2}, \cdots, \widetilde{V}_{:,n}] \quad (9.19)$$

其中，$\widetilde{V}_{:,i} = V_{:,i} / \sqrt{\sum_{k=1}^{d} V_{k,i}^2}$。

步骤3：（更新U）修复其他变量，通过解决以下问题更新U。

$$\min_{U} \frac{\lambda_2}{2}\|V^TU - Y^TY\|_F^2 + \frac{\mu}{2}\|V - U + Z/\mu\|_F^2 \quad (9.20)$$

这也是一个光滑的凸优化问题，可以通过如下的封闭形式的解来有效地解决：

$$\widetilde{U} = (\mu I + \lambda_2 VV^T)^{-1}(\lambda_2 VY^TY + \mu V + Z) \quad (9.21)$$

步骤4：更新Z和μ。

$$\widetilde{Z} = Z + \mu(V - U)$$
$$\tilde{\mu} = \min(\rho\mu, \mu_{\max}) \quad (9.22)$$

其中，$\rho > 1$ 和 $\mu_{\max}$ 为常数。通过迭代执行步骤1～步骤4，目标函数逐渐最小化，直到收敛或达到最大迭代次数。在步骤1中，$X^T(XX^T + \lambda_1 I + \lambda_3 XLX^T)^{-1}$ 在迭代中是固定的，因此我们可以预先计算和存储它以获得更快的速度。通过以上步骤求解 PRDR 模型的算法，并学习到最佳变换矩阵W，我们就可以直接使用W来获得特征WX。然后，使用最近邻分类器进行分类。

在 PRDR 模型中，源数据被映射到一个隐藏空间，而不是标签空间。为了监督判别投影学习，在隐空间中同时利用源数据空间和标签空间中的成对关系。通过求解距离–距离差最小化问题，将两两标签关系转移到子空间中，类内实例关系

也保留在隐空间中。这两个约束保证了变换后数据点的成对相似性，有利于分类。通过进一步扩大真假类之间的差距，将 PRDR 扩展到一个鲁棒的版本，即 R-PRDR。这提出了一种求解 PRDR 模型的有效算法。大量实验表明，与一些最先进的回归方法相比，我们提出的方法可以获得更高的分类精度和使用更低的训练时间成本。

9.1.3　跨模态检索

跨模态检索支持使用某种类型的数据检索其他类型的数据。当今时代，科技大数据的数据复杂度较高，描述同一概念时很可能存在文本、音频和视频等多种模态数据。科技大数据的分析需要进行不同模态数据的关联分析，而这之中的关键一环就是要实现跨模态数据的检索。

在高复杂度的多模态科技数据日渐成为主流的背景下，需要针对跨模态数据进行数据挖掘。模态是指数据的存在形式，如文本、音频、图像、视频等文件格式。跨模态检索是一种能够根据一种类型的数据来检索其他类型相关数据的技术，如根据文本检索相关图片或视频。我们可以使用跨模态检索来实现不同模态数据之间的检索，计算不同媒体数据间的相似度，对于给定的查询样例，检索出与查询样例相关的不同媒体数据，如"以文索图"和"以图索文"。

跨模态检索的核心是如何衡量不同类型或模态数据之间的相似性。如何表示底层特征、怎样对高层语义建模以及如何对模态间的关联建模是跨模态检索面临的挑战。目前的跨模态检索在方法上主要分为两大类，一类是实值表示学习，另一类是二值表示学习。实值表示学习直接对从不同模态提取到的特征进行学习；而二值表示学习则将不同模态提取到的特征先映射到汉明二值空间，然后在此空间中进行学习。

多模态数据之间有着底层特征异构、高层语义相关的特点。面对多模态数据如文本、图像、视频，普通的单模态方法只能解决某一种类型数据的检索，不能挖掘出不同模态数据之间的隐含关系。为了进行跨模态数据的数据挖掘，需要构建跨模态检索模型。要从多模态科技大数据中进行跨模态检索，需要首先把不同模态的数据映射到高层次的公共特征空间，其次在这个高层次的公共特征空间中完成检索。

采用二值表示学习即哈希变换方法完成跨模态搜索的优点是低存储占用、快速搜索。二值表示学习的基本方法是在不同模态的数据之间寻找合适的转换矩阵，最简单的二值表示学习直接进行从哈希码到标签矩阵的一个线性映射，这种方法将哈希码和转换矩阵相乘的结果直接与标签的结果进行最小距离优化，如图 9.1 所示。

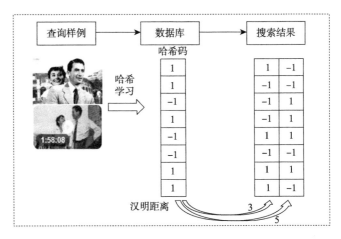

图 9.1　跨模态哈希

　　不考虑标签潜在关联性时，直接从哈希码到标签矩阵学习一个线性映射。假设训练样本的数量为 n，每个训练样本具有 k 种不同的模态，可以将训练数据表示为 $X^v = [x_1^v, x_2^v, \cdots, x_n^v] \in \mathbb{R}^{d_v \times n}$，这里的 d_v 表示特征的维度。使用 $Y \in \{0,1\}^{c \times n}$ 表示标签矩阵，其中，c 是类别数量，当第 j 个样本 x_j 属于类别 i 时 $Y_{ij} = 1$，否则为 0。用 $B \in \{-1,1\}^{r \times n}$ 来表示哈希码，U 表示转换矩阵，则简单的映射学习可以表示如下：

$$\min \|UB - Y\|_F^2, \quad \text{s.t. } B \in \{-1,1\}^{r \times n} \tag{9.23}$$

　　可以通过机器学习方法来迭代求解式（9.23）来学习哈希码，直接学习能够在一定程度上保留语义上的相似性。但是标签之间的信息则可能没有被充分挖掘。为了挖掘每个标签和其他所有标签之间的全局联系，可以假设需要预测的标签 $\tilde{Y}$ 信息同时和其他所有标签形成联系，即对某个样本的某个类别的标签的映射函数与其他所有标签建立联系。此时可以使用矩阵 $Z \in \mathbb{R}^{c \times c}$ 衡量标签之间的全局特征联系：

$$\tilde{Y}_{ij} = Z_{j1} \times Y_{1j} + Z_{j2} \times Y_{2j} + \cdots + Z_{jc} \times Y_{cj} = \sum_{k=1}^{c} Z_{jk} \times Y_{kj} \tag{9.24}$$

　　在加入全局特征联系后，再加入正则项，则映射学习方程转化为

$$\min \|UB - \tilde{Y}\|_F^2 + \lambda_1 \|Z\|_* + \lambda_2 \|E\|_{2,1}$$
$$\text{s.t. } Y = \tilde{Y} + E, \ \tilde{Y} = ZY, \ B \in \{-1,1\}^{r \times n} \tag{9.25}$$

　　全局特征建立的是单个标签与其他所有标签的相关性，这种相关性的刻画还不足以充分表示具有强相关的标签。一般来说，如果一对标签经常同时出现，则认为它们是强相关的。强相关标签对的预测结果应是较为相似的，对于具体样本来说，如果其预测结果是一对强相关标签中的一个，那么其属于另一个的概率也

应当是一个较高的水平。

如果一对标签是强相关的，那么样本通过转换矩阵后对于这对标签的预测结果应是相似的，因此可以通过最小化强相关标签之间预测结果的差来表征这种联系。在加入全局和局部特征后使用机器学习方法对优化函数进行求解。适用于本优化目标的一类方法是 ADMM。

在本节中我们建立了一种跨模态检索模型，这种检索模型需要使用机器学习方法进行求解，一种适合的方法是 ADMM。ADMM 被广泛地应用在信号处理、图像处理、机器学习、工程计算等各个领域中，具有收敛速度快，收敛性能好的优势。

ADMM 通常用于解决存在两个优化变量的只含等式约束的优化类问题，其一般形式为

$$\min_{x,z} f(x) + g(z)$$
$$\text{s.t. } Ax + Bz = c$$

（9.26）

9.1.4　数据分类

在科技大数据中，存在多种模态的数据如文本、图片、视频等。进行数据分析的重要一步是对数据进行分类。

近年来，机器学习领域尤其是神经网络方法飞速发展。机器学习方法能使用多种方法构建分类器，使用机器学习方法进行数据分类具有自动化、效率高的优势。机器学习方法主要有决策树、随机森林、人工神经网络、贝叶斯学习等。

当前环境下，人工智能技术、大数据技术、图像处理技术领域不断发展和创新。其中机器视觉、模式识别和图像处理技术有了前所未有的跨越式发展。针对科技大数据中的图片数据，使用人工智能方法进行数据分类和后续分析是最为可行的方法。传统人工智能方法受到特征学习能力的制约，缺乏对目标图像分析的鲁棒性。近十年来，深度学习技术在图像识别、特征提取、语音视频识别、智能对弈领域的超凡表现吸引了人工智能与模式识别领域学者的广泛关注。近年来的理论与实践分析证明，深度学习在处理复杂数据时具有强大的特征学习与分析能力。将深度学习方法应用于科技大数据的特征提取，从深度学习角度对科技大数据进行分析具有非常重要的理论意义与实践意义。

1. 基于深度学习的数据分析方法

在深度学习研究领域，早在 1986 年，Rumelhart 等（1986）就开始了后向传播神经网络的研究，成果发表在 *Nature* 上。该方向的神经网络研究持续了二十余年，为后来深度神经网络、深度学习的发展奠定了坚实的基础。2006 年，多伦多

大学的 Hinton 和 Salakhutdinov（2006）在 *Science* 上发表了一篇论文，使得深度学习和特征学习有了重大的突破。该文章的主要思想是对神经网络进行逐层无监督的预训练，这样的机制可以学习到不同层次的特征表达。每一层特征表达都是通过前一次的表达变换得到，这样把所有层次叠加起来就形成一个深度神经网络。各层以预训练好的参数作为整个神经网络的初始化参数，这样的网络被叫作深度玻尔兹曼机（deep Boltzmann machine，DBM）。该文章的重点在于构建多层神经网络这样的深度结构来学习特征。2012 年 6 月，《纽约时报》报道了谷歌公司的谷歌大脑项目（Markoff，2012a），引起了公众的广泛关注。该项目是由斯坦福大学机器学习领域的著名教授 Andrew Ng（吴恩达）和大规模计算机系统专家 Dean（迪安）一起开发的，用 16 000 个 CPU 搭建了并行化计算平台并将其用于训练深度网络。此网络在语音识别和图像分类等领域获得了巨大成功。2012 年 11 月，微软公司在天津的一次活动上公开展示了一个基于深度学习的同声传译系统（Markoff，2012b），讲演者用英文演讲，后台的智能系统自动地完成语音识别、英文到中文机器翻译以及中文语音合成，整个效果非常突出。其中，语音识别部分的关键技术也是用深度网络完成的。同年，Krizhevsky 等（2012）在 2012 年的 ImageNet 大规模视觉识别挑战赛（ImageNet Large Scale Visual Recognition Challenge，ILSVRC）（Russzkovsky et al.，2015）中采用了深度为 8 层的 CNN 在两个 NVIDIA GTX 580 GPU 上训练了 6 天，取得了分类任务的第一名，错误率为 15.32%，比第二名低 10%，也比 2011 年的第一名低 10%。在训练网络时他们将原来神经网络中的 sigmoid 激活函数替换成了线性整流单元——ReLU（rectified linear unit，修正线性单元）。他们的实验表明 ReLU 能够加速训练过程和防止梯度弥散。

他们在训练时采用了 dropout 的技术防止过拟合。dropout 是指在训练时以一定的比例随机使一些神经元为 0，测试时则在每个神经元处乘以该比值。此外，局部响应归一化应用到前两个卷积层的后面对结果也是有好处的。数据增强技术也被应用到网络训练当中，如随机取块、随机镜像翻转、色彩抖动等。Ciresan 等（2012）在 6 个数据库应用多列深度卷积网络，包括 MNIST、NIST SD 19、CASIA-HWDB1.1、NORB、GTSRB 和 CIFAR-10。他们同样采用了 GPU 训练，也运用了样本增强技术和多模型平均。此论文从实验上验证了深度卷积网络的有效性。深度学习是希望能够同时学习得到多层的特征变换，经过这样的多层特征变换就能够获得更好的高层特征。深度学习从多层无监督预训练初始化发展到深度卷积网络的多层直接训练。在图像分类任务上，深度卷积网络取得了令人惊讶的成绩，这也带来了深度学习在图像领域应用的大爆发。

随着深度卷积网络的效果逐渐凸显，它被广泛用于图像任务。在 2013 年的 ImageNet 大规模视觉识别挑战赛中大部分参赛队伍都用上了深度卷积网络。Zeiler

在分类任务中以 top 5 错误率（指 ImageNet 数据集排名前五类别的总错误率）11.20%排名第一，但由于大部分队伍都用了深度卷积网络，因此第一名和第二名的差距并不大。Zeiler 和 Fergus（2014）通过反卷积操作观察卷积层的结果，并根据这些结果在 AlexNet 的基础上进行了细微的调整。

Sermanet 等（2013）将识别、定位和检测都用深度卷积网络解决了。在他们的系统中设计了多个不同宽高比、不同尺寸的网络，并设置了"快速"和"准确"两种网络。他们将卷积网络学习到的特征作为回归网络的输入，用来学习物体定位方框的四个坐标，这个尝试表明了卷积网络超强的特征学习能力，它学习到的特征不仅包括分类信息，还包括物体的位置和大小信息。Szegedy 等（2013）采用 AlexNet 的结构但是在顶层将分类层 softmax 直接替换成回归，并重新设置了回归目标函数。此后 Erhan 等（2014）进一步将目标方框预测与该方框是否有物体的分类结合到同一个目标函数中同时训练网络。

Razavian 等（2014）在 Pascal VOC 2007 和 MIT Indoor-67 两个数据库上用已经用 ImageNet 数据训练好了的卷积网络模型作为特征提取器，然后直接利用这个特征训练 SVM。实验发现这样也能取得不错的结果，这也直接说明了通过海量数据训练后的深度卷积网络已经能够提取出一些高层抽象的特征，因此在其他数据集上也很好的泛化能力。Oquab 等（2014）将 AlexNet 在 ImageNet201 上训练得到的模型作为一个中层特征提取器，然后重新应用到新的任务中。他们在原网络后面增加两层全连接层进行训练，前面的层训练中不再更新。他们在 Pascal VOC 2007 和 Pascal voc 2012 分类的结果也是很不错的。Chatfield 等（2014）设计了三个模型用于对比，即浅层模型、带预训练的深度模型以及带预训练和微调的深度模型。这三个模型都附带伪样本技术，并在分类器层接上线性 SVM，特征 L2 归一化。他们选用了三种结构的卷积网络（F/M/S），分别代表快、中、慢，并在 ImageNet 2012 数据库上训练，称之为预训练。他们采用的训练平台是 Caffe（Convolutional Architecture for Fast Feature Embedding，快速特征嵌入的卷积结构）（Jia et al.，2014），在单块 NVIDIA GTX Titan GPU 上训练，训练时间从 5 天到 3 周。针对数据集 Pascal VOC-2007、Pascal VOC-2012 和 Caltech-101，将上面学好的模型 CNN-S 进行微调。经过大量的对比实验发现，样本增强技术对深层和浅层模型都是很有好处的。在 CNN-M 中，全连接层维数的变化对识别率的影响不是特别大。

经过了 2012 年和 2013 年的发展，深度卷积网络作为图像分类与识别中一个优秀的特征学习工具被广泛认同，而且它还具有很好的泛化性，一个用 ImageNet 2012 数据库训练得到的深度卷积网络能够很好地推广到其他图像任务。在 2014 年的 ImageNet 大规模视觉识别挑战赛中，各参赛队伍都提出很多新的网络结构和训练方法。Szegedy 等（2015）提出了共 27 层的深度网络，其中主要的结构被称为 inception，他们根据每层之间神经元的相关性设计该结构，同时根据卷积模版的大小来设置卷积模版的个数，以达到控制网络参数的目的。在结构中他们采用了 1×1 卷积来对原特征进行降维，使得后续的卷积模版参数不会很多（Lin et al.，2013）。此外在最后卷积到分类的一层只用了一个平均聚合层，这里也减少了参数。另外，除了网络最顶层的 softMax 分类器提供反向梯度外，在网络中间也有两个额外的用于提供辅助梯度的分类器层，这种设计目标是防止在太深的网络中出现梯度弥散问题。在训练时，他们不仅采用了 Krizhevsky 等（2012）的样本增强技术，还增加了不同宽高比、不同分辨率、不同图像编码方式等技术。最终他们以 6.66%的错误率排在分类任务的第一位。

在 2015 年的 ImageNet 大规模视觉识别挑战赛中，He 等（2016）提出了深度残差训练的方法，这使得他们能够训练非常深的网络。他们将输入层跨过几个卷积层和这些卷积层的输出求和，这样就能够更容易地优化残差项。实际上在梯度反向传播时，梯度可以通过原始输入的分支无损失地传到底层，因此这种网络结构也是一种防止梯度弥散的结构，他们就可以构建更深层的网络结构。在比赛中他们采用了 152 层的深度网络并取得了较低的 3.57%的 top 5 错误率。

通过上述研究状况及发展趋势，我们可以知道在图像分类和识别任务中，网络向着更深更窄的趋势发展，因为更深的网络可以学习得到更有效、更抽象的特征。但是更深的网络会导致训练时出现梯度弥散问题，因此，诸如深度残差网络、块归一化和额外分类器等技术都是围绕解决梯度弥散问题展开的。在未来的一段时间内梯度弥散问题仍然是训练深度网络中的一个重要问题，这也影响着深度网络能否学习到一个好的特征。

2. 使用神经网络进行数据分类

如上所述，在图像分类和识别任务中，网络向着更深更窄的趋势发展，因为更深的网络可以学习得到更有效、更抽象的特征。在众多神经网络方法中，残差神经网络能够在避免过拟合的情况下将网络层数大幅加深，具有准确率较高、训练速度快等优势，适用于科技大数据的数据分类任务。

残差神经网络由微软研究院的 He 等（2016）四名华人提出。在 2015 年的 ImageNet 大规模视觉识别挑战赛中，他们通过使用残差学习模块成功训练出了 152 层的深度神经网络，并在比赛中取得冠军，top 5 错误率为 3.57%。比同一时期的 VGGNet 低，残差神经网络参数更少，准确率也更高。残差神经网络的结构可以大幅加速神经网络的训练速度，同时能够提升模型的准确率。此外 ResNet 具有良好的泛化性，其残差学习模块能够被很好地迁移到其他的神经网络中。

传统的 CNN 或者全连接神经网络在信息传递的时候存在梯度消失、梯度爆炸、信息丢失和损耗等问题，这使得当网络层数较多时，神经网络无法进行训练。

残差神经网络在一定程度上解决了这一问题，通过直接将输入信息绕道传到输出从而保护了信息的完整性。残差学习模块使得神经网络只需要学习输入、输出差别的部分，从而简化学习目标和难度。

针对科技大数据中的科技图片数据，我们使用残差神经网络来进行数据分类。ResNet50 和 ResNet101 是其中两种常用的残差神经网络，顾名思义，这两种网络的卷积层和全连接层之和分别为 50 层和 101 层。

9.1.5　交易多方管理

在科技数据的交易过程中，可能会有政府、高校、企业、科研机构、个人用户等多方参与，这些参与者在交易过程中可以扮演需求方、供应方、协调方等多种角色。更进一步，每种角色可能有多种用户，如交易过程中可能存在多个定价方或多个需求方等情形。在多方交易过程中，每一方都可以对相关科技数据进行价值评估，但每一方由于角度和角色不同，追求的利益不同，给出的价值参考也互异，因此需要在以各方价值评估为参考的情形下，协调各方对科技数据给出合理的价值评估。

多方交易的过程可以抽象化为博弈过程，应用博弈论的知识可以得到多方参与下的均衡解，最终给出科技数据的价值。在科技大数据交易中存在不完全信息的动态非合作博弈：在交易过程中，交易双方都需要追求自身利益最大化，对于供应方来说，为最大化收益，对于需求方来说，是最大化效用，供需双方都不了解彼此的效用函数。协调方则需要调节交易双方的定价，使得交易顺利进行，协调方的角色通常由政府来扮演，它通过给予供应方一些补贴来促成交易的达成。参与人的行动是序贯的，存在先后之分。上文已经提到，多方交易的过程可以抽象化为一个博弈过程。在博弈论中，根据人们的行为相互作用时，当事人能否达成一个具有约束力的协议，可以将博弈分为合作博弈和非合作博弈。在科技数据的定价过程中，各个参与方并没有外界强加的力量保证价值评估过程，即我们假定各个参与方没有达成协议来一致行动，因此博弈过程为非合作博弈。

考虑到科技数据的定价过程应是多阶段的，即在不同的阶段科技数据的价值显然会有所变化。每个参与方在不同的阶段即决策点都可以观察到科技数据之前的价值和当前决策点已经进行选择的策略方的信息，因此定价过程是一个动态博弈。

静态博弈是指各个参与方无法对除自己外的参与方进行观察，而我们假定后进行定价的一方可以观察先进行定价一方的信息，因此博弈过程是动态的。

在科技数据的定价过程中，各参与方的角度和角色不同，追求的利益不同，且一方对其他参与者的信息必然不能全然了解，这样的博弈过程符合不完全信息博弈特点。因此，科技数据的定价过程是不完全信息动态非合作博弈。采用的多方博弈模型如 8.3.1 节和 8.3.2 节所示，在此不再赘述。

9.1.6　数据分析与交易多方管理的服务协同

　　对科技大数据进行数据分析与跨模态检索，能够从海量数据中准确定位某一概念或事物的相关信息，包括不同模态的数据信息。可以有效地对数据进行分类管理，方便用户的浏览和搜索。用户搜索某一信息时，不仅会有相关的文字内容，也会包括相关的图片或者视频信息，用户可以根据自己的需求选择最需要的内容。

　　在网站上注册的用户都可以上传任何科技数据。用户可以自己给数据手动添加关键字，网站也会对未标记的数据自动提取关键知识，手动标注与跨模态检索协同工作，使得搜索的结果更加准确。科技大数据平台底层以数据仓库模式进行存储管理，与日常科技业务管理系统的数据库相分离。两者之间需要定期进行数据同步，考虑到将来使用基于大数据平台的科技服务包括个性化推荐、机器学习、数据分析等各种复杂的应用场景。所以与传统的数据仓库相比较，基于科技大数据平台的数据后台仓库要能够响应迅速，需求灵活、多变，对实时性有较高的要求，数据同步周期需要在满足实际与成本之间取得平衡。

　　在网站上注册的用户可能包括政府、高校、企业、科研机构、个人用户等。这些参与者在交易过程中可以扮演需求方、供应方、协调方等多种角色，也可以在不同的交易过程中切换角色。每一个交易任务中，必定会存在需求方、供应方，可能存在多个需求方、多个供应方。供应方都会对一个科技数据进行估价。我们使用非合作博弈模型，通过模型的求解，实现最终的定价，完成一次线上交易。

　　数据分析与交易多方管理协同促进科技大数据的产业化发展，使得科技大数据能被更有效地利用，加速科技的发展与进步。最终建成面向参与创新创业的科研机构、政府、企业和个人的全方位、一站式的科技大数据平台，实现科技资源、科技数据、科技服务、科技管理的互联互通以及开放共享。

9.2　价值链与服务模式的协同优化机制

9.2.1　科技大数据获取与融合

　　党的十八大以来，数字经济已经成为新发展格局的主要发展方向。习近平总书记高度重视数字经济发展和数据资源建设，多次就发展数字经济等问题做出了一系列重要论述；党的十九届四中全会把数据列为五大生产要素之一，国家"十四五"规划纲要中提出了建设数字中国战略，这为我国数字经济和大数据产业的发展指明了方向。大数据作为数据经济时代的基本生产要素，已被国家视为一种具有战略性与竞争性的重要资源，各个企业也逐渐开始意识到，数据也是商业竞争的重点之一。

随着现有的信息化技术的发展，不同的平台都有海量的科技大数据的资源。但是考虑到不同平台的科技数据不全，同时数据质量存在良莠不齐的问题，如何使得这些数据获得价值，并挖掘和利用这些数据，仍然是一个重要的研究方向。因此我们计划提出科技大数据平台，通过整合不同平台的数据，使数据增值，让大数据能更好地创造价值。

科技大数据平台可以大大优化科技数据的传播活动，可以实现不同平台的信息智能采集与分析、加快数据的传播与整合、重新构建数据的分享平台；可以针对需求方提供个性化服务，使得科技大数据通过价值链的增值过程获得竞争优势，数据源选取、数据获取、数据规范化、数据融合等是科技大数据价值链增值过程的重要活动，如图 9.2 所示。

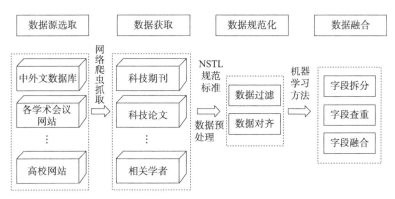

图 9.2　科技大数据价值链中的数据获取与数据融合

NSTL 即 National Science and Technology Library，国家科技图书文献中心

科技大数据平台主要是汇聚各开源平台的科技资源数据，包括中外文数据库的平台、各个学术会议的网站、项目的网站以及高校网站等。这些平台大多是开源的，不同数据平台的质量差异较大。为保证数据的质量，我们需要对不同平台的数据的可靠性进行评级，主要可以依据不同平台的影响力、数据源数据的完备性和准确性、数据获取的难易程度等。通过对不同数据源的分析对比，有标准地选择部分数据源作为科技大数据平台的基础。

1. 数据获取

确定目标数据源之后，首先需要获取数据。对于开源数据平台，我们可以通过网页爬虫的方式，访问和集成来自不同系统的数据源，智能地采集相关的科技数据。信息的收集和获取是人们进行分析研究的基础。由于数据量的爆炸式增长，传统人工收集数据的方法由于收集效率低以及收集信息量有限的问题，已经不适用于科技大数据平台的搭建。网络爬虫的出现很好地解决了这个问题，区别于传统的方法，它可以根据特定的规则自动地在互联网上对海量的信息的进行爬取，具有收集效率高以及获取信息范围广的优点（Krizhevsky et al.，2012）。所以对于科技大数据平台的实现，需要利用到网络爬虫的技术，以获取目标数据源的信息。

网络爬虫是一种根据编写好的规则在互联网上抓取特定信息的脚本（Markoff，2012b），是 web 信息检索技术的核心。当下的爬虫方法按照工作机制的不同可以分为通用网络爬虫（general purpose web crawler）、主题网络爬虫（topical web crawler）、增量式网络爬虫（incremental web crawler）以及深层网络爬虫（deep web crawler）这四类。通用网络爬虫就是进行全网信息的抓取，从初始的种子 URL（uniform resource locator，统一资源定位符）开始进行数据的爬取，然后不断地将整个互联网范围内的 URL 都加入等待队列，直到爬虫符合系统设置的终止条件停止。通用网络爬虫的目标是整个互联网，在实际中有着十分广泛的应用，但是没有办法根据用户的特定需求进行检索，同时通用网络爬虫因为目标是整个互联网，所以还有更新速度较慢、耗时较长等缺点。基于此提出了面向特定主题需求的爬虫方法——主题网络爬虫。

主题网络爬虫会针对用户的需求只选择一些与主题相关的 web 页面进行信息的爬取，主要服务对象是对特定行业或者领域的信息有获取需要的人群。主题网络爬虫相较于通用网络爬虫，增加了目标的定义、不相关链接的过滤、选定下一步需爬取的 URL 地址等过程。主题网络爬虫可以按照对应的主题有目的地进行爬取，过滤掉了一些相关性较低的信息，所以爬虫爬取的结果与主题相关性较高。主题网络爬虫主要的工作原理如图 9.3 所示。

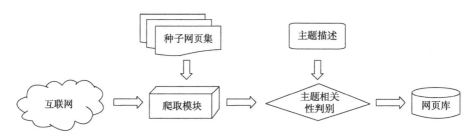

图 9.3　主题网络爬虫工作原理

网络爬虫需要爬取的科技数据包括公开发表的科技论文、期刊文献、项目报告、科技快讯以及相关学者的主页信息等。由于这些数据是从不同的平台上采集来的，信息的分布非常广泛，数据的格式、存储结构也不同，我们要将这些不同来源、不同格式的数据都存储进我们的数据平台中，并通过数据规范化以及数据融合使数据增值。

2. 数据规范化

已获取的数据因为是从不同的平台上直接获取的，可能存在大量的冗余，数据的质量也是良莠不齐。要想实现大数据的增值，首先要对数据进行规范化处理。关键的步骤包括数据清洗、数据融合等，可以将原本不同格式的数据有序地组织起来。

目前科技数据规范越来越多，部分是国家标准，部分是公司内部标准。纵观现有元数据规范，虽各有特色，却也有很多相同之处。NSTL 经过多年的发展，已经形成从采购、加工、发布到服务的数字化业务流程，各子系统相互协同、相互依赖、共同为用户提供服务。但在发展过程中，各个层面和系统都制订了自己的元数据方案，导致 NSTL 各层面系统使用的元数据规范不尽相同，难以实现资源的深度挖掘，并限制了系统的可持续发展（张建勇等，2016）。

NSTL 在"十三五"发展规划中提出，要全面构建国家科技文献信息大数据管理与服务体系。在大数据时代，元数据的重要性毋庸置疑，数据能被拆分、重组、分析和挖掘，都需要元数据的参与。建设 NSTL 统一文献元数据标准，能够支持多种数据的统一描述体系，推进科技文献信息深度组织和揭示，将为 NSTL 数据集成融合、数据分析和数据挖掘，以及不同应用服务系统间的互操作打下数据基础，从而为科学决策和知识服务提供支撑。

随着数字信息资源的普及和相关技术工具的成熟，数字信息本身的解析颗粒化，以及关联和重组的特性开始全面影响信息资源的组织和利用，元数据描述也呈现出细粒化、结构化、语义化和关联化等发展趋势。NSTL 统一文献元数据标准的设计必须与时俱进，既要考虑新的形势，又要考虑可能的潜在需求。元数据的标准设计原则包括协同化原则、最小粒度原则、模块化原则、兼容国际标准原则。

协同化原则是指数字业务系统中各个子系统可采用同一个标准描述文献对象。各个系统可以基于自己的管理需要描述文献对象的不同深度的内容，但遵循同样的数据标准，为后续数据的复用和深入加工建立良好的规则。例如，对于一篇期刊论文的描述，数据格式应该是统一的，编目系统的描述和数据加工系统的描述最后应统一成一个数据标准描述，最后形成的数据满足资源发现和分析评价的需求。统一元数据标准规范的设计充分考虑各个子系统的特点，在数据模型和数据描述上支持各个子系统协同管理的需要。最小粒度原则是指数据描述的粒度越小，数据描述越精确，可供分析评价的点就越丰富。例如，机构字段可细分为一级机构名称、二级机构名称、所在国家、城市、地址等，这种描述为下一步精确定位机构和统计分析机构的产出建立基础。模块化是现代元数据设计最重要的特征，根据实体关系方法分析抽象出资源对象的实体关系模型，对资源的描述就是对模型中不同实体进行描述再组合而成。领域模型中具有共同特点的实体对象可复用描述不同层面的数据对象，例如，机构实体实际上可以是研究者所在机构，也可以是出版机构、资助机构和学位授予机构，机构的元素构成是一致的，这些元素构成一个公用的实体模块，可描述不同对象。目前国外部分大型出版机构已经建立相关的文档结构规范，并且具有完整的描述体系结构。统一文献元数据标准是建立科技大数据平台的基础，应与国际上主流的相关国际标准兼容，以便融入国际数据大环境。

科技大数据每种实体选用多种数据源进行数据增值，NSTL 统一文献元数据标准。针对贡献者/机构、会议、基金等 13 种元素集的字段内容进行相应规范，并对实体对象之间的关系进行概括：组成关系、相关关系、规范关系、沿革关系、引用关系。本章依照 NSTL 统一文献元数据标准提炼出的实体字段为基础，针对科研人员、科研机构等 5 种科研实体，设计出每种科研实体的数据字段表。以科研人员为例，通过对科研人员数据源字段调研，最终确定科研人员多数据源字段对齐格式。其中，用于实体唯一标识的字段包括 ORCID（Open Researcher and Contributor ID，开放研究者与贡献者身份识别码）、邮箱、姓名、机构。数据属性对齐建设共计完成科研人员相关的 21 种对齐字段、科研机构相关的 20 种对齐字段、期刊相关的 36 种对齐字段、学术会议相关的 20 种对齐字段的设计。

我们通过对实体规范化方法的调研，并且为实现实体的快速规范化，针对实体属性字段内容采用不同的规范方法，形成实体数据规范化流程。规范化过程包括：非法内容过滤，对不可显示字符等非法内容进行过滤；字段标准化，对实体中机构名称采用中国科学院机构名称规范库进行标准化、机构英文名称汉化、人名拼音变体等；实体字段合法性检查，如对于实体中的链接信息，采用链接规则对链接合法性进行检测，规范后通过合法性检测的字段才能作为实体属性字段融合的内容。

3. 数据融合

多源实体数据存在很多重复实体，另外虽然前期数据采集完成了数据字段的对齐，但每种数据源的实体字段数、字段内容存在差异，需要对实体信息、实体关系进行融合建设，对不同来源的同一实体完成实体属性值的融合。

实体规范化的目的是保证实体的对齐，完成不同来源的实体融合。丰富化实体在规范化过程中遇到很多问题，包括：①实体字段内容不规范，需建立特殊字符过滤函数，对不可见字符、空字符等进行过滤；②实体字段名称存在多种变体，如中英文变体，可采用人名拼音转换函数完成该人员规范化姓名的补充；③实体字段多语种，由于丰富化实体数据来源包含国内外，而当前服务重点面向中国的用户，当前采用百度翻译、谷歌翻译 API 完成国外实体数据重复字段的翻译，转换实体属性为中文，保障中英文实体对齐与信息互补；④实体字段表示方式不规范，如人员的职称是正高，标准表示方式为正高级工程师，该字段内容的表示方式有限，通过对丰富化数据库字段的内容进行聚类分析，构建非规范化字段到规范化字段的映射规则文件，采用规则匹配完成目标实体属性的规范。

科研实体对齐是为了完成同一科研实体的字段融合。实体数据融合流程如图9.4 所示，采用 ElasticSearch 分布式全文搜索引擎作为数据融合平台，从多来源实体对齐数据库中读取每种实体数据信息，完成实体增值数据的分离，如增值科研人员信息中包含机构信息，可分离成人员、机构两种补充数据，补充数据依照大数据知识发现平台的实体及关系入库规则完成实体及实体关系的融合。

图 9.4　实体数据融合流程

科技大数据未进行增值丰富化之前，无法满足知识检索与情报分析的特殊数据分析需求，而经过科技大数据实体及实体关系的增值建设，科研数据更加丰富，让用户可以通过科技大数据服务平台获取翔实、精确的知识服务，也为计算型科技知识服务的发展提供了大数据基础。其中，数据规范化和数据融合是科技大数据增值与决策的主要步骤。

9.2.2　价值链与服务协同

科技服务业是现代服务业的重要组成部分，是促进科技与经济结合的关键环节，是推动地区经济转型升级的前提条件。科技大数据价值链的形成大大地促进了科技服务业地发展。区域科技大数据平台除了汇聚科技资源共享平台的科技资源数据，还汇聚地方科技部门日常科技业务管理系统形成的科技管理数据，包括线上线下的服务。

1. 线上服务

规划建设一个区域科技大数据平台，充分应用云计算、移动支付、新媒体等新一代技术拓展科技服务机构的服务半径，未来随着人工智能技术逐渐成熟，精准、智能推荐式科技服务也成为可能。

科技大数据平台底层以数据仓库模式进行数据的存储管理，与日常科技业务管理系统的数据库相分离。两者之间需要进行定期数据同步，考虑到未来基于大数据平台的科技服务应用需要考虑用户画像、个性化推荐、机器学习、数据分析等各种复杂的应用场景，所以与传统数据仓库相比较，基于大数据平台的数据仓库建设要能够快速响应需求，同时需求灵活、多变，对实时性有不同程度的要求。数据同步周期需要考虑在实时与满足业务应用两者之间取得平衡。

科技大数据平台可开放用户注册，对于有需要购买信息以及服务的用户，可以在线上发布任务需求。买方和卖方可以单独展开任务具体内容的沟通，也可以由买家指定完成任务的对象。任务的内容不仅可以包括信息的购买，还可以包括具体的科研服务等。线上交易可以使得交易透明化、加速化，便于用户选择最合适的交易对象，并加快交易的达成。

2. 线下服务

基于区域科技大数据平台可以构建行业科技服务应用。依据《国民经济行业分类》（GB/T 4754—2017）标准，科技企业主要分布在制造业，交通运输、仓储和邮政业，信息传输、软件和信息技术服务业，金融业，科学研究和技术服务业等多个行业。线下以新型研发机构为基础，鼓励更多高校充分利用科技人力资源优势建设一批科技服务中心，鼓励更多科技中介机构入驻大数据平台为科技型中小企业提供服务。

9.3　面向科技大数据协同服务的典型方案

在对科技大数据进行价值评估时，不同角色的价值评估往往不同，这是由于看待问题的角度是不同的。科技大数据典型解决方案系统平台基于多智能体博弈的科技大数据交易方法，旨在解决科技大数据的定价过程中数据需求方对其效用值的不确定性问题，实现科技大数据供需双方高效成交；研究数据分析与交易多方管理的服务协同方法，解决复杂的科技大数据分析任务中跨领域协作的大数据分析问题；形成科技大数据及服务商业模式；构建包含组织体系、服务功能体系与支撑体系在内的满足各方需求的科技大数据典型解决方案。

9.3.1　数据类别

数据类别主要包括科技期刊、科技论文、科技专利、科技项目、相关学者、科技报告、科技资讯、科研机构、科技图片、学术会议共十类数据。参照南京大学图书馆电子数据库的分类，各类科技数据按照学科可以分为社会学类、法学类、教育学类、新闻与传播、经济金融类、艺术类、数学类、物理类、化学类、生物类、天文地理类、环境科学类、信息技术类、工程、医学、综合类、政治学、自然科学、农业科学、大气科学、土木工程、营养学、语言类、心理学、文史哲类、管理学类等。

科技期刊是指定期刊出版的一种出版品,供人阅读、参考和引用等。科技期刊主要指学术期刊,学术期刊是一种经过同行评审的期刊。科技期刊上的文章展示了某个研究领域的成果,起到公示的作用,其内容主要是一些原创研究、综述文章等。本平台主要包括 SCI(Science Citation Index,科学引文索引)、EI(Engineering Index,工程索引)和中国知网收录的期刊等。

科技论文则指研究工作者刊登在学术书籍、学术期刊、学术网站,用来描述和呈现自己的科学研究或研究成果的文章。科技论文往往强调原创性工作的总结,此外也有综述性的文章,这类文章是对前人工作总结的回顾及评价。本平台主要包括 SCI、EI、中国知网收录和一些科技网站如 arXiv 网站的期刊等。

科技专利主要分为发明、实用新型和工业设计三种类型。专利制度的目的在于鼓励民众从事发明和保护发明人的权利。专利制度让专利权人在法定期间内享有专利技术的排他权。排他权并非独占权,而是指享有商业上的特权利益以鼓励知识的分享。本平台通过参考重要科技网站的数据来收集专利数据。

科技项目是指为了完成某一独特的科技产品或者科技成果在一段时间内做的相关工作。科技项目包含确定的开始日期和结束日期,独特性意味着科技项目最终结果的新颖性。历史上著名的科技项目包括开发出第一个核武器的曼哈顿计划和开发洲际弹道导弹控制系统的北极星导弹计划等。本平台的科技项目数据涵盖已经完成和正在进行的科技项目。

相关学者是指具有学术背景和专业素质的知识者,他们往往在各自的研究领域做出了一定贡献。科技论文、科技专利、科技项目都是由相关学者来完成的。本平台对上述科技期刊、科技论文、科技专利、科技项目的作者进行总结分类,并增加领域内重要人物的信息。

科技报告陈述科技研究或者项目的内容。科技报告往往是最新或前沿的研究成果。科技资讯和科技报告类似,但其内容更加具有即时性的特点,通常是最新的研究成果等研究信息。

科研机构是长期有组织地从事研究和开发活动的机构。科研机构往往具有明确的研究方向和任务,由一定水平的学术带头人和其他研究人员组成。我国著名的科研机构有中国科学院、中国高等科学技术中心、各大高校等。本平台对国内外著名的科研机构信息进行总结和收集。

科技图片主要是指其他类别中涉及的图片。学术会议主要指各领域研究相关的学术会议,学术会议往往定期举行,会议内容展示了研究领域内最新的成果和进展。本平台对各领域著名的、重要的科技会议信息进行收集总结和分类。

9.3.2　科技数据源

科技数据的数据源非常广泛，各个数据源良莠不齐，为了筛选具有较高质量的数据，我们从多个指标分别评测数据的可信度和价值。具体指标有数据源的真实性、数据源的影响力、数据源中数据的完善程度、数据源的评价以及数据获取方式的难度。在确定了目标数据源之后，需要获取数据源中的数据。针对开源数据平台，我们可以通过网络爬虫来访问和集成不同数据源的数据，智能采集相关的科技大数据。

各种科技数据具体数据来源以及信息评估方法主要从权威机构和官方网站获取。科技期刊主要参照 SCI、EI 收录标准等，中文期刊遴选体系参考北京大学图书馆"中文核心期刊"、南京大学中文社会科学引文索引（Chinese Social Sciences Citation Index，CSSCI）来源期刊、中国科学技术信息研究所"中国科技核心期刊"等遴选体系。科技论文主要分为期刊论文和会议论文。期刊论文与科技期刊数据是相互关联的，而会议论文则以 arXiv 网站、《中国重要会议论文全文数据库》等会议论文为基准。科技专利参照 IPC（国际专利分类，International Patent Classification）进行分类和检索，该表目前是国际上唯一通用的专利文献分类和检索工具。IPC 将功能性和应用型相结合，遵循以功能性为主、应用性为辅的分类原则，按照部—分部—大类—小类—大组—小组的层次将专利逐级分类。

针对不开放的数据源，我们可以通过购买数据库等合法手段来进行数据获取。而针对开放数据源，我们使用网络爬虫来进行信息获取。不同的科技数据种类不同，来源不同，我们需要将科技数据采集或抓取后进行格式化，存储到本平台的数据后台中。除了需要进行数据格式规范化外，由于需要进行数据网络的绘制，需要使用到跨模态检索、数据融合等相关技术。

9.3.3　科技大数据典型解决方案系统平台

1. 平台概览

如图 9.5 所示，网站导航栏分为首页、数据网图、使用帮助、联系我们、问题反馈、注册/登录六种功能。网站首页包含各类数据和不同类别用户的入口，并提供了可按照标题、摘要、内容进行检索的搜索框，此外对本平台进行了概要介绍。数据网图绘制科技数据的网状结构。而注册登录分为政府、高校、企业、科研机构、个人用户五个类别。此外网站提供几种常见的功能，包括使用帮助、联系我们、问题反馈、注册/登录，每个功能都在各自单独的界面内呈现相关信息和实现相关操作。

图 9.5　平台概览

　　数据种类包含科技期刊、科技论文、科技专利、科技项目、相关学者、科技报告、科技资讯、科研机构、科技图片、学术会议十类数据。以搜索科技期刊为例，有语种、学科、字母、类型等多种检索方式，其他诸如搜索科技论文、科技专利等都包含多种检索方式。

　　科技期刊和科技论文类列出了一些重要期刊和其中部分研究内容的展示。这些科技期刊包括《中国科学》《计算机学报》《电子学报》《自动化学报》《管理科学学报》《软件学报》。科技专利界面对收集的专利数据进行分类整理，并列出部分专利和其价值评估。其他科技数据即科技项目、相关学者、科技报告、科技资讯、科研机构、科技图片、学术会议数据都遴选领域内具有影响力和说服力的相关数据进行总结分类和展示。

2. 多方博弈交易方法

本平台提供政府、高校、企业、科研机构、个人用户五种用户的注册登录入口，每一方都可以对相关科技数据进行价值评估作为最终价值指数的参考。科技大数据交易通常包含多个参与者，如政府、企业、研究所、高校、个人用户等，这些参与者在交易过程中扮演了需求方、供应方、协调方等多种角色，并且伴随着非合作博弈的行为。由于包含多个定价方，因此需要进行多方协同，在多方博弈背景下进行价值评估。本平台采用博弈协同的价值评估标准和博弈交易的定价方式，通过跨模态论文数据价值评估与协同交易机制，基于前景理论的价值评估和非合作博弈的定价方法，对科技数据进行价值评估，构建了包含组织体系、服务功能体系与支撑体系在内的满足各方需求的科技大数据典型解决方案。

在科技大数据交易中存在不完全信息的动态非合作博弈：在交易过程中，交易双方都需要追求自身利益最大化，对于供应方来说，为最大化收益，对于需求方来说，是最大化效用，供需双方都不了解彼此的效用函数。协调方则需要调节交易双方的定价，使得交易顺利进行，协调方的角色通常由政府来扮演，它通过给予供应方一些补贴来促成交易的达成。参与人的行动是序贯的，存在先后之分。

在定价过程中，供应方想要最大化自己的销售价格，需求方想要调整采购数量来最大化自己的效用，这是一个非合作博弈过程。可将整个博弈过程视为一个多目标优化问题，求解这个多目标优化问题有两种方法：一种是通过建立单个目标的隶属度函数将各目标值进行归一化处理，或者通过线性加权和法将多目标模型简化为单目标优化模型来处理；另一种是解出帕累托最优解集，然后由决策者根据实际情况或者对子目标的偏好等方式选择出最优的解。本部分相关内容详见8.3 节。

3. 价值评估指数

如图 9.6 所示，本平台使用前景理论对科技大数据进行价值评估。前景理论在心理学实验的基础上直接研究决策行为，将个人价值感知因素纳入分析。前景理论是科技大数据定价的重要依据，是让决策者了解其风险和不确定性的重要依据。由 Kahneman 和 Tversky（1979）建立的前景理论是目前描述决策者在风险和不确定性下的行为的重要理论。前景理论的重要原理主要是价值函数和权重函数。前景理论认为决策者更喜欢前景价值最大的决策选项。关于前景理论的具体描述见本书 8.2.1 节。

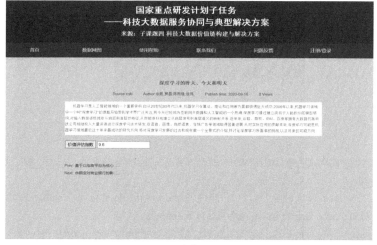

图 9.6　检索和价值评估

　　累积前景理论是 Tversky 和 Kahneman（1992）提出的，为决策者在风险和不确定性下的决策行为和风险态度提供了极好的描述和解释。累积前景理论的主要思想可以概括为三个方面。首先，结果被视为相对于参考点的收益或损失，而不是财富的最终状态。其次，决策者对收益是风险规避的，对损失是风险寻求的，对损失比收益更敏感。最后，概率的非线性变换与收益和损失的两个决策权重相结合，在累积分布函数上执行。

　　与传统的前景理论不同，我们基于前景理论和累积前景理论的三支决策模型进行价值评估，这一部分的理论描述详见 8.2 节。简要地说，我们使用描述和预测风险决策过程中个体行为的前景理论，通过构建一个新的三支决策模型来恰当地描述和反映决策者的风险态度，来进行科技大数据的价值评估。概括地说，我们采用博弈协同的价值评估标准和博弈交易的定价方式，通过跨模态论文数据价值评估与协同交易机制，基于前景理论的价值评估和非合作博弈的定价方法，给出多方博弈背景下的价值评估指数。

9.4 本 章 小 结

本章首先基于多智能体博弈的科技大数据交易方法，研究科技大数据的定价过程中数据需求方对其效用值的不确定性问题，对大数据分析方法、建模方法、检索方法、分类方法、交易管理及服务协同等几个问题进行了研究，以便实现科技大数据供需双方高效成交。其次，研究数据分析与交易多方管理的服务协同方法，对数据获取、数据规范、数据融合等要点进行了阐述，以解决复杂的科技大数据分析任务中跨领域协作的大数据分析问题；此外，通过对科技大数据库的规范管理形成科技大数据的价值链，提供线上线下的科技服务。最后，就科技大数据协同服务等课题给出了典型解决方案，构建了包含组织体系、服务功能体系与支撑体系在内的满足各方需求的科技大数据解决方案。

参 考 文 献

张建勇, 于倩倩, 黄永文, 等. 2016. NSTL 统一文献元数据标准的设计与思考. 数字图书馆论坛, (2): 33-38.

Chatfield K, Simonyan K, Vedaldi A, et al. 2014. Return of the devil in the details: delving deep into convolutional nets. British Machine Vision Conference.

Ciresan D, Meier U, Schmidhuber J. 2012. Multi-column deep neural networks for image classification. IEEE Conference on Computer Vision and Pattern Recognition.

Erhan D, Szegedy C, Toshev A, et al. 2014. Scalable object detection using deep neural networks. IEEE Conference on Computer Vision and Pattern Recognition.

He K M, Zhang X Y, Ren S Q, et al. 2016. Deep residual learning for image recognition. IEEE Conference on Computer Vision and Pattern Recognition.

Hilbert M, López P. 2011. The world's technological capacity to store, communicate, and compute information. Science, 332(6025): 60-65.

Hinton G E, Salakhutdinov R R. 2006. Reducing the dimensionality of data with neural networks. Science, 313(5786): 504-507.

Jia Y Q, Shelhamer E, Donahue J, et al.2014. Caffe: convolutional architecture for fast feature embedding. Orlando: ACM International Conference on Multimedia.

Kahneman D, Tversk A. 1979. Prospect theory: an analysis of decision under risk. Econometrica, 47(2): 263-291.

Krizhevsky A, Sutskever I, Hinto G. 2012. ImageNet classification with deep convolutional neural networks. Communications of the ACM, (60): 84-90.

Lin M, Chen Q, Yan S C. 2013. Network in network. https://arxiv.org/abs/1312.4400[2014-03-04].

Markoff J. 2012-06-25a. How many computers to identify a cat?. New York Times.

Markoff J. 2012-11-23b. Scientists see promise in deep learning programs. New York Times.

Oquab M, Bottou L, Laptev I, et al. 2014. Learning and transferring mid-level image representations using convolutional neural networks. 2014 IEEE Conference on Computer Vision and Pattern Recognition Workshops.

Razavian A, Azizpour H, Sullivan J, et al. 2014. CNN features off-the-shelf: an astounding baseline for recognition. 2014 IEEE Conference on Computer Vision and Pattern Recognition Workshops.

Rumelhart D, Hinton G, Williams R. 1986. Learning representations by back-propagating errors. Nature, 323: 533-536.

Russzkovsky O, Deng J, Su H, et al. 2015. ImageNet large scale visual recognition challenge. International Journal of Computer Vision, 115(3): 211-252.

Salakhutdinov R, Hinton G. 2009. Deep boltzmann machines. Journal of Machine Learning Research, 5(2): 1967-2006.

Sermanet P, Eigen D, Zhang X, et al. 2013. OverFeat: integrated recognition, localization and detection using convolutional networks. https://arxiv.org/abs/1312.6229[2014-01-14].

Szegedy C, Liu W, Jia Y Q, et al. 2015. Going deeper with convolutions. IEEE Conference on Computer Vision and Pattern Recognition.

Szegedy C, Toshev A, Erhan D.2013. Deep neural networks for object detection. Advances in Neural Information Processing Systems, 26: 2553-2561.

Tversky A, Kahneman D. 1992. Advances in prospect theory: cumulative representation of uncertainty. Journal of Risk and Uncertainty, 5(4): 297-323.

Yu Y B, Huang S L, Tashi N, et al. 2018. A survey about algorithms utilized by focused web crawler. Journal of Electronic Science and Technology, 16(2): 129-138.

Yun U, Lee G, Ho K, et al. 2014. Mining maximal frequent patterns by considering weight conditions over data streams. Knowledge-based Systems, 55(1): 45-65.

Zeiler M, Fergus R. 2014. Visualizing and understanding convolutional networks. Zurich: European Conference on Computer Vision.

Zhang C, Li H X, Chen C L, et al. 2020a. Enhanced group sparse regularized nonconvex regression for face recognition. IEEE Transactions on Pattern Analysis and Machine Intelligence, 44(5): 2438-2452.

Zhang C, Li H X, QianY H, et al. 2020b. Pairwise relations oriented discriminative regression. IEEE Transactions on Circuits and Systems for Video Technology, 31(7): 2646-2660.

第10章　科技大数据价值评估系统

2015年8月31日，国务院发布的《促进大数据发展行动纲要》（简称《行动纲要》）是促进我国大数据发展的第一份权威性、系统性文件，从国家大数据发展战略全局的高度，提出了我国大数据发展的顶层设计，是指导我国大数据发展的纲领性文件。伴随着《行动纲要》的提出，中共中央及各部委相继出台促进大数据发展的诸多政策，大数据发展上升为国家战略，围绕数据汇聚、流通、服务、保护的政策体系和法规制度逐步成形。

科技大数据作为大数据的重要分支，是国家的基础性战略资源，其对推动供给侧结构性改革、驱动科技创新发展、绿色发展的作用日益凸显，正成为推动质量、效率、动力等变革的第一动力。近年来，国家对于促进科技数据要素开放共享、流通交易高度重视。其中，评估科技大数据的价值对促进开放共享与流通交易起决定性作用。

本章从软件工程的角度，对科技大数据价值评估系统进行需求分析、软件的功能和算法实现、软件总体结构设计和模块设计、编码和集成、测试、维护，建立分布式的评估系统。内容组织如下：10.1 节介绍需求分析；10.2 节介绍系统设计；10.3 节介绍开发相关技术；10.4 节介绍系统界面设计；10.5 节为本章小结。

10.1　需　求　分　析

需求分析是开发科技大数据价值评估系统的基础性工作。通过深入细致的调研和分析，准确理解科技大数据价值评估系统的功能、性能、可靠性等要求，并结合实际项目研究目标得出需求分析结果。

10.1.1　目标需求

科技大数据价值评估系统支持分布式结构，基于协同优化的数据关联模型，实现对多源异构科技大数据的高效访问、存储与处理；提供科技大数据价值评估与认证，为多领域的跨媒体科技大数据的研究与应用提供价值评估支撑；并初步形成科技大数据及服务商业模式，建立科技大数据典型解决方案。

10.1.2　业务需求

开发人员在经过深入细致的调研和分析后，准确理解用户和系统的功能、性能、可靠性等具体要求，将用户非形式的需求表述转化为完整的需求定义，该阶段分析的是系统在功能上需要"实现什么"。业务需求主要包括以下几点。

（1）实现对科技大数据的归集及关联关系分析。

（2）实现对科技大数据价值的评估。

（3）实现知识增值计算：挖掘文本中的价值点、交易环节中的增值等。

（4）实现科技大数据的搜索查询、多维钻取及结果的可视化展示。

（5）设计初步的交易机制和典型方案：基于博弈交易模型，形成科技大数据的交易价格。

10.1.3　功能需求

图 10.1 展示了科技大数据价值评估系统总体功能结构。

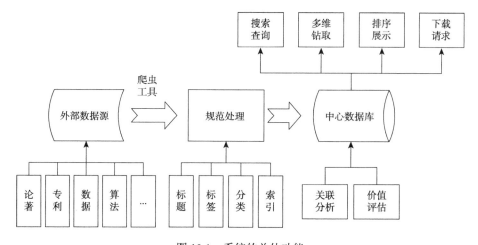

图 10.1　系统的总体功能

（1）数据采集子系统。基于我们自主研发的网络数据动态获取工具（钱洋和姜元春，2020），从外部数据源获取科技数据资源，对于有版权限制的数据，获取其可公开的描述性数据。该子系统保持持续运行状态，日增量 1 万条以上各类科技数据。

（2）数据预处理子系统。使用具有自主知识产权的 TopicModel4J 文本预处理及主题建模分析工具对获取的数据进行规范化处理（合肥工业大学，2021），自动完成文档标题处理、标签标记、索引创建和数据分类。

（3）后台业务子系统。后台业务子系统主要两个模块，模块一是数据关联关系分析，基于网络表示学习方法，根据我们定义的五种关系类型将各种类型的科技大数据连接起来，形成科技大数据关联关系网络，例如，"文献1"的局部网络如图10.2所示。五种关系类型分别如下。①主从关系：$v2 \in v1$或者v1生成v2，则v1与v2之间存在主从关系。②同一关系：两个数据节点从属于同一主体。③引用关系：在v1数据节点中引用或者使用了数据节点v2，则v1与v2存在引用关系。④合作关系：同一数据节点v从属于v1与v2两个同一类型的不同主体，则v1与v2存在合作关系。⑤相似关系：同一类型的数据节点v1与v2在内容或主题上达到或超过系统设定的相似阈值，则v1与v2具有相似关系。模块二是数据价值评估算法，基于第4章和第5章的科技大数据价值评估方法，给出每个数据节点的价值估计p，$p \in [0,10]$。

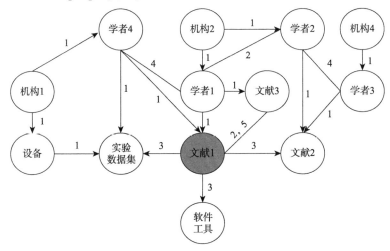

图10.2　科技大数据关联关系示例
本图中阴影表示示例节点

（4）前台业务子系统。前台业务子系统是面向科技大数据用户的业务子系统，除了一般的注册、登录、首页等功能模块外，主要包括：①搜索查询模块，为用户提供一个搜索接口，用户输入自己感兴趣的关键词，系统则可输出与该关键词相关的各类科技数据，在该模块中，搜索算法嵌入了个性化推荐技术，随着用户行为数据的积累，可产生更有针对性的输出结果；②多维钻取模块，用户在获得搜索结果后，可以从其感兴趣的数据节点的不同维度（标签）钻取其关注的指标或相关数据节点；③排序展示，基于不同的指标（标签）列表展示或可视化展示数据结果；④下载请求，对于没有版权限制的数据直接提供数据下载功能，对于具有版权限制的数据，指引用户至有版权权限的链接下载。

10.2　系 统 设 计

系统设计包括系统业务设计和系统技术设计。其中，系统业务设计包括架构概要设计和数据库规划。

10.2.1　系统业务设计

1. 架构概要设计

架构概要设计是用架构模型表达出业务逻辑，如图 10.3 所示，最终确定业务范围、系统模块的划分和业务的构成、流程。

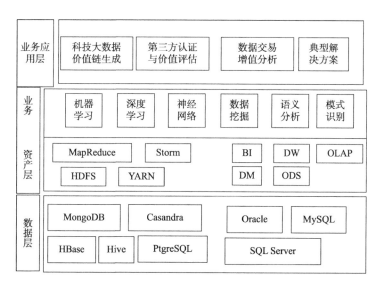

图 10.3　系统框架图

设计理念：基于领域模型（domain model）构建，采用 Java 语言实现，结合具体的框架和容器，为展示层（view，不一定有）提供服务的完整解决方案。

架构模型：包括数据层（包括业务编号规则、主数据构成、数据逻辑、数据服用、共享机制等）、资产层（包括模型库、算法库等）和业务应用层（包括业务功能及对应的界面规划、数据定义、操作方式、操作机制等）。

2. 数据库规划

数据库的设计着眼于数据的共享，并尽可能地压缩冗余数据。数据库设计的好坏对系统的经济性、功能和效率会产生很大影响。科技大数据价值评估系统的数据库是关系数据库，对应于人们习惯的二维表格。二维表格中的每一行对应于数据库中的一条记录，每一列对应于数据库中一个字段。记录的顺序可以任意排列，字段的前后对数据库也无影响，字段中的数据是不可再分的数据项，任意两项记录不能完全相同。

为了使程序的结构和代码风格统一标准化，增加代码可读性，本系统制定了统一的编码规范。本系统设有一个数据库——科技大数据价值评估系统库，由于科技数据类型较多，涉及的数据表格也很多，这里仅介绍部分通用功能表格以及论文、专利两类最具代表性的科技大数据相关表格，其逻辑结构如下。

1）注册与登录相关数据表

表 10.1 展示用户注册登录表，主要用来储存系统中的注册用户信息，包括的字段有手机号码和密码。

表 10.1　注册登录表

字段名称	代码	数据类型	主键	非空
主键	id	int4	√	√
手机号码	phone	varchar（11）		
密码	password	varchar（20）		
会员身份	member	Logic（1）		

2）首页相关的数据表

表 10.2 为热门期刊表，主要用来储存系统首页中热门期刊榜单中的期刊数据，榜单展示表中各期刊名称（name）。

表 10.2　热门期刊表

字段名称	代码	数据类型	主键	非空
主键	id	int4	√	√
名称	name	varchar（255）		
是否删除	is_delete	int4		

表 10.3 为知名学者表，主要用来储存展示在系统首页的知名学者数据，其中，authors 为学者姓名、only_id 表示系统中存储的用户唯一标识。

表 10.3　知名学者表

字段名称	代码	数据类型	主键	非空
主键	id	int8	√	
学者姓名	authors	varchar（32）		
唯一 id	only_id	varchar（32）		

表 10.4 为科技资讯表，主要用来储存展示在系统首页科技资讯模块的期刊数据，其中，title 取值为科技资讯标题，heat_index 取值为资讯热度指数。

表 10.4　科技资讯表

字段名称	代码	数据类型	主键	非空
主键	id	int8	√	√
标题	title	varchar（255）		
唯一 id	only_id	varchar（255）		
热度指数	heat_index	int4		

表 10.5 为顶尖机构表，主要用来储存展示在系统首页顶尖机构排行榜的机构数据，其中，institution 取值为机构名称。

表 10.5　顶尖机构表

字段名称	代码	数据类型	主键	非空
主键	id	int8	√	√
机构	institution	varchar（255）		
唯一 id	only_id	varchar（255）		

3）科技论文详细信息表

表 10.6 为维度指数表，主要用来定义系统文献展示页面中价值评估模块的文献维度价值估计的维度信息，其中，name 为评估维度，取值为“原创性”“前沿性”“流行性”“有用性”“可读性”“跨学科性”。

表 10.6　维度指数表

字段名称	代码	数据类型	主键	非空
主键	id	int4	√	√
评估维度	name	varchar（255）		

表 10.7 为词云图表，主要用来储存系统文献展示页面中相似文献分析模块的研究主题词云图的期刊数据。

表 10.7　词云图表

字段名称	代码	数据类型	主键	非空
主键	id	int4	√	√
文章唯一 id	only_id	varchar（32）		
主题词名	adj_name	varchar（255）		

表 10.8 展示的是引用走势表，主要用来储存系统文献展示页面中文献基本信息模块的引用走势图的期刊数据。其中，time 取值为各年份，num 取值为每年文献引用量，amount 取值为每年文献引用累加量。数据可视化地展现在引用走势图中。

表 10.8 引用走势表

字段名称	代码	数据类型	主键	非空
主键	id	int8	√	√
文章唯一 id	only_id	varchar（64）		
时间	time	varchar（32）		
数量	num	int4		
累加量	amount	int4		

表 10.9 为相关作者表，主要用来储存文献展示页面中文献基本信息模块的相关作者图的期刊数据。其中，author 取值为期刊作者名字，related author 取值为相关作者名字。

表 10.9 相关作者表

字段名称	代码	数据类型	主键	非空
主键	id	int8	√	√
文章唯一 id	only_id	varchar（64）		
作者	author	varchar（32）		
相关作者	related author	varchar（32）		
关联性	num	varchar（32）		

表 10.10 为相关文献表，主要用来储存文献展示页面中文献基本信息模块的相关文献图的期刊数据。其中 document_id 取值为期刊 id，related_document_id 取值为相关期刊 id，document_title 取值为期刊标题，related_document_title 取值为相关期刊标题。

表 10.10 相关文献表

字段名称	代码	数据类型	主键	非空
主键	id	int8	√	√
文献 id	document_id	varchar（32）		
相关文献 id	related_document_id	varchar（32）		
关联性	num	varchar（32）		
文章唯一 id	only_id	varchar（32）		
文献名称	document_title	varchar（255）		
相关文献名称	related_document_title	varchar（255）		

表 10.11 为相似文章表，主要存储与目标文章最相关的文献。

表 10.11　相似文章表

字段名称	代码	数据类型	主键	非空
主键	id	int8	√	√
标题	title	varchar（255）		
被引用量	referenced_amount	int4		
年份	time	int4		
是否删除	is_delete	int4		
文章唯一 id	only_id	varchar（255）		
是否更新	update_status	int4		
主文章唯一 id	parent_only_id	varchar（255）		

表 10.12 为价值评估表，主要用于储存系统文献展示页面中价值评估模块文献评分的期刊数据。其中，type_id 取值为维度类型，point 取值为对应维度的得分。

表 10.12　价值评估表

字段名称	代码	数据类型	主键	非空
主键	id	int8	√	√
指标 id	type_id	int4		
价值分	point	varchar（32）		
文章唯一 id	only_id	varchar（64）		

表 10.13 为相关话题表，主要用来储存文献展示页面中文献基本信息模块的相关话题图的期刊数据。其中，topic 取值为期刊话题关键词；relate_topic 取值为相关话题关键词，数据通过话题网络图展示。

表 10.13　相关话题表

字段名称	代码	数据类型	主键	非空
主键	id	int8	√	√
文章唯一 id	only_id	varchar（64）		
话题	topic	varchar（32）		
相关话题	relate_topic	varchar（32）		
关联性	num	varchar（32）		

4）专详细信息相关数据表

表 10.14 为专利潜力表，主要用来储存展示在系统首页专利潜力榜的专利数据，其中，title 取值为专利名称；pub_num 取值为专利公开号；potential_value 取值为专利潜力值。

表 10.14　专利潜力表

字段名称	代码	数据类型	主键	非空
主键	id	int8	√	√
标题	title	varchar（255）		
唯一 id	only_id	varchar（255）		
公开号	pub_num	varchar（255）		
潜力值	potential_value	int4		

表 10.15 为专利基本信息表，主要用来储存专利展示页面中专利基本信息模块第一板块的专利数据。其中各字段展示相应的专利基本信息。

表 10.15　专利基本信息表

字段名称	代码	数据类型	主键	非空
主键	id	int8	√	√
专利名称	pat_title	varchar（255）		
专利类型	pat_type	varchar（64）		
专利号	pat_num	varchar（255）		
申请日期	date	varchar（64）		
公开号	pub_num	varchar（255）		
公开日	pub_date	varchar（64）		
主分类号	main_class	varchar（255）		
分类号	class	varchar（255）		
申请机构	applicant	varchar（255）		
发明人	inventor	varchar（255）		
主申请人地址	app_address	varchar（255）		
代理机构	agency	varchar（255）		
国别省市代码	pat_code	varchar（255）		
代理人	agent	varchar（255）		
优先权	priority	varchar（255）		
法律状态	legal_status	varchar（255）		
页数	page	Int4		
价值分	point	varchar（32）		
专利唯一 id	only_id	varchar（64）		

表 10.16 为专利主权项表，主要用来储存专利展示页面中专利基本信息模块第二板块"主权项"的专利数据。其中，claim 取值为相应的专利主权项文本。

表 10.16　专利主权项表

字段名称	代码	数据类型	主键	非空
主键	id	int8	√	√
主权项	claim	varchar（255）		
专利唯一 id	only_id	varchar（64）		

表 10.17 为专利摘要表，主要用来储存专利展示页面中专利基本信息模块第三板块"摘要"的专利数据。其中，abstract 取值为相应的专利摘要文本。

表 10.17　专利摘要表

字段名称	代码	数据类型	主键	非空
主键	id	int8	√	√
摘要	abstract	varchar（255）		
专利唯一 id	only_id	varchar（64）		

表 10.18 为相似专利表，主要用来储存专利展示页面中专利基本信息模块第三板块"相似专利"的专利数据。其中，各字段展示与主专利相似的专利的相应信息。

表 10.18　相似专利表

字段名称	代码	数据类型	主键	非空
主键	id	int8	√	√
专利名称	pat_title	varchar（255）		
专利号	pat_num	varchar（64）		
公开日期	pub_date	varchar（32）		
发明人	inventor	varchar（255）		
申请人	applicant	varchar（255）		
主分类号	main_class	varchar（255）		
法律状态	legal_status	varchar（64）		
主专利唯一 id	parent_only_id	varchar（255）		

表 10.19 为专利维度指数表，主要用来定义系统专利展示页面中价值评估信息模块的专利价值维度，其中，name 为评估维度，取值为"技术价值""法律价值""经济价值"。

表 10.19　专利维度指数表

字段名称	代码	数据类型	主键	非空
主键	id	int4	√	√
评估维度	name	varchar（255）		
取值上界	max	int4		

表 10.20 为专利价值评估表，主要用于储存系统专利展示页面中价值评估信息模块专利评分的专利数据。其中，type_id 取值为上述提到的三种维度类型，point 取值为对应维度的得分，结果可视化地展示在该模块饼图中。

表 10.20　专利价值评估表

字段名称	代码	数据类型	主键	非空
主键	id	int8	√	√
指标 id	type_id	int4		
价值分	point	varchar（32）		
专利唯一 id	only_id	varchar（64）		

表 10.21 为技术价值表，主要用于储存系统专利展示页面中价值评估信息模块技术价值维度的专利数据。其中，模块展示了页面专利各技术价值指标得分。

表 10.21　技术价值表

字段名称	代码	数据类型	主键	非空
主键	id	int8	√	√
专利类型	pat_type	int4		
专利类型得分	pat_type_score	varchar（32）		
申请人数量	app_num	int8		
申请人数量得分	app_num_score	int8		
发明人数量	inv_num	int8		
发明人数量得分	inv_num_score	int8		
说明书页数	illu_page	int8		
说明书页数得分	illu_page_score	int8		
图片数量	pic_num	int8		
图片数量得分	pic_num_score	int8		
摘要字数	abs_num	int8		
摘要字数得分	abs_num_score	int8		
分类数量	class_num	int8		
分类数量得分	class_num_score	int8		

续表

字段名称	代码	数据类型	主键	非空
主题	theme	varchar（255）		
主题流行性得分	popular_score	int8		
主题先进性得分	progress_score	int8		
前向引用数	for_citation	int8		
前向引用数得分	for_citation_score	int8		
后向引用数	bac_citation	int8		
前向引用数得分	bac_citation_score	int8		
权利要求数	claim_num	int8		
权利要求数得分	claim_num_score	int8		
专利唯一 id	only_id	varchar（64）		

表 10.22 为法律价值表，主要用于储存系统专利展示页面中价值评估信息模块法律价值维度的专利数据。其中，模块展示了页面专利各法律价值指标得分。

表 10.22　法律价值表

字段名称	代码	数据类型	主键	非空
主键	id	int8	√	√
法律状态	legal_status	varchar（32）		
法律状态得分	legal_status_score	int8		
权利转移次数	trans_num	int8		
权利转移次数得分	trans_num_score	int8		
专利有效期	validity	varchar（32）		
专利有效期得分	validity_score	int8		
同族专利数量	family	int8		
同族专利得分	family_score	int8		
无效宣告次数	ivalidation	int8		
无效宣告得分	ivalidation_score	int8		
可规避性得分	evade	int8		
说明书页数	license	int8		
说明书得分	license_score	int8		
优先权日	pri_date	varchar（64）		
优先权日得分	pri_date_score	int8		
专利唯一 id	only_id	varchar（64）		

表 10.23 为经济价值表，主要用于储存系统专利展示页面中价值评估信息模块经济价值维度的专利数据。其中，模块展示了页面专利分别使用市场法、成本法、收益法计算得到的经济价值得分。

表 10.23 经济价值表

字段名称	代码	数据类型	主键	非空
主键	id	int8	√	√
市场法得分	market	int8		
成本法得分	cost	int8		
收益法得分	income	int8		
专利唯一 id	only_id	varchar（64）		

表 10.24 为专利价值评价表，主要用于储存系统专利展示页面中价值评估信息模块专利价值评价的专利数据。其中，total_eva 取值为高、中、低，detailed 取值为专利的详细评价文本。

表 10.24 专利价值评价表

字段名称	代码	数据类型	主键	非空
主键	id	int8	√	√
总评价	total_eva	int8		
详细评价	detailed	int8		
专利唯一 id	only_id	varchar（64）		

10.2.2 系统技术设计

本系统选用 B/S 框架，包括前端（browser）和服务器端（server）。一般这样的程序是由客户端处理极少数据，大部分数据都在服务器端处理。B/S 架构也可理解为 web 架构，是一种基于浏览器载体的框架，包含前端、后端两部分。

前端开发技术工具包括三要素：HTML（hypertext markup language，超文本标记语言）、CSS（cascading style sheets，串联样式表或层叠样式表）和 JavaScript（Bootstrap、jQuery、Vue、ElementUI）等。

后端开发技术包括 Java、Java 开发架构和 Eclipse 工具。

数据库用到三种关系型数据库：MySQL、SQL Server、Oracle。还用到非关系型数据库：Redis、MogoDB 等。开发工具有 Navicat、PowerDesigner（建表工具）等。

10.3 开发相关技术

科技大数据价值评估系统开发方法选取结构化开发方法，即面向功能的软件开发方法或面向数据流的软件开发方法。在 20 世纪 80 年代使用最广泛，它首先用结构化分析（structured analysis，SA）对软件进行需求分析，然后用结构化设计（structured design，SD）方法进行总体设计，最后是结构化编程（structured programming，SP）。这一方法不仅开发步骤明确，SA、SD、SP 相辅相成，而且给出了两类典型的软件结构（变换型和事务型），便于参照，使软件开发的成功率大大提高。本系统的开发环境如表 10.25 所示。

表 10.25　系统开发环境

名称	环境
操作系统	Windows 10
JDK 环境	JavaEE JDK version7
开发工具	Eclipse、JDK、Tomcat
数据库管理软件	MySQL
运行平台	Windows

注：JDK 即 Java Development Kit，Java 开发工具包

10.3.1　前端

前端开发是创建 web 页面或 App（application，应用程序）等前端界面呈现给用户的过程，通过 HTML、CSS 及 JavaScript 以及衍生出来的各种技术、框架、解决方案，来实现互联网产品的用户界面交互。它从网页制作演变而来，名称上有很明显的时代特征。在互联网的演化进程中，网页制作是 web1.0 时代的产物，早期网站主要内容都是静态，以图片和文字为主，用户使用网站的行为也以浏览为主。随着互联网技术的发展和 HTML5、CSS3 的应用，现代网页更加美观，交互效果显著，功能更加强大。

1. HTML5

HTML 是超文本标记语言，即 hypertext markup language，它不需要被编译就可以直接被浏览器解析和显示，可以包含其他文档的超链接，可以呈现出拥有不同结构的网页。HTML5 赋予网页更好的意义和结构。更加丰富的标签将随着对 RDFa（RDF attribute，资源描述框架属性）、微数据与微格式等方面的支持，构建对程序、对用户都更有价值的数据驱动的 web。支持网页端的音视频等多媒体功能，与网站自带的应用服务、摄像头、影音功能相得益彰。基于 SVG（scalable vector graphics，可缩放矢量图形）、Canvas、WebGL（wed graphics library，wed 图形库）及 CSS3 的 3D 功能，用户会惊叹于在浏览器中所呈现的惊人视觉效果。

2. CSS3

CSS 是一种用来表现 HTML 或 XML 等文件样式的计算机语言。CSS 不仅可以静态地修饰网页，还可以配合各种脚本语言动态地对网页各元素进行格式化。

CSS 能够对网页中元素位置的排版进行像素级精确控制，支持几乎所有的字体字号样式，拥有对网页对象和模型样式编辑的能力。

3. JavaScript

JavaScript 是 web 的语言，能够方便地处理页面的文档对象模型，是所有浏览器通用语言，是事件驱动的脚本程序设计，可以动态交互。JavaScript 是动态类型语言，可以自动判定不同类型的变量值；具有一等函数特性，可以将函数复制给变量作为参数传递；具有面向对象特性。

10.3.2　后端

后端主要是构建应用程序的体系结构和内部设计，即构建代码和业务逻辑。

1. 框架 Spring

Spring 是一个开源框架，是于 2003 年兴起的一个轻量级的 Java 开发框架，由 Rod Johnson（罗德·约翰逊）在其著作 *Expert One-On-One J2EE Development and Design* 中阐述的部分理念和原型衍生而来。它是为了解决企业应用开发的复杂性而创建的。框架的主要优势之一就是其分层架构，分层架构允许使用者选择使用哪一个组件，同时为 J2EE（Java 2 platform enterprise edition，Java 平台企业版）应用程序开发提供集成的框架。Spring 使用基本的 JavaBean 来完成以前只可能由 EJB（enterprise JavaBean，企业级 JavaBean）完成的事情。然而，Spring 的用途不仅限于服务器端的开发。从简单性、可测试性和松耦合的角度而言，任何 Java 应用都可以从 Spring 中受益。Spring 的核心是控制反转（inversion of control，IoC）和面向切面编程（aspect oriented programming，AOP）。Spring 主要构成部分包括：①核心容器。核心容器提供 Spring 框架的基本功能，主要组件是 BeanFactory。BeanFactory 使用 IoC 模式将应用程序的配置和依赖性规范与实际的应用程序代码分开。②Spring 上下文。Spring 上下文是一个配置文件，向 Spring 框架提供上下文信息。Spring 上下文包括企业服务，例如，Java 命名与目录接口（Java naming and directory interface，JNDI）、EJB 技术、电子邮件、国际化、校验和调度功能。③Spring AOP。通过配置管理特性，Spring AOP 模块直接将 AOP 功能集成到了 Spring 框架中。所以，可以很容易地使 Spring 框架管理的任何对象支持 AOP。Spring AOP 模块为基于 Spring 的应用程序中的对象提供了事务管理服务。通过使用 Spring AOP，不用依赖 EJB 组件，就可以将声明性事务管理集成到应用程序中。④Spring DAO（data access object，数据库访问对象）。JDBC（Java Database Connectivity，Java 数据库连接）DAO 抽象层提供了有意义的异常层次结构，可用该结构来管理异常处理和不同数据库供应商抛出的错误消息。异常层次结构简化了错误处理，并且极大地降低了需要编写的异常代码数量（如打开和关闭连接）。Spring DAO 的面向 JDBC 的异常遵从通用的 DAO 异常层次结构。⑤Spring ORM（object relational mapping，对象关系映射）。Spring 框架插入了若干个 ORM 框架，从而提供了 ORM 的对象关系工具，其中包括 JDO（Java Data Object，Java 数据对象）、Hibernate 和 iBatis SQL Map。这些都遵从 Spring 的通用事务和 DAO 异常层次结构。⑥Spring web 模块。web 上下文模块建立在应用程序上下文模块之上，为基于 web 的应用程序提供了上下文。所以，Spring 框架支持与 Jakarta Struts 的集成。web 模块还简化了处理多部分请求以及将请求参数绑定到域对象的工作。⑦Spring MVC（model-view-controller，模型–视图–控制器）框架。MVC 框架是一个全功能的构建 web 应用程序的 MVC 实现。通过策略接口，MVC 框架变为高度可配置的，MVC 容纳了大量视图技术，其中包括 JSP（Java Server Pages，Java 服务器页面）、Velocity、Tiles、iText 和 POI（poor obfuscation implementation，简洁版的模糊实现）。模型由 JavaBean 构成，存放于 Map；视图是一个接口，负责显示模型；控制器表示逻辑代码。Spring 框架的功能可以用在任何 J2EE 服务器中，大多数功能也适用于不受管理的环境。Spring 的核心要点是：支持不绑定到特定 J2EE 服务的可重用业务和数据访问对象。毫无疑问，这样的对象可以在不同 J2EE 环境（web 或 EJB）、独立应用程序、测试环境之间重用。

2. 可视化

目前，已有很多成熟优秀的数据在线可视化工具，如 Google Charts、Flot、D3（data driven documents，数据驱动文档）、DataV、ECharts、R 语言等。本系统用到的是展示关系数据的工具，选择易操作、开源、显示效果好的 D3.js。

D3 是支持 SVG 渲染的另一种 Java 库。但是 D3 能够提供大量线性图和条形图之外的复杂图表样式，例如 Voronoi 图、树形图、圆形集群和单词云等。D3.js 是数据驱动文件的缩写，它通过使用 HTML CSS 和 SVG 来渲染精彩的图表和分析图。D3 对网页标准的强调足以满足在所有主流浏览器上使用的可能性，使你免于被其他类型架构所捆绑的苦恼，它可以将视觉效果很棒的组件和数据驱动方法结合在一起。

10.3.3 开发语言

Java 是 1995 年由 Sun 公司推出的一种计算机编程语言，拥有跨平台、面向对象、泛型编程的特性，广泛应用于企业级 web 应用开发和移动应用开发。

Java 由四方面组成：Java 编程语言、Java 类文件格式、Java 虚拟机和 Java API。Java 平台由 Java 虚拟机（Java virtual machine，JVM）和 Java API 构成。Java API 提供了一个独立于操作系统的标准接口，可分为基本部分和扩展部分。在硬件或操作系统平台上安装一个 Java 平台之后，Java 应用程序就可运行。Java 平台已嵌入几乎所有的操作系统，Java 程序可以只编译一次，就可以在各种系统中运行。

Java 分为三个体系 J2SE（Java 2 platform standard edition，Java 平台标准版）、J2EE、J2ME（Java 2 platform micro edition，Java 平台微型版）。本系统使用 J2EE 体系。

1. Java EE

Java EE 是 Sun 公司发布的标准企业级应用规范集合，它提供了一个多层结构的分布式应用程序模型，是开发基于网络的企业级应用首选平台。Java EE 技术平台的核心思想是"容器"加组件。Java EE 的核心由一系列抽象的标准规范所组成，是针对目前企业级软件开发中所普遍面临问题的解决方案。Java EE 只是一组接口和规范，提供了面向开发者的公共 API。这些抽象的规范，也可以说成是标准。本质上，所有的 Java EE API 都是按照领域专家所确定的标准发布的。通过标准化，JSR（Java specification request，Java 规范提案）流程中的每个 Java EE API 都经过了 JCP（Java Community Process）的严谨审核。这个过程的成果，是一组经过生产检验和测试后，被认为合理的 API。Java EE 是抽象的接口规范，如果只是调用 javax.*包中的 Java EE API，程序并不能跑起来。Java EE 的具体实现被称为应用服务器（application server）。Java EE 程序可以部署到任意一种应用服务器上。

J2EE 是典型的 Java EE 四层结构：①运行在客户端机器上的客户层组件；②运行在 J2EE 服务器上的 web 层组件；③运行在 J2EE 服务器上的业务逻辑层组件；④运行在服务器上的企业信息系统（enterprise information system）层软件。

2. JDBC

JDBC 是一种可用于执行 SQL 语句的 Java API，它提供了一种标准的应用程序设计接口，是 Java 操作底层数据库的标准方式，通过 JDBC 的接口调用数据库中的数据，不会受到不同数据库种类的局限。JDBC 体系包括 JDBC API、JDBC driver manager、数据库驱动三部分。JDBC API 提供统一的编程接口，JDBC driver manager 是管理各种数据库软件商的驱动程序，数据库驱动是由数据库厂商提供的，需按照 JDBC driver API 规范进行操作。

10.4　系统界面设计

10.4.1　用户登录与注册界面设计

科技大数据评估系统（STDataE V1.0 版）用户界面坚持友好、简便、实用、易于操作的原则。首先是用户登录界面，如图 10.4 所示，本系统包括一个操作界面，将用户的账号和密码输入后可直接登录进入系统。

图 10.4　登录界面

其次，若用户未注册可先注册新账户后登录，注册界面主要是通过输入手机号和密码，再发送短信验证码，在收到短信后把信息中的验证码输入"请输入短信验证码"框内，再用鼠标点击"注册"即可完成注册。注册界面如图 10.5 所示。

图 10.5　注册界面

10.4.2　系统首页设计

系统首页如图 10.6 所示，此界面主要包括搜索栏目、数据统计区和推荐区。

图 10.6　系统首页展示

（1）搜索栏目：基于用户提供的关键字，检索与该关键字相关的科技文献和专利。

（2）数据统计区：实时展示科技大数据价值评估系统中包含的实体，如作者数量、论文数目、期刊数目、机构数目等。

（3）推荐区：展示系统中的知名作家、顶尖机构、热门期刊、具有潜力的专利等。

10.4.3　搜索结果展示设计

用户在搜索框输入关键词，并点击"搜索"按钮，即可进入搜索结果展示界面，如图 10.7 所示。用户可以选择综合搜索，输出全部类型科技数据；也可以分类搜索，例如，利用鼠标点击系统首页搜索框上方的"文献"，则仅搜索科技文献数据。

针对检索的关键词，得到与该关键词相关的信息，包括以下几个方面。

（1）热门话题区：展示与关键词相关的近 10 年、5 年和 3 年的热门话题。

（2）搜索展示区：针对检索的关键词，得到与该关键词相关的科技数据，并根据其价值、相关性、引用量等指标进行排序。

（3）数据统计区：对检索结果进行统计、分析、对比。

图 10.7　文献搜索结果

10.4.4　详细信息展示设计

详细信息展示设计主要是通过数据基本信息、相似数据信息、价值评估信息和其他相结合来展现，以文献为例，如图 10.8~图 10.10 所示。

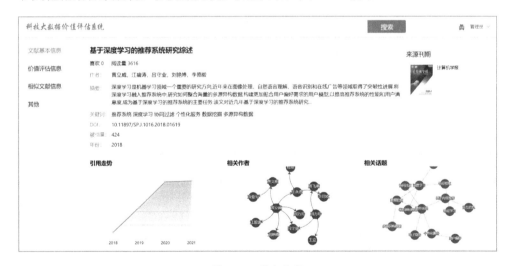

图 10.8　基本信息

（1）基本信息（图 10.8）：展示科技数据的生产者、摘要、关键词、被引量等基本信息，并做了引用走势、相关作品、相关话题的分析图。

（2）相似数据信息（图 10.9）：主要展示了相似数据的关系网络、年度统计、研究点和学科分布。

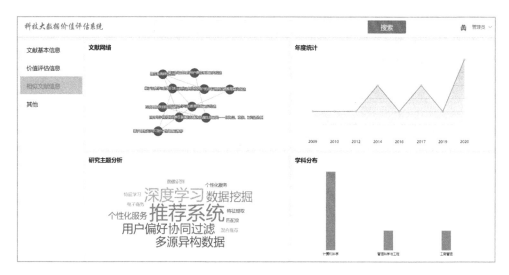

图 10.9 相似数据信息

（3）价值评估信息（图 10.10）：展示该数据的综合价值估计、维度价值估计、相似数据价值排行。

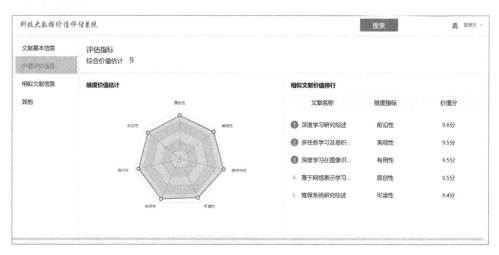

图 10.10 价值评估信息

10.5 本 章 小 结

本章较详细地介绍了科技大数据价值评估系统 STDataE V1.0 版的主要功能

及实现技术。科技大数据价值评估是一项极具挑战性的任务，科技大数据价值评估系统开发也是一个不断完善与迭代的过程，在 1.0 版本基础上，我们正在不断优化，持续改进，申请了云端服务器、域名（网址为 https://datalearner.com/），在 2.0 版完成后将正式在互联网发布。

参 考 文 献

合肥工业大学. 2021. TopicModel4J 文本预处理及主题建模分析系统，软件著作权，2021SR 0121623.

钱洋，姜元春. 2020. 网络数据采集技术：Java 网络爬虫实战. 北京：电子工业出版社.